法華経の新しい解釈 1

庭野日敬

法華経の新しい解釈　1

庭野日敬

目次

法《ほっ》師《し》品《ほん》第《だい》十

偶像崇拝《ぐうぞうすうはい》と真《しん》の礼拝《らいはい》

高原穿鑿《こうげんせんしやく》の譬《たと》え

衣《え》・座《ざ》・室《しつ》の三軌《さんき》

例《れい》　言《げん》

一、本書《ほんしょ》で解説《かいせつ》してある個所《かしょ》が、経典《きょうでん》の原文《げんぶん》のどこにあたるかということを、平《へい》楽寺書店版《らくじしょてんばん》の『訓訳妙法蓮華経並開結《くんやくみょうほうれんげきょうならびにかいけつ》』によって、本文《ほんもん》の右肩《みぎかた》に小文字《こもじ》で示《しめ》してあります。たとえば、三三五・一―五とあれば、同書《どうしょ》の三三五頁《ページ》一行目《ぎょうめ》から五行目《ぎょうめ》まで、また三三五・五―三三六・五とあれば、三三五頁《ページ》五行目《ぎょうめ》から三三六頁《ページ》五行目《ぎょうめ》までにあたるという意味《いみ》です。ただし、これは特別《とくべつ》に深《ふか》く研究《けんきゅう》しようと思《おも》う人《ひと》のためであって、「法華三部経《ほっけさんぶきょう》」の精神《せいしん》はこの本《ほん》だけでも十分《じゅうぶん》に会得《えとく》できるはずです。

二、ゴシック（太文字《ふともじ》）になっているのは、「小見出《こみだ》し」の役目《やくめ》を果《はた》しているものも多《おお》いのですが、もともとは頭注《とうちゅう》の意味《いみ》でつけられてあるのですから、そのつもりに考《かんが》えていただきます。なお、本文頁数《ほんもんページすう》は旧《きゅう》四六判《ばん》『法華経《ほけきょう》の新《あたら》しい解《かい》釈《しゃく》』に合《あ》わせています。

はじめに

仏教《ぶっきょう》の教《おし》えは、たいへんむずかしいもののように思《おも》われています。その大《おお》きな原因《げんいん》のひとつは、仏教《ぶっきょう》の経典《きょうでん》がいかにもとっつきにくい外見《がいけん》をしているからだと思《おも》います。それも無理《むり》はありません。二千年《せんねん》近《ちか》くも前《まえ》に、インドのことばで書《か》かれたものが、むかしの中国《ちゅうごく》のことばである漢文《かんぶん》に訳《やく》され、それがそのまま日本《にっぽん》に伝《つた》わって現代《げんだい》におよんでいるからです。

仏教《ぶっきょう》の経典《きょうでん》のうちで最《もっと》もすぐれたものが「妙法蓮華経《みょうほうれんげきょう》（法華経《ほけきょう》）」であることは、もはや動《うご》かすことのできない定説《ていせつ》になっていますが、いまわたしどもの手《て》もとにあるかなまじりのものでも、むずかしい漢《かん》字《じ》が多《おお》く、たいへんいかめしい感《かん》じです。その解説書《かいせつしょ》にしても、おおむね原典《げんてん》そのままのわけを書《か》いてあるにすぎません。そして「法華経《ほけきょう》」には、幻《まぼろし》の世界《せかい》のような場面《ばめん》があったり、おとぎ話《ばなし》のような物語《ものがたり》があったり、かと思《おも》うと非常《ひじょう》に含《ふく》みの多《おお》い哲学的《てつがくてき》なことばが出《で》てきたりして、なんだか現実《げんじつ》の生活《せいかつ》から離《はな》れた、不思議《ふしぎ》な、神秘的《しんぴてき》な教《おし》えのような気《き》がします。それで、たいていの人《ひと》が「とても『法華経《ほけきょう》』は深遠《しんえん》でわからない」とさじを投《な》げたり、「いまの世《よ》には通用《つうよう》しない夢《ゆめ》のようなものだ」と、あたまから問題《もんだい》にしなかったりするのです。

「法華経《ほけきょう》」はわかりやすい教《おし》え

けれども、釈尊《しゃくそん》がお説《と》きになった当時《とうじ》は、そんなわかりにくいものではなかったのです。釈尊《しゃくそん》は、神《かみ》がかりになって一般《いっぱん》の人《ひと》に理解《りかい》できないような神秘的《しんぴてき》なことをいいだされたものでもなければ、ひとりよがりの考《かんが》えを押《お》しつけられたものでもありません。釈尊《しゃくそん》は、「この世界《せかい》とはどんなものか。人間《にんげん》とはどんなものか。だから、人間《にんげん》はこの世《よ》にどう生《い》くべきであるか。人間《にんげん》どうしの社会《しゃかい》はどうあらねばならないか」ということなどについて、長《なが》い間《あいだ》考《かんが》えて考《かんが》えぬき、そして「いつでも」「どこでも」「だれにも」当《あ》てはまる「普遍《ふへん》の真理《しんり》」に達《たっ》せられたのです。「いつでも、どこでも、だれにも当《あ》てはまること」が、そうむずかしいものであるはずはありません。たとえば、「一を三つに分《わ》けたものは三分《ぶん》の一である」ということのように、だれにも理解《りかい》できることなのです。「これを拝《おが》めばかならず病気《びょうき》が治《なお》る」というような、理性《りせい》ではわからない、ただ信《しん》ずるほかはない教《おし》えとは、まるっきりちがうのです。

ところが、「一を三つに分《わ》けたものは三分《ぶん》の一である」というようなことでも、わかるときがこないとほんとうにはわからないものです。立教大学《りつきょうだいがく》の教授《きょうじゅ》で、有名《ゆうめい》な数学者《すうがくしゃ》である吉田洋一《よしだよういち》氏が、こんな思《おも》い出話《でばなし》を書《か》いておられます。――小学校《しょうがっこう》三年生《ねんせい》か四年生《ねんせい》で小数《しょうすう》をならって、1÷3=0.3333……といつまでも割《わ》り切《き》れない計算《けいさん》にぶつかった。しかし、実際《じっさい》に紙《かみ》を三つに折《お》ってみるとキッチリ三つに折《お》れる。さぁ、わからない。りくつでは割《わ》り切《き》れないのに、実際《じっさい》は割《わ》り切《き》れる。さすがに後日数学者《ごじつすうがくしゃ》になる人《ひと》だけあって、真剣《しんけん》に「不思議《ふしぎ》だなぁ」と考《かんが》えていた。すると、五年生《ねんせい》か六年生《ねんせい》になって、分数《ぶんすう》というものをならった。「三分《ぶん》の一」という新《あたら》しいものの見《み》かたを教《おそ》わった。これが1を3で割《わ》った答《こたえ》だときかされて、はじめはなんだかバカにされたような気《き》がした。しかし、その分数《ぶんすう》というのがたいへん気《き》に入《い》って、「三分《ぶん》の一」というものをひとつの数《すう》として考《かんが》えようと、とても努力《どりょく》した。おかげで、実際《じっさい》に紙《かみ》を三つに折《お》ることができるのはちっとも不思議《ふしぎ》ではないことがわかった——というのです。

仏法《ぶっぽう》も、ちょうどこのようなものです。もともとだれにも必《かなら》ずわかるはずのものだが、あるところへ達《たっ》するまでは、ほんのひと息《いき》というところでわからない。数学《すうがく》でも、初《はじ》めから分数《ぶんすう》のような進《すす》んだ考《かんが》えを教《おし》えたらよさそうなものだけれども、まだ小学《しょうがく》一年生《ねんせい》や二年生《ねんせい》に一足飛《いっそくと》びにそれを教《おし》えてもかえってわからないから、まず一とか二とかいう整数《せいすう》から始《はじ》め、次《つぎ》に小数《しょうすう》を教《おし》える。あるいは、三分《ぶん》の一という頭《あたま》のうえだけの「考《かんが》え」を教《おし》えないで、まず紙《かみ》を三つに折《お》ってこれが三分《ぶん》の一だよという「実際《じっさい》」を教《おし》える。釈尊《しゃくそん》が当時《とうじ》の人《ひと》びとを教《おし》えられたのも、ちょうどそのように、相手《あいて》の理解力《りかいりょく》に応《おう》じ、理解《りかい》の程度《ていど》に応《おう》じて、いろいろさまざまな説《と》きかたをされたのです。たとえ話《ばなし》をされたり、因縁話《いんねんばなし》をされたりしたのです。それで、当時《とうじ》の人《ひと》びとにはよくわかったのです。「法華経《ほけきょう》」の文章《ぶんしょう》に現《あら》われている表面《ひょうめん》だけを見《み》て、「実際《じっさい》にはありそうにもない幻《まぼろし》のような世界《せかい》が説《と》かれている、とても信《しん》じられない」などと考《かんが》えるのは、じつに浅《あさ》い読《よ》みかたであって、その精神《せいしん》を読《よ》めば、非常《ひじょう》に近代的《きんだいてき》な、科学的《かがくてき》な、人間的《にんげんてき》な真理《しんり》に満《み》ちているのに驚《おどろ》かざるをえないでしょう。

重《かさ》ねて申《もう》しますが、釈尊《しゃくそん》の教《おし》えは当時《とうじ》の人《ひと》びとにはとてもよくのみこめたのです。よくのみこめたから、当時《とうじ》の人《ひと》びとの人生《じんせい》をすばらしいものに一変《いっぺん》させたのです。そうでなければ、五十年《ねん》の短《みじ》かいあいだに、あれだけ多《おお》くの人《ひと》びとが心《こころ》から帰依《きえ》するはずがありません。しかも、釈尊《しゃくそん》の教団《きょうだん》は、「きたる者《もの》は拒《こば》まず、去《さ》る者《もの》は追《お》わず」というきわめて自由《じゆう》なものだったといいます。「法華経《ほけきょう》」の「方便品第二《ほうべんぽんだいに》」にでてくる「五千起去《ごせんきこ》」もその例《れい》で、五千人《せんにん》もの弟子《でし》が一時《いちじ》に法座《ほうざ》から立《た》ち去《さ》っていっても、釈尊《しゃくそん》はそれをお止《と》めにならなかったのです。こうして、無理《むり》に引《ひ》っぱっていくことも、押《お》しとどめることも一切《いっさい》されなかったにもかかわらず、みるみるうちに帰依者《きえしゃ》の数《かず》が何万何《なんまんなん》十万《まん》となっていったことは、釈尊《しゃくそん》その人《ひと》のならぶものもない感化力《かんかりょく》や説得力《せっとくりょく》にもよったことはもちろんですが、何《なに》よりも教《おし》えそのものが尊《とうと》く、そしてだれにもよく解《わか》ったからにほかなりません。

ところが、釈尊《しゃくそん》のこの徹底《てってい》した自由主義《じゆうしゅぎ》は、その入滅後《にゅうめつご》に一時《いちじ》ちょっとこまった状態《じょうたい》をひきおこしました。というのは、入滅《にゅうめつ》されるときの遺言《ゆいごん》も、ただ「すべての現象《げんしょう》は移《うつ》り変《か》わるものだ。怠《おこた》らず努《つと》めるがよい」という一言《いちごん》だけで、だれがどんなふうに教団《きょうだん》をまとめていけよというようなことは、一言《ひとこと》もおっしゃらなかったのです。残《のこ》された弟子《でし》たちは、地区《ちく》ごとに自然《しぜん》なまとまりをもって、釈尊《しゃくそん》の教《おし》えを守《まも》っていました。しかし、教義《きょうぎ》の統制《とうせい》ということがなかったために、広《ひろ》いインドのそれぞれの地区《ちく》で、あるいはそれぞれのグループで、教《おし》えに対《たい》する解釈《かいしゃく》がすこしずつちがっていたのです。

そのちがいを大《おお》づかみにいえば、釈尊《しゃくそん》が自《みずか》らよくお出《で》かけになって説法《せっぽう》なさったところでは、法《ほう》の解《かい》釈《しゃく》も正《ただ》しく伝《つた》えられていましたが、釈尊《しゃくそん》から直接《ちょくせつ》に説法《せっぽう》をきかず教《おし》えだけが伝《つた》わっていったような場所《ばしょ》では、伝《つた》える人《ひと》の考《かんが》えかたが加《くわ》わって、かなりちがった形式《けいしき》で伝《つた》えられたようです。これは、場所《ばしょ》や人《ひと》の問題《もんだい》だけでなく、時間的《じかんてき》にもそういうことがいえるので、釈尊《しゃくそん》ご在世中《ざいせちゅう》や入滅後《にゅうめつご》しばらくのあいだは血《ち》のかよった生《い》きた教《おし》えだったのが、だんだん年月《ねんげつ》がたつうちに、ほんとうの精神《せいしん》が失《うしな》われて、形《かたち》だけしか伝《つた》えられないという結果《けっか》になったのは、ご存《ぞん》じのとおりです。

さきに「一時《いちじ》ちょっとこまった状態《じょうたい》をひきおこした」と書《か》いた「一時《いちじ》」というのは、けっして百年《ひゃくねん》や二百年《ひゃくねん》のことだけではなく、二千数百年《せんすうひゃくねん》たった今日《こんにち》までのことをもいったのです。永遠《えいえん》の生命《せいめい》（仏《ほとけ》の無《む》量寿《りょうじゅ》）ということから考《かんが》えれば、二千数百年《せんすうひゃくねん》などほんの「一時《いちじ》」なのです。中国《ちゅうごく》から日本《にっぽん》へ伝《つた》わった仏《ぶっ》教《きょう》は、高僧《こうそう》・名僧《めいそう》の出《で》るごとに、一時《いちじ》は潮《しお》が満《み》ちてくるように生《い》き生《い》きした力《ちから》をもったこともありましたが、その潮《しお》もしばらくのうちにスーッと引《ひ》いていってしまうのでした。日蓮聖人《にちれんしょうにん》は、日本《にっぽん》の仏教《ぶっきょう》に生命《いのち》を吹《ふ》きこまれた最《もっと》もすぐれたお方《かた》であると信《しん》じていますが、その入寂後年月《にゅうじゃくごねんげつ》がたつうちに、やはりその教《おし》えもゆがめられたり、形《かたち》だけのものになってしまったのです。

さて、釈尊《しゃくそん》が入滅《にゅうめつ》されたすぐあとのインドでも、前《まえ》にも述《の》べましたように、場所《ばしょ》により、弟子《でし》たちのグループによって、教《おし》えの解釈《かいしゃく》がちがってきました。ことに出家《しゅっけ》の人《ひと》びとは、在家《ざいけ》の人《ひと》びとのできないようなことを行《おこ》なったり、説《と》いたりして、出家《しゅっけ》の権威《けんい》をつくろうとしました。ご在世中《ざいせちゅう》は、「法華経《ほけきょう》」の中《なか》にも毎度《まいど》でてきますように、比丘《びく》（男《おとこ》の出家《しゅっけ》）、比丘尼《びくに》（女《おんな》の出家《しゅっけ》）、優婆塞《うばそく》（男《おとこ》の在家修行者《ざいけしゅぎょうしゃ》）、優婆《うば》夷《い》（女《おんな》の在家修行者《ざいけしゆぎようしや》）たちがみんないっしょに説法《せつぽう》をきき、修行《しゆぎよう》し、なかよく法《ほう》の弘通《ぐつう》につとめたのですが、いつのまにか出家《しゆつけ》と在家《ざいけ》とのあいだにみぞができてきました。

どんなみぞができたかといえば、出家《しゆつけ》の一部《いちぶ》の人《ひと》びとは、「なぜ戒律《かいりつ》（仏教者《ぶつきようしや》の生活《せいかつ》の戒《いまし》め）を守《まも》らなければならないか」という根本精神《こんぽんせいしん》よりも、ただ「戒律《かいりつ》を守《まも》ること」だけを重《おも》んずるようになりました。すなわち形式主義《けいしきしゆぎ》です。

また、もともと生《い》きた人間《にんげん》のための、人間生活《にんげんせいかつ》のための教《おし》えであったのを、当時《とうじ》インドにあったほかの教《おし》えや学問《がくもん》に対抗《たいこう》するために、わざわざひどくむずかしい哲学《てつがく》につくりあげてしまった出家《しゆつけ》たちもあります。

また一方《いつぽう》では、「とても釈尊《しやくそん》のいわれるようにすべての人《ひと》びとを仏《ほとけ》の境地《きようち》まで導《みちび》くことはできない。われわれも、とうてい仏《ほとけ》のようなえらい人《ひと》にはなれない。ただ、自分《じぶん》がこの世《よ》の苦《くる》しみや悩《なや》みから解脱《げだつ》すればいいのだ」という、利己的《りこてき》な考《かんが》えに落《お》ちこんだ人《ひと》たちもあります。

こうしてゆがめられ、生《い》き生《い》きした力《ちから》を失《うしな》ってゆく仏法《ぶつぽう》を見《み》て、「このままにしておいてはいけない、どうしても釈尊《しやくそん》のほんとうのお心《こころ》にかえさねばならぬ」という熱烈《ねつれつ》な願《ねが》いが、主《しゆ》として在家信者《ざいけしんじや》のあいだに起《お》こってきました。そうしてできた新興《しんこう》グループが、大乗仏教《だいじようぶつきよう》の教団《きようだん》なのです。大乗《だいじよう》というのは、「よい乗《の》りもの」という意味《いみ》で、仏《ほとけ》の世界《せかい》に達《たつ》するためのよい乗《の》りものであるというわけです。そして、いままでの古《ふる》い教団《きようだん》の考《かんが》えかたを「小乗《しようじよう》」（粗末《そまつ》な乗《の》りもの）といって軽蔑《けいべつ》しましたので、古《ふる》い教団《きようだん》でも負《ま》けてはいず、「おまえたちのいうのはほんとうの仏教《ぶっきょう》ではない」とやり返《かえ》し、両方《りょうほう》ははげしく対《たい》立《りつ》しました。

一仏乗《いちぶつじょう》の教《おし》え

そのとき、「いや、仏《ほとけ》の教《おし》えに大乗《だいじょう》も小乗《しょうじょう》もない。ただ一乗《いちじょう》しかないのだ。みんな仲間《なかま》どうしのけんかはやめて、この一乗《いちじょう》に従《したが》おうではないか。釈尊《しゃくそん》が『これこそ、いちばんすぐれたものだ』といってお説《と》きになった最高《さいこう》の教《おし》え、真実《しんじつ》の教《おし》えは、この法門《ほうもん》だったのだよ」といって書《か》きあらわされたのが、ほかならぬ「法華経《ほけきょう》」だったのです。

それは仏滅後《ぶつめつご》七百年《ひゃくねん》ぐらいたった頃《ころ》のことだといわれていますが、わたしは、その七百年間《ひゃくねんかん》における仏教《ぶっきょう》の移《うつ》り変《か》わりが、現在《げんざい》にいたる二千数百年《せんすうひゃくねん》の移《うつ》り変《か》わりとそっくりの、いわばひな型《がた》のようなものだということに、大《おお》きな意味《いみ》を感《かん》じるのです。仏教《ぶっきょう》が形《かたち》だけの、そして現在生《げんざいい》きている人間《にんげん》を救《すく》う力《ちから》のない仏教《ぶっきょう》になってしまった二十世紀《せいき》に、ほんとうの釈尊《しゃくそん》の教《おし》えにかえろうという運動《うんどう》が、在家《ざいけ》の帰依者《きえしゃ》のあいだから起《お》こり、在家《ざいけ》の人《ひと》びとを中心《ちゅうしん》として日本《にっぽん》じゅうにひろがろうとしている事実《じじつ》は、まことにおろそかに考《かんが》えてはならぬ深《ふか》い深《ふか》い仏意《ぶつい》によるものだと信《しん》じます。

これからの仏教《ぶっきょう》は世界《せかい》の宗教《しゅうきょう》

日本国《にっぽんこく》じゅうだけではありません。仏《ほとけ》の教《おし》えを新《あたら》しく見直《みなお》そうという動《うご》きは、いまや世界全体《せかいぜんたい》に潮《うしお》のように起《お》こっています。欧米《おうべい》の進歩的《しんぽてき》な人《ひと》びとには、一神教《いっしんきょう》にも、無《む》神論《しんろん》にも、唯物主義《ゆいぶつしゅぎ》にもあきたらず、最後《さいご》に仏教《ぶっきょう》に解決《かいけつ》を求《もと》めようとする人《ひと》が少《すく》なくありません。共産《きょうさん》主義国《しゅぎこく》である中華人民共和国《ちゅうかじんみんきょうわこく》でさえも、新《あたら》しい倫理《りんり》（人間《にんげん》のふみ行《おこ》なうべき道《みち》）の原理《げんり》として、仏教《ぶっきょう》の教《おし》えをとりあげているときいています。

ほんとうに、いまこそ大切《たいせつ》なときです。いまのうちに地球上《ちきゅうじょう》の人間《にんげん》が仏《ほとけ》の教《おし》えにたちかえって、「人間《にんげん》の尊厳《そんげん》」ということをしっかりと考《かんが》え、「自分《じぶん》と他人《たにん》をともに生《い》かす」という生《い》きかたにもどらないかぎり、人類《じんるい》はいっぺんに滅《ほろ》びてしまうことにもなりかねないのです。

このときにあたって、わたしがいちばん残念《ざんねん》に思《おも》うのは、仏《ほとけ》の最高《さいこう》の教《おし》えのこめられた「法華経《ほけきょう》」の見《み》かけが、いかにもむずかしそうであることです。そして限《かぎ》られた人《ひと》たちだけの研究物《けんきゅうぶつ》か、宗教専門家《しゅうきょうせんもんか》たちの占有物《せんゆうぶつ》のようになっていることです。そのために、日本中《にっぽんじゅう》の人《ひと》びと、いな地球上全体《ちきゅうじょうぜんたい》の人《ひと》びとにほんとうに親《した》しまれず、理解《りかい》されず、したがって人《ひと》びとの生活《せいかつ》の中《なか》へ沁《し》みとおってゆきにくいということです。

わたしがこの本《ほん》を書《か》こうと考《かんが》えた趣意《しゅい》の第《だい》一は、ここにあるのです。あくまでも「法華経《ほけきょう》」の元《もと》の形《かたち》は尊重《そんちょう》しますけれども、何《なに》よりも大切《たいせつ》なその精神《せいしん》が、現代《げんだい》の人《ひと》びとに理解《りかい》され、共感《きょうかん》されるようにということを本意《ほんい》として、解説《かいせつ》してみようと考《かんが》えたわけです。

「法華経《ほけきょう》」は、一部分《いちぶぶん》だけ読《よ》んだのでは理解《りかい》されるものではありません。「法華経《ほけきょう》」は、深《ふか》い教《おし》えであると同時《どうじ》に、すばらしい芸術作品《げいじゅつさくひん》であるともいわれておりますとおり、お経《きょう》の全体《ぜんたい》がひとつの劇《げき》のようにあらわされています。だから、初《はじ》めから終《お》わりまで読《よ》みとおさなければ、ほんとうの意味《いみ》をつかむことはできません。ところが、あのむずかしいことばの多《おお》いお経《きょう》を初《はじ》めから終《お》わりまで読《よ》みとおして、その意味《いみ》をつかむのは、容易《ようい》なことではないのです。どうしても、現代人《げんだいじん》の頭《あたま》で理解《りかい》できるような解説《かいせつ》が必要《ひつよう》なのです。わたしがこの本《ほん》を書《か》こうとした第《だい》二の趣意《しゅい》はここにあるのです。

しかし、高度《こうど》の芸術作品《げいじゅつさくひん》であるだけに、あくまでも元《もと》の形《かたち》は尊重《そんちょう》しなければなりません。また、芸術《げいじゅつ》作品《さくひん》であるだけに、その経典《きょうでん》(かなまじり訳《やく》でもよい)には、わたしたちの魂《たましい》に沁《し》みこんでくるような、なんともいえぬ力強《ちからづよ》さがあります。それで、この本《ほん》を読《よ》まれるときに、経典《きょうでん》を参照《さんしょう》しながら読《よ》まれると、なおいっそうよく理解《りかい》できることと思《おも》います。その参考《さんこう》のために、平楽寺書店版《へいらくじしょてんばん》の『訓訳妙法蓮華経《くんやくみょうほうれんげきょう》並開結《ならびにかいけつ》』の何頁何行目《なんページなんぎょうめ》にあるかということを、傍注《ぼうちゅう》によって示《しめ》しておきました。もちろん、それは、特別《とくべつ》に深《ふか》く研究《けんきゅう》しようと思《おも》う人《ひと》のためであって、「法華経《ほけきょう》」の精神《せいしん》はこの本《ほん》だけでも十分会得《じゅうぶんえとく》できるはずです。

そうして、この本《ほん》によって「法華経《ほけきょう》」全体《ぜんたい》の精神《せいしん》を理解《りかい》したうえで、要所要所《ようしょようしょ》を経典《きょうでん》によって朝夕読《あさゆうどく》誦《じゅ》されるならば、その精神《せいしん》はますます強《つよ》く心《こころ》の底《そこ》に植《う》えつけられ、それはかならず日常生活《にちじょうせいかつ》の行《おこ》ないのうえに現《あら》われ、そしてあなたの前《まえ》には新《あたら》しい人生《じんせい》が開《ひら》けてくるでしょう。それを念《ねん》じ、それを信《しん》じて、この本《ほん》を書《か》く次第《しだい》であります。

法華経《ほけきよう》の成立《せいりつ》と伝弘《でんぐ》

「法華経《ほけきよう》」がどうして生《う》まれたものであるかについては、前《まえ》にあらまし書《か》きましたが、もうすこし詳《くわ》しく、そしてそれが日本《にっぽん》に伝《つた》わるまでの成《な》りゆきをも、述《の》べてみましょう。

釈尊《しゃくそん》ご在世《ざいせ》のころのインドには、まだ文字《もじ》は一般《いっぱん》には普及《ふきゅう》していませんでした。それで、釈尊《しゃくそん》の説法《せっぽう》は、耳《みみ》で覚《おぼ》えて口《くち》づてに伝《つた》えられました。ものを聞《き》いたら頭《あたま》に覚《おぼ》えるよりしかたがなかったころの人《ひと》たちは、今《いま》ではちょっと想像《そうぞう》できないほど記憶力《きおくりょく》がたしかでした。また、その頃《ころ》は、生活《せいかつ》も今日《こんにち》のように複雑《ふくざつ》なセカセカしたものではなかったし、しかも、頭《あたま》がよくて心《こころ》の澄《す》みきった大弟子《だいでし》たちが、師《し》と仰《あお》ぐ釈尊《しゃくそん》の一語《いちご》一語《いちご》をかみしめるように聞《き》いていたのですから、まず聞《き》きまちがいはなかったことと思《おも》われます。そのうえ、仏弟子《ぶつでし》たちは、釈尊《しゃくそん》が入滅《にゅうめつ》されたのち、自分《じぶん》たちの記憶《きおく》にまちがいはないかと、なんども大会議《だいかいぎ》を開《ひら》いて、それをたしかめたり、訂正《ていせい》しあったりして、ひとつにまとめました。ですから、耳《みみ》で聞《き》き、口《くち》で伝《つた》えたにしても、釈尊《しゃくそん》のおっしゃったことは正《ただ》しく残《のこ》されていったわけです。

とはいえ、広《ひろ》い北《きた》インドの土地《とち》を五十年間《ねんかん》も、足《あし》の裏《うら》の土踏《つちふ》まずが板《いた》のようになるまで歩《ある》きまわって説《と》かれた、数知《かずし》れないほどの説法《せっぽう》ですし、前《まえ》にも述《の》べましたように、その人《ひと》その人《ひと》の理解力《りかいりょく》に応《おう》じていろいろな説《と》きかたをされましたので、地区《ちく》により、グループによって、受《う》け取《と》りかたがちがってきましたし、時代《じだい》の移《うつ》り変《か》わりによって、解釈《かいしゃく》のしかたや、行《おこ》ないのうえに表現《ひょうげん》するやりかたがちがってきたことは、やむをえません。

しかし、釈尊《しゃくそん》の教《おし》えそのものは、前《まえ》に述《の》べたような仏弟子《ぶつでし》たちの努力《どりょく》によって、正《ただ》しく伝《つた》えられました。ですから、どのお経《きょう》だって尊《とうと》くないものはありません。「阿含経《あごんきょう》」にしても、「般若経《はんにゃきょう》」にしても、「阿弥陀経《あみだきょう》」にしても、その他《た》のお経《きょう》にしても、それぞれに尊《とうと》い教《おし》えが説《と》かれています。ただ「法華経《ほけきょう》」には、そういう釈尊《しゃくそん》ご一代《いちだい》のすべての教《おし》えの根本精神《こんぽんせいしん》がはじめてはっきりと発表《はっぴょう》され、またすべての教《おし》えの精神《せいしん》がよくかみくだかれて、ここに統一《とういつ》されているのです。いいかえますと、釈尊《しゃくそん》が「これこそわたしの教《おし》えの神髄《しんずい》であるぞ」とおっしゃったその神髄《しんずい》が、わかりやすい、そして感動《かんどう》に満《み》ちた表現《ひょうげん》であますところなく述《の》べられているのです。

よく、あるお経《きょう》とあるお経《きょう》との優劣《ゆうれつ》を論《ろん》じたり、それを釈尊《しゃくそん》の教《おし》えの優劣《ゆうれつ》のように錯覚《さっかく》したりする人《ひと》がありますが、それはとんでもないまちがいです。どの経典《きょうでん》も、釈尊《しゃくそん》ご自身《じしん》が編集《へんしゅう》されたものではありません。釈尊《しゃくそん》は、鹿野苑《ろくやおん》で五人《にん》の修行者《しゅぎょうしゃ》に最初《さいしょ》の説法《せっぽう》をなさってから八十歳《さい》で入滅《にゅうめつ》されるまでの四十余《よ》年間《ねんかん》に、数知《かずし》れぬ人《ひと》たちにむかって、数知《かずし》れぬほどの説法《せっぽう》をされただけなのです。その数知《かずし》れぬほどの説法《せっぽう》のうち、それぞれのグループの弟子《でし》・孫弟子《まごでし》たちが、自分《じぶん》たちが聞《き》いた、あるいは聞《き》き伝《つた》えた説法《せっぽう》を、思《おも》い思《おも》いに本《ほん》にまとめたのが、いろいろな経典《きょうでん》なのです。釈尊《しゃくそん》ご自身《じしん》は、どのお経《きょう》を通《つう》じて仰《あお》いでも、同《おな》じ光《ひかり》でわれわれを照《て》らしてくださる尊《とうと》いお方《かた》であることに変《か》わりはないのです。ですから、「法《ほ》華経《けきょう》」が最高《さいこう》の教《おし》えであることにはまちがいないのですけれど、それを讃《たた》えるためにほかの経典《きょうでん》をけなしたりするのは、心得《こころえ》ちがいといわなければなりません。

象徴的《しょうちょうてき》な表現《ひょうげん》

さて、その「法《ほ》華経《けきょう》」は、当時《とうじ》の大衆《たいしゅう》によく理解《りかい》できるように、戯曲《ぎきょく》のような形《かたち》で編集《へんしゅう》されました。また、形《かたち》のない、あたまのうえだけの考《かんが》えというものは、そういうような学問《がくもん》をした人《ひと》でなければのみこみにくいものですから、「法《ほ》華経《けきょう》」の編集者《へんしゅうしゃ》は、形《かたち》のない思想《しそう》をある形《かたち》に現《あら》わして、のみこませようと努力《どりょく》しました。

たとえば、お釈迦《しゃか》さまの眉間《みけん》から光《ひかり》が出《で》て東方《とうぼう》一万《まん》八千《せん》の世界《せかい》をハッキリと照《て》らしだすと、どこにも仏《ほとけ》や仏《ほとけ》の弟子《でし》たちがおられるのが見《み》えたことが「序品第《じょほんだい》一」にありますが、それはつまり、この地球《ちきゅう》上《じょう》ばかりでなく、どの星《ほし》にも、どの天体《てんたい》にも、すなわち、宇宙全体《うちゅうぜんたい》どこにでも仏《ほとけ》はいらっしゃるのだということを、こういう表現《ひょうげん》でいいあらわしたのです。

地《ち》が震動《しんどう》するのも、花《はな》の雨《あめ》が降《ふ》るのも、みなそうです。現代《げんだい》の文章《ぶんしょう》にも「くやしくて、全身《ぜんしん》の血《ち》が逆《ぎゃく》流《りゅう》した」とか「おかしくて、笑《わら》いころげた」などという表現《ひょうげん》がよく使《つか》われています。だれしも、これを読《よ》んで、うそだとは思《おも》いません。ところが、よく考《かんが》えてみると、いくらくやしくても、全身《ぜんしん》の血《ち》は逆《ぎゃく》流《りゅう》などしませんし、笑《わら》いころげたといっても、せいぜいおなかをかかえて、頭《あたま》を畳《たたみ》へつけるかつけないぐらいでしょう。しかし、「全身《ぜんしん》の血《ち》が逆流《ぎゃくりゅう》した」とか「笑《わら》いころげた」とかでは「事実《じじつ》」という表現《ひょうげん》は、「事実《じじつ》」ではなくても、書《か》いた人《ひと》の心持《こころもち》の「真実《しんじつ》」をよく伝《つた》えてくれます。

ここのところが「法華経《ほけきょう》」を理解《りかい》するひとつの鍵《かぎ》なのです。大切《たいせつ》なのは、「事実《じじつ》」でなく、「真実《しんじつ》」です。仏《ほとけ》がわたしたちに教《おし》えてくださろうとする「真実《しんじつ》」なのです。ですから、どんなに実際《じっさい》にはありそうもないことが書《か》いてあっても、その文字《もじ》の、その文章《ぶんしょう》の表面《ひょうめん》をつき抜《ぬ》けた奥《おく》にある「真実《しんじつ》」、仏《ほとけ》が教《おし》えてくださろうとする「真実《しんじつ》」をこそ、しっかとつかまねばならないのです。

鳩摩羅什《くまらじゅう》の翻訳《ほんやく》

その「法華経《ほけきょう》」を中国《ちゅうごく》に伝《つた》え、中国語《ちゅうごくご》に訳《やく》した人《ひと》はいろいろありますが、現在用《げんざいもち》いられているのは鳩摩羅什《くまらじゅう》という人《ひと》の手《て》になったものです。この人《ひと》のお父《とう》さんはもとインドの名門《めいもん》の出《で》ですが、インドと中国《ちゅうごく》のあいだにある亀茲《きじ》という国《くに》に行《い》き、ここの国王《こくおう》の妹《いもうと》と結婚《けっこん》しました。そして生《う》まれたのが鳩摩羅什《くまらじゅう》です。この国《くに》もたいへん仏教《ぶっきょう》の盛《さか》んな国《くに》で、鳩摩羅什《くまらじゅう》も七歳《さい》のときお母《かあ》さんと共《とも》に出家《しゅつけ》し、インドに留学《りゅうがく》して大乗仏教《だいじょうぶっきょう》を学《まな》びました。その才能《さいのう》・人格《じんかく》が万人《ばんにん》にすぐれていることを見極《みきわ》めた師《し》の須梨耶蘇摩《すりやそま》は、羅什《らじゅう》が帰国《きこく》するときに、「妙法蓮華経《みょうほうれんげきょう》」を授《さず》け、その頭《あたま》をなでながら、「仏日西《ぶつにちにし》に入《い》りて、遺耀《いよう》まさに東《ひがし》におよばんとす。この経典《きょうでん》は東北《とうほく》に縁《えん》あり。なんじ慎《つつし》んで伝弘《でんぐ》せよ。」と、いわれたとあります。「東北《とうほく》に縁《えん》あり」ということばは、いまからふりかえってみると、たいそう意味深《いみぶか》いものであって、後日《ごじつ》、さらに東北《とうほく》にある日本《にっぽん》においてほんとうにその生命《いのち》の花《はな》が開《ひら》いた事実《じじつ》に、無量《むりょう》の感《かん》を覚《おぼ》えざるをえません。

さて、羅什《らじゅう》は師《し》のことばに従《したが》って、東北《とうほく》のほうにある中国《ちゅうごく》へいってこのお経《きょう》をひろめようという一大《いちだい》決心《けっしん》をしましたが、そのころの中国《ちゅうごく》には戦乱《せんらん》があいつぎ、国《くに》が滅《ほろ》びたり興《おこ》ったりして、なかなか思《おも》うようにいきませんでした。しかし、羅什《らじゅう》の名声《めいせい》はあまねくひびきわたっていましたので、ついに後秦《こうしん》という国《くに》ができたとき、その国王《こくおう》の招《まね》きを受《う》けて国都《こくと》長安《ちょうあん》に行《い》きました。そのときすでに六十二歳《さい》におよんでおりましたが、その後《ご》八年間《ねんかん》、七十歳《さい》でなくなるまで、国師《こくし》の待遇《たいぐう》を受《う》けながら、いろいろな経典《きょうてん》を中国語《ちゅうごくご》に訳《やく》しました。

なかんずく「法華経《ほけきょう》」が最《もっと》も重要《じゅうよう》なものであったことはもちろんです。それまでの中国語訳《ちゅうごくごやく》には、誤《あやま》りがたくさんありましたので、羅什《らじゅう》は非常《ひじょう》に慎重《しんちょう》な態度《たいど》で、しかも命《いのち》をかけた真剣《しんけん》さで、その仕事《しごと》にうちこみました。すなわち、羅什《らじゅう》はインド語《ご》も中国語《ちゅうごくご》も自由自在《じゆうじざい》だったのですけれども、自分一人《じぶんひとり》で訳述《やくじゅつ》するようなことをせず、やはり両国語《りょうこくご》に通《つう》じた大《おお》ぜいの学者《がくしゃ》を集《あつ》め、国王《こくおう》や信徒《しんと》なども列席《れっせき》のもとに、「法華経《ほけきょう》」の講義《こうぎ》をしました。学者《がくしゃ》たちはその筆記《ひっき》をもとにして、それぞれ中国語《ちゅうごくご》の訳《やく》をつくり、それを持《も》ちよって研究《けんきゅう》に研究《けんきゅう》を重《かさ》ね、厳重《げんじゅう》な討議《とうぎ》をして、ようやく定本《ていほん》をつくりあげたのです。それに従事《じゅうじ》した人《ひと》は、およそ二千人《せんにん》にもおよんだといわれています。ですから、インドのことばから中国語《ちゅうごくご》に訳《やく》されても、釈尊《しゃくそん》の教《おし》えはほとんど誤《あやま》りなく伝《つた》えられていると断《だん》じてさしつかえないわけです。

それについて、こういう話《はなし》があります。国王《こくおう》は、羅什《らじゅう》の人物《じんぶつ》や才能《さいのう》に深《ふか》く心服《しんぷく》していましたので、どうしてもその子供《こども》を残《のこ》したくてしかたがありません。それで、無理《むり》に羅什《らじゅう》に奥《おく》さんを持《も》たせたのです。そういういきさつがありましたので、羅什《らじゅう》は入寂《にゅうじゃく》するときに、

「わたしはやむをえず戒律《かいりつ》を破《やぶ》って妻《つま》をもったが、わたしが口《くち》で述《の》べたことだけは、けっして仏意《ぶつい》にそむかなかったものと信《しん》じている。もしそのとおりだったら、わたしのからだを火葬《かそう》にしたとき、舌《した》だけは焼《や》けのこることだろう。」

と、いい残《のこ》しました。すると、入寂後火葬《にゅうじゃくごかそう》にしたところ、はたして舌《した》だけが青蓮華《しょうれんげ》の上《うえ》に輝《かがや》かしい光《ひかり》を放《はな》っていた、と伝《つた》えられています。

その後《ご》、中国《ちゅうごく》の仏教《ぶっきょう》の中心《ちゅうしん》となったのはこの「法華経《ほけきょう》」であり、それも、小釈迦《しょうしゃか》といわれた天台大師《てんだいだいし》があらゆる大乗小乗《だいじょうしょうじょう》の経典《きょうでん》をきわめつくした結果《けっか》「仏陀《ぶつだ》の真意《しんい》はここにあり」と断《だん》じて、「法華玄義《ほっけげんぎ》」（十巻《かん》）、「法華文句《ほっけもんぐ》」（十巻《かん》）、「摩訶止観《まかしかん》」（十巻《かん》）のようなすばらしい解説書《かいせつしょ》をあらわされてから、ますます広《ひろ》く全中国《ぜんちゅうごく》にひろがり、まもなく朝鮮半島《ちょうせんはんとう》をへてわが国《くに》へも伝《つた》わってきました。

「法華経《ほけきょう》」はわが国文明《くにぶんめい》の基礎《きそ》

羅什訳《らじゅうやく》の「法華経《ほけきょう》」が難波《なにわ》（いまの大阪《おおさか》）に着《つ》いたのが五七七年《ねん》で、それから三十八年《ねん》後《ご》には、聖徳太子《しょうとくたいし》のお手《て》によって日本最初《にっぽんさいしょ》の解説書《かいせつしょ》「法華義疏《ほっけぎしょ》」がつくられています。この「法華義疏《ほっけぎしょ》」こそ、現存《げんぞん》している日本《にっぽん》の書物《しょもつ》のうちでいちばん古《ふる》い書物《しょもつ》なのです。

聖徳太子《しょうとくたいし》は、「法華経《ほけきょう》」の思想《しそう》にもとづいて有名《ゆうめい》な「十七条憲法《じょうけんぽう》」をつくられ、はじめて日本《にっぽん》の「国《くに》

の法《ほう》」と「人間《にんげん》のふみ行《おこ》なうべき法《ほう》」をうちたてられました。このときから日本《にっぽん》に「文明《ぶんめい》」が開《ひら》けたといっても過言《かごん》ではありません。わが日本《にっぽん》の文明《ぶんめい》の夜明《よあ》けが、ほかならぬ「法華経《ほけきょう》」の精神《せいしん》によってなされたという大事実《だいじじつ》を、われわれは忘《わす》れてはならないのです。そのとき以来《いらい》、じつに千四百年《ひゃくねん》、われわれの胸《むね》には、われわれの血《ち》には、「法華経《ほけきょう》」の精神《せいしん》が脈々《みゃくみゃく》と流《なが》れつづけているのです。

その後《ご》、このお経《きょう》の教《おし》えの弘通《ぐつう》に力《ちから》をいれられた方《かた》は伝教大師《でんぎょうだいし》（最澄《さいちょう》）、承陽大師《じょうようだいし》（道元《どうげん》）、その他《た》数々《かずかず》ありましたが、とくに立正大師日蓮聖人《りっしょうだいしにちれんしょうにん》が、身命《しんみょう》をなげうってこれに新《あたら》しい生命《いのち》を吹《ふ》き込《こ》み、広宣《こうせん》流布《るふ》につとめられた偉業《いぎょう》は、いまさら申《もう》すまでもありません。

「法華経《ほけきょう》」は人間主義《にんげんしゅぎ》の教《おし》え

それから七百年《ひゃくねん》の年月《ねんげつ》がたちました。かつて釈尊入滅後《しゃくそんにゅうめつご》その教《おし》えが次第《しだい》に生《い》き生《い》きした力《ちから》を失《うしな》ってゆき、七百年後《ひゃくねんご》に「法華経《ほけきょう》」が生《う》まれたことによってもとの生命《いのち》をとりもどしました。不思議《ふしぎ》なことには、聖徳太子以後《しょうとくたいしいご》七百年《ひゃくねん》のあいだにも同《おな》じようなことが起《お》こり、そこで日蓮《にちれん》聖人《しょうにん》が世《よ》に出《で》られたわけですが、またその後《のち》の七百年《ひゃくねん》の年月《ねんげつ》のあいだに、「法華経《ほけきょう》」のほんとうの精神《せいしん》はいつしか忘《わす》れられ、ぬけがらだけになってしまったのです。ただうちわ太鼓《だいこ》をたたいて「南無妙法蓮華経《なむみょうほうれんげきょう》」をくり返《かえ》して唱《とな》えれば救《すく》われるとか、「おまんだら」を拝《おが》みさえすれば願《ねが》いがかなうとか、たいへん低《ひく》い考《かんが》えかたにさえ落《お》ちこんでしまいました。

「法華経《ほけきょう》」は、その内容《ないよう》が尊《とうと》いのです。その精神《せいしん》が尊《とうと》いのです。そして、その教《おし》えを実行《じっこう》することが尊《とうと》いのです。その教《おし》えを理解《りかい》し、信《しん》じ、実行《じっこう》することによって、普通《ふつう》の社会生活《しゃかいせいかつ》をいとなみながらも、いろいろな悩《なや》みや苦《くる》しみにとらわれない心境《しんきょう》へ次第《しだい》に近《ちか》づいてゆく。人《ひと》と人《ひと》とがなかよくし、人《ひと》のためにつくさねばいられないような気持《きもち》になってゆく。たとえ一日《にち》のうちの数時間《すうじかん》でもそういった気持《きもち》になってくれば、その人《ひと》の健康《けんこう》も環境《かんきょう》も自然《しぜん》に変《か》わってくる――それがほんとうの救《すく》いなのです。世界《せかい》じゅうの人間《にんげん》みんなが、そんな気持《きもち》になり、みんなが平和《へいわ》に、幸《しあわ》せにくらしてゆくようになる――それが「法《ほ》華経《けきょう》」の窮極《きゅうきょく》の理想《りそう》であり、願《ねが》いなのです。

まことに、「法華経《ほけきょう》」は「人間尊重《にんげんそんちょう》」の教《おし》えであり、「人間完成《にんげんかんせい》」の教《おし》えであり、「人類平和《じんるいへいわ》」の教《おし》えです。一言《いちごん》にしていえば、人間主義《にんげんしゅぎ》（ヒューマニズム）の教《おし》えなのです。日蓮聖人入滅後《にちれんしょうにんにゅうめつご》まさに七百年《ひゃくねん》、いまこそわたしたちはこの教《おし》えの神髄《しんずい》にたちかえって、自分自身《じぶんじしん》のため、家族《かぞく》のため、人《ひと》のため、世《よ》の中《なか》のために、よりよい生活《せいかつ》を築《きず》いていこうではありませんか。

法華三部経《ほっけさんぶきょう》の成《な》り立《た》ち

法華三部経《ほっけさんぶきょう》とは「無量義経《むりょうぎきょう》」「妙法蓮華経《みょうほうれんげきょう》（法華経《ほけきょう》）」「仏説観普賢菩薩行法経《ぶっせつかんふげんぼさつぎょうほうきょう》（観普賢経《かんふげんきょう》）」の三部《ぶ》をいいます。

「無量義経《むりょうぎきょう》」

このうち「無量義経《むりょうぎきょう》」の内容《ないよう》は、釈尊《しゃくそん》が「妙法蓮華経《みょうほうれんげきょう》」の内容《ないよう》をお説《と》きになるすぐ前《まえ》に、おなじ霊鷲山《りょうじゅせん》で説法《せっぽう》されたもので、これは「妙法蓮華経《みょうほうれんげきょう》」と離《はな》れることのできないものです。

なぜならば、このお経《きょう》の中《なか》で釈尊《しゃくそん》は、いままでの四十余年間《よねんかん》こういう目的《もくてき》で、こういう順序《じゅんじょ》によって、このような説法《せっぽう》をしてきたと、その次第《しだい》を述《の》べられ、「しかし、まだ真実《しんじつ》をすっかり打《う》ち明《あ》けてはいない」と、おっしゃっておられます。ここで誤解《ごかい》してならないのは、いままで真実《しんじつ》でないことをお説《と》きになったというのではない、いままでの説法《せっぽう》もすべて真実《しんじつ》にはちがいないのだが、まだ真実《しんじつ》の中《なか》の真《しん》実全《じつすべ》てを「すっかり」出《だ》しきってはいなかったという意味《いみ》です。みんなの信仰《しんこう》の程度《ていど》がそこまで至《いた》らないために教《おし》えてもわからないだろうから、真実《しんじつ》のすべてを完全《かんぜん》には現《あら》わしていなかったというわけです。そして「いまこそ、それをすっかり打《う》ち明《あ》けよう」と、次《つぎ》の説法《せっぽう》についての大切《たいせつ》な約束《やくそく》をなさいます。

もちろん、次《つぎ》に説法《せっぽう》なさったのは、ほかならぬ「法華経《ほけきょう》」の内容《ないよう》なのですから、「無量義経《むりょうぎきょう》」を読《よ》まなければ、ご一代《いちだい》のすべての説法《せっぽう》の中《なか》における「法華経《ほけきょう》」の位置《いち》と申《もう》しますか、つまり「法華経《ほけきょう》」のほんとうの尊《とうと》さがはっきりわからないわけです。

また「無量義《むりょうぎ》」というのは、「数《かず》かぎりない意味《いみ》をもった教《おし》え」という意味《いみ》ですが、この説法《せっぽう》の中《なか》で、その「数《かず》かぎりない意味《いみ》をもった教《おし》えはただひとつの真理《しんり》から出《で》てくるのだ」ということが説《と》かれてあります。そのひとつの真理《しんり》というのは「無相《むそう》」ということですが、それについて詳《くわ》しくはおっしゃっておられません。それで、どうもはっきり解《わか》らないのです。では、どこでそれが解決《かいけつ》されるのか。もちろん、次《つぎ》に説《と》かれる「法華経《ほけきょう》」においてなのです。「法華経《ほけきょう》」で、それをあますところなくお説《と》きになられるわけです。そして、その数《かず》かぎりない教《おし》えは、せんじつめればこの「法華経《ほけきょう》」に説《と》く真理《しんり》に帰《き》するのだと、ご一代《いちだい》のご説法《せっぽう》の中《なか》でも最《もっと》も中心《ちゅうしん》になる教《おし》えを、ここで明《あき》らかにしていらっしゃるのです。

つまり、「無量義経《むりょうぎきょう》」は、「法華経《ほけきょう》」を説《と》くための前提《ぜんてい》として説《と》かれたものですから、「法華経《ほけきょう》」とはどうしても切《き》り離《はな》すことのできぬものであり、「法華経《ほけきょう》」もこの「無量義経《むりょうぎきょう》」からはいってこそ、ほんとうによく理解《りかい》できるという関係《かんけい》から、「法華経《ほけきょう》」の「開経《かいきょう》」といわれているのです。

「無量義経《むりょうぎきょう》」は、徳行品《とくぎょうほん》、説法品《せっぽうほん》、十功徳品《じっくどくほん》の三品《ぽん》から成《な》り立《た》っています。品《ほん》というのは、類《るい》とか、別《べつ》とか、部分《ぶぶん》とかいう意味《いみ》ですから、現代《げんだい》の書物《しょもつ》に使《つか》われている「章《しょう》」とおなじ意味《いみ》だと考《かんが》えていいでしょう。

この徳行品《とくぎょうほん》を無量義経《むりょうぎきょう》の「序分《じょぶん》」といい、説法品《せっぽうほん》を「正宗分《しょうしゅうぶん》」、十功徳品《じっくどくほん》を「流通分《るつうぶん》」といいますが、こういう分《わ》けかたは、ほかのお経《きょう》にも共通《きょうつう》のことですから、ここで簡単《かんたん》に説明《せつめい》します。

序分《じょぶん》、正宗《しょうしゅう》分《ぶん》、流通《るつう》分《ぶん》

「序分《じょぶん》」とは、そのお経《きょう》が、いつ、どこで、どのような人《ひと》びとを対象《たいしょう》に説《と》かれたのか、なぜそのお経《きょう》を説《と》かねばならなかったか、そしてまた、そのお経《きょう》にはどんな意味《いみ》のことが説《と》かれているかという大要《たいよう》などが書《か》かれてある部分《ぶぶん》で、次《つぎ》の正宗分《しょうしゅうぶん》にはいるいとぐちです。「正宗分《しょうしゅうぶん》」とは、そのお経《きょう》の本論《ほんろん》であり、中心《ちゅうしん》となる意味《いみ》をもった部分《ぶぶん》です。「流通分《るつうぶん》」とは、正宗分《しょうしゅうぶん》に書《か》いてあることをよく理解《りかい》し、信《しん》じ、そして身《み》に行《おこ》なえば、どんな功徳《くどく》があるかということを説《と》き、だからこれを大切《たいせつ》にして、あまねく世《よ》にひろめよ、そういう努力《どりょく》をする者《もの》にはこんな加護《かご》があるのだよ、ということを説《と》かれた部分《ぶぶん》です。

次《つぎ》に、「妙法蓮華経《みょうほうれんげきょう》」は、左の二十八品《ほん》から成《な》り立《た》っています。

序品第《じょほんだい》一

方便品第《ほうべんぼんだい》二　譬諭《ひゆ》品第《ほんだい》三　信解《しんげ》品第《ほんだい》四　薬草諭《やくそうゆ》品第《ほんだい》五　授記《じゅき》品第《ほんだい》六　化城諭《けじょうゆ》品第《ほんだい》七　五百弟子《ごひゃくでし》受記《じゅき》品第《ほんだい》八　授学無学人記《じゅがくむがくにんき》品第《ほんだい》九

法師《ほっし》品第《ほんだい》十　見宝塔品第《けんほうとうほんだい》十一　提婆達多品第《だいばだったほんだい》十二　勧持品第《かんじほんだい》十三　安楽行品第《あんらくぎょうほんだい》十四

従地涌出品第《じゅうじゆじゅつほんだい》十五

如来寿量品第《にょらいじゅりょうほんだい》十六　分別功徳品第《ふんべつくどくほんだい》十七

随喜功徳品第《ずいきくどくほんだい》十八　法師功徳品第《ほっしくどくほんだい》十九　常不軽菩薩品第《じょうふきょうぼさつほんだい》二十　如来神力品第《にょらいじんりきほんだい》二十一　嘱累品第《ぞくるいほんだい》二十二

薬王菩薩本事品第《やくおうぼさつほんじほんだい》二十三　妙音菩薩品第《みょうおんぼさつぽんだい》二十四　観世音菩薩普門品第《かんぜおんぼさつふもんぽんだい》二十五　陀羅尼品第《だらにほんだい》二十六　妙《みょう》荘厳王本事品第《しょうごんのうほんじほんだい》二十七　普賢菩薩勧発品第《ふげんぼさつかんぼつぽんだい》二十八

これらの表題《ひょうだい》は、その章《しょう》の内容《ないよう》の一部《ぶ》または全体《ぜんたい》を表《あら》わしたもので、その意味《いみ》は、本文《ほんもん》を読《よ》めば自然《しぜん》にわかってくることですから、ここには説明《せつめい》を省《はぶ》きます。

なお、このお経《きょう》をよく理解《りかい》するために、むかしの僧侶《そうりょ》や学者《がくしゃ》たちがいろいろな分《わ》けかたをしていますが、いちばん適当《てきとう》だと思《おも》われるのは、まず全体《ぜんたい》を二《ふた》つに分《わ》けて、序品第《じょほんだい》一から安楽行品第《あんらくぎょうほんだい》十四までを「迹門《しゃくもん》」、そのあとを「本門《ほんもん》」とし、その「迹門《しゃくもん》」「本門《ほんもん》」をそれぞれ「序分《じょぶん》」「正宗分《しょうしゅうぶん》」「流通分《るつうぶん》」に分《わ》けて考《かんが》える方法《ほうほう》です。

すなわち「迹門《しやくもん》」においては、序品第一《じよほんだい》を「序分《じよぶん》」、方便品第二《ほうべんぽんだい》から授学無学人記品第九《じゆがくむがくにんきほんだい》までを「正《しよう》宗分《しゆうぶん》」、法師品第十《ほつしほんだい》から安楽行品第十四《あんらくぎようほんだい》までを「流通分《るつうぶん》」とします。

また、「本門《ほんもん》」においては、従地涌出品第十五《じゆうじゆじゆつほんだい》の前半《ぜんぱん》を「序分《じよぶん》」、その後半《こうはん》と如来寿量品《によらいじゆりようほん》および分別功《ふんべつく》徳品《どくほん》の前半《ぜんぱん》を「正宗分《しようしゆうぶん》」、そのあとを「流通分《るつうぶん》」とします。

迹門《しやくもん》と本門《ほんもん》　迹仏《しやくぶつ》と本仏《ほんぶつ》

ここで説明《せつめい》しておかなければならないのは、「迹門《しやくもん》」と「本門《ほんもん》」の別《べつ》です。

「迹門《しやくもん》」というのは、「迹仏《しやくぶつ》」の教《おし》えということです。「迹仏《しやくぶつ》」とは、この世《よ》に実際《じつさい》にお生《う》まれになり、修行《しゆぎよう》の結果《けつか》、仏《ほとけ》の境地《きようち》に達《たつ》せられ、八十歳《さい》で入滅《にゆうめつ》された釈迦牟尼世尊《しやかむにせそん》のことです。ですから「迹門《しやくもん》」の教《おし》えは、一口《ひとくち》にいって、人間《にんげん》の理想的《りそうてき》な境地《きようち》に達《たつ》せられた釈尊《しやくそん》が、ご自分《じぶん》の体験《たいけん》をもとにして、宇宙《うちゆう》の万物万象《ばんぶつばんしよう》はこのようになっている、人間《にんげん》とはこんなものだ、こう生《い》きねばならぬ、人間《にんげん》どうしの関係《かんけい》はこうあらねばならぬということを教《おし》えられたものです。釈尊《しやくそん》は、人間《にんげん》と人間関係《にんげんかんけい》を正《ただ》しくたもつには、「智慧《ちえ》」が何《なに》より大切《たいせつ》だと教《おし》えておられます。ですから、「迹門《しやくもん》」の教《おし》えの中心《ちゆうしん》は「仏《ほとけ》の智《ち》慧《え》」であるといっていいでしょう。

ところが、如来寿量品第十六《によらいじゆりようほんだい》にゆきますと、釈尊《しやくそん》は、「わたしはかぎりない過去《かこ》の大昔《おおむかし》から、ずっとこの宇宙《うちゆう》のいたるところにいて、説法《せつぽう》し、衆生《しゆじよう》を教化《きようけ》し、導《みちび》いていたのだ」とお説《と》きになります。これはちょっと考《かんが》えると不思議《ふしぎ》なようですが、けっして不思議《ふしぎ》ではありません。

仏《ほとけ》というのは、いいかえれば「宇宙《うちゅう》（人間《にんげん》をひっくるめた）の真理《しんり》」です。太陽《たいよう》、星《ほし》、人間《にんげん》、動物《どうぶつ》および植物《しょくぶつ》、その他《た》あらゆるものを生《い》かしている根本《こんぽん》の原理《げんり》、あるいは宇宙《うちゅう》の根本《こんぽん》の力《ちから》といってもいいでしょう。ですから、この宇宙《うちゅう》ができてからこのかた、ずっと仏《ほとけ》は宇宙《うちゅう》のどこにも満《み》ち満《み》ちておられるわけです。そういう意味《いみ》の仏《ほとけ》を「本仏《ほんぶつ》」といいます。

その「本仏《ほんぶつ》」が必要《ひつよう》あって人間《にんげん》の形《かたち》をとってこの世《よ》に出現《しゅつげん》されたのが、「迹仏《しゃくぶつ》」としての釈尊《しゃくそん》です。

この両者《りょうしゃ》の関係《かんけい》をよく理解《りかい》するには、電波《でんぱ》とテレビの関係《かんけい》を考《かんが》えればいいでしょう。放送局《ほうそうきょく》から出《だ》されている電波《でんぱ》は、わたしどもの周囲《しゅうい》のどこにも満《み》ち満《み》ちています。目《め》にも見《み》えず、耳《みみ》にも聞《き》こえず、手《て》に触《ふ》れることもできませんけれど、そこいらじゅういっぱいに充満《じゅうまん》していることは事実《じじつ》です。だからこそ、受像機《じゅぞうき》のスイッチを入《い》れ、ダイヤルをそのチャンネルの波長《はちょう》に合《あ》わせさえすれば、ここの家《いえ》にも、あすこの家《いえ》にも、画像《がぞう》が現《あら》われ、音声《おんせい》が聞《き》こえてくるのです。

「本仏《ほんぶつ》」は、放送局《ほうそうきょく》で話《はなし》をしている本人《ほんにん》にあたります。しかも、それは放送局《ほうそうきょく》のスタジオだけにいるのでなく、電波《でんぱ》となってそこいらじゅうに満《み》ち満《み》ちているのです。「迹仏《しゃくぶつ》」というのは受像機《じゅぞうき》に現《あら》われた画像《がぞう》と音声《おんせい》のようなものです。電波《でんぱ》がなければ、画像《がぞう》と音声《おんせい》は現《あら》われないのと同様《どうよう》に、「本仏《ほんぶつ》」がなければ、「迹仏《しゃくぶつ》」は現《あら》われません。逆《ぎゃく》に、われわれは、受像機《じゅぞうき》によらなければ電波《でんぱ》を画像《がぞう》や音声《おんせい》として受《う》けとることができないように、「迹仏《しゃくぶつ》」によらなければ、「本仏《ほんぶつ》」を見《み》ることはできないのです。

すなわち、「本仏《ほんぶつ》」は無限《むげん》の過去《かこ》から、無限《むげん》の未来《みらい》まで、そしてこの宇宙《うちゅう》のどこにもおられる仏《ほとけ》ではありますが、その真理《しんり》を体《たい》してこの世《よ》に出現《しゅつげん》された釈尊《しゃくそん》の教《おし》えを通《つう》じてこそ、はじめてわたしどもはその真理《しんり》を理解《りかい》することができるのです。ですから、「本仏《ほんぶつ》」「迹仏《しゃくぶつ》」どちらが尊《とうと》いとも、大切《たいせつ》だとも、区《く》別《べつ》することはできないわけです。

また、テレビやラジオの電波《でんぱ》を出《だ》している放送局《ほうそうきょく》では、できるだけ多《おお》くの人《ひと》が受像機《じゅぞうき》や受信機《じゅしんき》のスイッチを入《い》れて受《う》け取《と》ってくれることを期待《きたい》しながら、電波《でんぱ》を送《おく》っています。それと同《おな》じように、「本仏《ほんぶつ》」はいつも天地《てんち》の万物《ばんぶつ》を救《すく》おう、救《すく》おうという精神《せいしん》をもって宇宙《うちゅう》に遍満《へんまん》しておられるのです。「救《すく》う」といっても、網《あみ》で魚《さかな》をすくうように「救《すく》う」のではなく、人間《にんげん》なら人間《にんげん》、動物《どうぶつ》なら動物《どうぶつ》、植物《しょくぶつ》なら植物《しょくぶつ》、そのものの持《も》っている本来《ほんらい》の生命《いのち》を生《い》き生《い》きと発現《はつげん》させ、すくすくと伸《の》ばしてやろうという「救《すく》い」なのです。

いいかえれば、「本仏《ほんぶつ》」は「宇宙《うちゅう》の真理《しんり》」にほかならないのですから、だれであろうと、なんであろうと、スイッチを入《い》れて、自分《じぶん》の生《い》きかたの波長《はちょう》を「宇宙《うちゅう》の真理《しんり》」の波長《はちょう》に合《あ》わせさえすれば、たちまちそこに「仏《ほとけ》」が現《あら》われるのです。すなわち、わたしどもの心《こころ》や身体《からだ》をおおっていた暗黒《あんこく》が消《き》え去《さ》って、生《い》き生《い》きとした本来《ほんらい》の生命《いのち》の光《ひかり》が内《うち》から輝《かがや》きだしてくるわけです。そうならないはずは絶対《ぜったい》にありません。そして、それがほんとうの救《すく》いなのです。

こうして、仏《ほとけ》は、かぎりない過去《かこ》からかぎりない未来《みらい》まで常《つね》に実在《じつざい》される、すなわち無始無終《むしむしゅう》の存在《そんざい》なのです。そして、時《とき》と場所《ばしょ》によって、いろいろな形《かたち》をとって出現《しゅつげん》され、相手《あいて》の機根《きこん》に応《おう》じた方法《ほうほう》をもって衆生《しゅじょう》を救《すく》おうと待《ま》ちかまえておられるのです。これが「本仏《ほんぶつ》」の思想《しそう》にほかなりません。

ですから、「本門《ほんもん》」の教《おし》えには、仏《ほとけ》と人間《にんげん》との関係《かんけい》、すなわち「本仏《ほんぶつ》」の救《すく》いについて述《の》べられています。救《すく》いはとりもなおさず仏《ほとけ》の慈悲《じひ》なのですから、つまり「本門《ほんもん》」の中心《ちゅうしん》となるものは「仏《ほとけ》の慈悲《じひ》」であるといっていいでしょう。


「仏説観普賢菩薩行法経《ぶっせつかんふげんぼさつぎょうほうきょう》」


「観普賢経《かんふげんきょう》」は、釈尊《しゃくそん》が「法華経《ほけきょう》」の内容《ないよう》をお説《と》きになったのち、毘舎離国《びしゃりこく》の大林精舎《だいりんしょうじゃ》で説法《せっぽう》された教《おし》えで、「法華経《ほけきょう》」の最後《さいご》の「普賢菩薩勧発品第二十《ふげんぼさつかんぼつぽんだい》八」のあとを受《う》けて、さらに普賢菩薩《ふげんぼさつ》について説《と》かれたものですが、その真意《しんい》は、わたしどもが「法華経《ほけきょう》」の精神《せいしん》を身《み》に行《おこ》なうための具体的《ぐたいてき》な方法《ほうほう》として、懺悔《さんげ》することを説《と》いてあるのです。

わたしどもは、「法華経《ほけきょう》」を読《よ》んで、釈尊《しゃくそん》ご一代《いちだい》のご説法《せっぽう》のほんとうの意味《いみ》を会得《えとく》し、また修行次第《しゅぎょうしだい》によっては自分《じぶん》も仏《ほとけ》の境地《きょうち》に達《たっ》せられるのだということがわかると、なんともいえない勇気《ゆうき》が湧《わ》きあがってくるのを覚《おぼ》えます。ところが、日常生活《にちじょうせいかつ》の実情《じつじょう》はどうかといいますと、時々刻々《じじこっこく》に悩《なや》みや苦《くる》しみがおそったり、いろいろな欲《よく》が次《つぎ》から次《つぎ》へと湧《わ》いてきます。それで、せっかくの新《あたら》しい勇気《ゆうき》もくじけそうになります。

「自分《じぶん》も仏《ほとけ》になれるのだぞ」と頭《あたま》にはわかっていても、さてこういう心《こころ》の迷《まよ》いをどうしたらいいか、それがわからないために、つい迷《まよ》いの黒雲《くろくも》に押《お》し流《なが》されそうになるのです。

その黒雲《くろくも》を払《はら》いのけるのが懺悔《さんげ》であり、その懺悔《さんげ》の方法《ほうほう》を教《おし》えられたのが「観普賢経《かんふげんきょう》」なのです。

ですから、この「観普賢経《かんふげんきょう》」も「法華経《ほけきょう》」とは切《き》り離《はな》すことのできないもので、「法華経《ほけきょう》」の結《むす》びとして必《かなら》ず読《よ》むべきお経《きょう》という意味《いみ》で、「結経《けつきょう》」といわれているわけです。また、その内容《ないよう》から、一般《いっぱん》に「懺悔経《さんげきょう》」とも呼《よ》ばれています。

では、まず開経《かいきょう》である「無量義経《むりょうぎきょう》」から、順《じゅん》を追《お》って解説《かいせつ》していくことにしましょう。

無《む》量《りよう》義《ぎ》経《きよう》

徳行品《とくぎようほん》第《だい》一

この品《ほん》は、前《まえ》にも述《の》べましたように、本文《ほんもん》にはいる前《まえ》の序文《じよぶん》のようなもので、大《おお》ぜいの菩薩《ぼさつ》が世尊《せそん》をほめたたえたことが書《か》いてあります。すなわち、世尊《せそん》がどんなにすぐれた仏《ほとけ》であるかということを、菩《ぼ》薩《さつ》たちが証明《しようめい》しているわけです。そのあらましと、大意《たいい》を述《の》べますと――

一・一―七

「わたくしはこのように聞《き》いている」という書《か》き出《だ》しで、あるとき世尊《せそん》が耆闍崛山《ぎしやくせん》（耆闍崛《ぎしやく》というのは鷲《わし》の頭《あたま》という意《い》で、霊鷲山《りようじゆせん》のこと）の精舎《しようじや》においでになったときの様子《ようす》が、美《うつく》しく、荘厳《そうごん》に展開《てんかい》されています。世尊《せそん》をめぐる人《ひと》びとに、まず大比丘衆《だいびくしゆう》一万《まん》二千人《せんにん》がいたとあります。比丘《びく》というのは男《おとこ》の出家《しゆつけ》で、大比丘衆《だいびくしゆう》といえば、舎利弗《しやりほつ》・迦葉《かしよう》のような直接《ちよくせつ》の大弟子《だいでし》です。まだ菩薩《ぼさつ》までにはいたっていませんが、小乗《しようじよう》の教《おし》えによって阿羅漢《あらかん》の境地《きようち》に達《たつ》しています。阿羅漢《あらかん》というのは「すべての煩悩《ぼんのう》を除《のぞ》きつくしたもの」という意味《いみ》です。なお、一万《まん》二千人《せんにん》というような数字《すうじ》にこだわることはありません。これからもいろいろ大《おお》きい数字《すうじ》が出《で》てきますが、それらは「たくさん」という意味《いみ》を表《あら》わしたものと考《かんが》えてさしつかえありません。

それから、菩薩摩訶薩《ぼさつまかさつ》もたくさんいました。菩薩《ぼさつ》というのは大乗《だいじょう》の修行《しゅぎょう》をする人《ひと》、摩訶《まか》というのは「大《だい》」、「薩《さつ》」というのは「人《ひと》」ですから、摩訶薩《まかさつ》は「大人《たいじん》」「大士《だいし》」すなわち大《おお》きい志《こころざし》をもった人《ひと》ということです。菩薩《ぼさつ》はみんな無上《むじょう》の悟《さと》りを求《もと》め、衆生《しゅじょう》を教化《きょうけ》し、ついには仏《ほとけ》の境界《きょうがい》に達《たっ》しようという大《おお》きい志《こころざし》をもっているのですから、こういってあるわけです。

他教《たきょう》を排斥《はいせき》せず

天《てん》とか、竜《りゅう》とか、夜叉《やしゃ》とか、その他《た》の鬼神《きじん》や動物《どうぶつ》もいろいろおりました。天《てん》というのは天上界《てんじょうかい》にいるもの、竜《りゅう》というのは海《うみ》の底《そこ》に住《す》んでいるもの、夜叉《やしゃ》というのは空中《くうちゅう》を飛《と》んであるくもの、こういった、当時《とうじ》のインドで人間《にんげん》に害《がい》をすると思《おも》われていた鬼神《きじん》から、地《ち》をはう虫類《ちゅうるい》まで、みんなその席《せき》につらなっていたというのです。これが、ほかには見《み》られない、仏教《ぶっきょう》の大《おお》きな特質《とくしつ》です。仏《ほとけ》は、けっして人間《にんげん》だけを悟《さと》りに導《みちび》こうというのではなく、天地《てんち》の万物《ばんぶつ》すべてを平等《びょうどう》に済度《さいど》しようという広大《こうだい》な慈悲《じひ》をもっておられるのです。さればこそ、人《ひと》を食《く》うような鬼《おに》（悪人《あくにん》）でさえ、説法《せっぽう》の席《せき》につらなることが許《ゆる》されているのです。また、他教《たきょう》の神々《かみがみ》を排斥《はいせき》することもなさいませんので、みんな仏《ほとけ》の話《はなし》を聞《き》くために集《あつ》まっています。このことも、たいへん意味深《いみぶか》いことです。

供《く》養《よう》

それからたくさんの比丘《びく》（男《おとこ》の出家《しゅっけ》）、比丘尼《びくに》（女《おんな》の出家《しゅっけ》）、優婆塞《うばそく》（男《おとこ》の在家修行者《ざいけしゅぎょうしゃ》）、優婆夷《うばい》（女《おんな》の在家修行者《ざいけしゅぎょうしゃ》）、また徳《とく》のすぐれたたくさんの国王《こくおう》、王子《おうじ》、その家来《けらい》たち、国民《こくみん》、また国《こく》士《し》・国女《こくにょ》（中堅階級《ちゅうけんかいきゅう》の男女《だんじょ》）、地主《じぬし》・金持《かねもち》など、とにかくありとあらゆる階級《かいきゅう》の人《ひと》がぎっしりとつめかけていましたが、それらの人《ひと》びとは世尊《せそん》の足《あし》もとにひれ伏《ふ》したり、まわりをぐるぐるまわったりして帰依《きえ》の心《こころ》を表《あら》わし、また香《こう》をたいたり、花《はな》を散《ち》らしたりして供養《くよう》をしてから、一方《いっぽう》に退《しりぞ》いてすわります。供《く》養《よう》というのは、仏《ほとけ》に対《たい》する感謝《かんしゃ》の心《こころ》を表《あら》わす行《おこ》ないです。心《こころ》に感謝《かんしゃ》が起《お》これば、それは必《かなら》ず行《おこ》ないに表《あら》われるもので、行《おこ》ないに表《あら》われない感謝《かんしゃ》はまだほんものとはいえません。わたしどもが、ご宝前《ほうぜん》にお花《はな》やお茶《ちゃ》やお水《みず》などをあげ、香《こう》をたき、鐘《かね》をならして礼拝《らいはい》するのは、この意味《いみ》なのです。

一・七―二・五
そこに出席《しゅっせき》しているたくさんの菩薩《ぼさつ》たちは、みんなほんとうの大士《だいし》で、戒《かい》（仏《ほとけ》の戒《いまし》めを守《まも》ってはずれることがない）、定《じょう》（心《こころ》が決定《けつじょう》して動《うご》かない）、慧《え》（智慧《ちえ》が深《ふか》い）、解脱《げだつ》（世間《せけん》の迷《まよ》いや苦《くる》しみからすっかり離《はな》れた）、解脱知見《げだつちけん》（自分《じぶん》が解脱《げだつ》していることを自分《じぶん》で知《し》っている）などの、すぐれた徳《とく》の揃《そろ》っている人《ひと》たちです。

二・五―八
その菩薩《ぼさつ》たちは、また、心《こころ》が境遇《きょうぐう》の変化《へんか》にグラグラするようなことがなく（禅寂《ぜんじゃく》）、いつもひとつの道《みち》を守《まも》って心《こころ》を散《ち》らすことがなく（三昧《さんまい》）、どんな境遇《きょうぐう》にも安《やす》んじ、自己中心《じこちゅうしん》にものを考《かんが》えず（無為《むい》）、物欲《ぶつよく》にとらわれることがありません（無欲《むよく》）。利己的《りこてき》な考《かんが》え（顛倒《てんどう》）や小《ちい》さいつまらないことをあれこれと考《かんが》える（乱想《らんそう》）などにまどわされることもなく、清《きよ》らかな心《こころ》でいつも奥深《おくぶか》いことを考《かんが》えています（静寂清澄《じょうじゃくしょうちょう》、志玄虚漠《しげんこまく》）。こういう心《こころ》を長《なが》い間守《あいだまも》っているので、仏《ほとけ》の教《おし》えられた無量《むりょう》の教《おし》えをみんな覚《おぼ》えているというのです。また、「大智慧《だいちえ》を得《え》て」すべての物《もの》ごとをはっきり見《み》きわめる力《ちから》があります。

智慧《ちえ》

この「智慧《ちえ》」ということばはこれからもたびたび出《で》てきますので、ここで詳《くわ》しく説明《せつめい》しておきますと、「智《ち》」というのは、すべてのもののちがっている点《てん》を見分《みわ》ける力《ちから》です。太郎《たろう》と次《じ》郎《ろう》はどこがちがうか、その「違《ちが》い」を知《し》る力《ちから》です。「慧《え》」というのは、反対《はんたい》に、すべてのものに共通《きょうつう》の真理《しんり》を見《み》いだす力《ちから》です。太郎《たろう》と次郎《じろう》はちがった性質《せいしつ》をもっているようだが、その奥《おく》を見《み》るとやはりおなじ人間《にんげん》で、仏性《ぶっしょう》を具《そな》えている、平等《びょうどう》に仏《ほとけ》になれる、そういうふうに「平等《びょうどう》」を知《し》る力《ちから》です。この二《ふた》つの力《ちから》が完全《かんぜん》に具《そな》わってこそ、世《よ》の中《なか》のすべてのことがらを正《ただ》しく見《み》きわめることができるというのが、仏《ほとけ》の教《おし》えなのです。現代科学《げんだいかがく》の方法《ほうほう》を見《み》ても、やはりこれに尽《つ》きています。

二・九―一〇 こういう徳《とく》を具《そな》えた菩薩《ぼさつ》たちは、諸仏《しょぶつ》が法輪《ほうりん》を転《てん》じたもう（教《おし》えをおひろめになる）ご精神《せいしん》にしたがって、自分《じぶん》たちもよく教《おし》えをひろめるのです。二・一〇―一三・四 ここでたいせつなことは、教《おし》えをひろめていく順序《じゅんじょ》が、じつにわかりやすく述《の》べられていることです。

まず露《つゆ》のしずく（微滴《みたい》）が乾《かわ》いた土《つち》の上《うえ》に落《お》ちると、そこのところだけ塵《ちり》が立《た》たなくなる。すなわち、はじめはほんのささいな教《おし》えでもよい、その教《おし》えを聞《き》いて、人《ひと》のもっているたくさんの欲《よく》のうちのほんの塵《ちり》ほどのものがしずまるだけでもよい、それがたいへんねうちのあることであり、すなわち涅槃《ねはん》の門《もん》に入《はい》る入口《いりぐち》だというのです。それからだんだん解脱《げだつ》の道《みち》を説《と》いて、目前《もくぜん》の悩《なや》みや迷《まよ》いの苦《くる》しみをひとつずつ除《のぞ》いてやる。また、法《ほう》を聞《き》くことによって心《こころ》が洗《あら》われたように涼《すず》しくなる喜《よろこ》びをも味《あじ》わわせる。次《つぎ》に、無明《むみょう》（迷《まよ》い）や老《ろう》・病《びょう》・死《し》などのために苦《くる》しみあえいでいるのに対《たい》して、「十二因縁《じゅうにいんねん》」の教《おし》えをもって、まるで夕立《ゆうだち》が暑《あつ》さに苦《くる》しむ人《ひと》びとを生《い》きかえらせるように、その苦《くる》しみを除《のぞ》いてやる。ここまでが小乗《しょうじょう》の教《おし》えであって、それから、いよいよ大乗《だいじょう》の教《おし》えを説《と》くのだとあります。

十二因縁《じゅうにいんねん》

この「十二因縁《じゅうにいんねん》」というのは仏教《ぶっきょう》の教《おし》えの要点《ようてん》のひとつで、人間《にんげん》（凡夫《ぼんぷ》）が生《う》まれてから死《し》ぬまでの過程《かてい》と、それが前世《ぜんせ》から今世《こんぜ》へ、今世《こんぜ》から来世《らいせ》へと輪廻《りんね》していく状態《じょうたい》をつぶさにお説《と》きになり、人生《じんせい》の苦悩《くのう》はすべて根本《こんぽん》の無明《むみょう》（煩悩《ぼんのう》）が根源《こんげん》であるから、この無明《むみょう》を断《た》ち切ることによって苦悩《くのう》がなくなり、三世《ぜ》にわたって仕合《しあわ》せが得《え》られることをお説《と》きになった大切《たいせつ》な教《おし》えですが、これについては、ずっとあとのほうの「化城諭品第七《けじょうゆほんだい》」のところで、くわしく説明《せつめい》することにしましょう。

さて、菩薩《ぼさつ》は右《みぎ》のような順序《じゅんじょ》で衆生《しゅじょう》を教化《きょうけ》し、菩提《ぼだい》の芽《め》を出《だ》させ、人《ひと》を導《みちび》く手段《しゅだん》（方便《ほうべん》）をよく心得《こころえ》て、大乗《だいじょう》の事業《じぎょう》を助《たす》け、衆生《しゅじょう》がまわり道《みち》をしないで阿耨多羅三藐三菩提《あのくたらさんみゃくさんぼだい》（この上《うえ》ない正《ただ》しい悟《さと》り、仏《ほとけ》の得《え》られた悟《さと》り）を得《え》させるように努《つと》めるというのです。「疾《と》く阿耨多羅三藐三菩提《あのくたらさんみゃくさんぼだい》を成《じょう》ぜしむ」ということばもたびたび出《で》てきますが、この「疾《と》く」というのは、速《はや》くという意味《いみ》ではなく、「まわり道《みち》をせず、まっすぐに」という意味《いみ》です。細《こま》かいことのようですが、大切《たいせつ》なことばです。

三・四—四・三

次に、こういう菩薩《ぼさつ》たちは、衆生《しゅじょう》にとってどんなに大切《たいせつ》なものであるか、またその徳《とく》をいろいろなたとえをもって、口《くち》をきわめてほめたたえてあります。また、もろもろの比丘《びく》たちも、心《こころ》のこんがらかりや迷《まよ》いを除《のぞ》きつくした、りっぱな阿羅漢《あらかん》であるとほめたたえてあります。

こうして菩薩《ぼさつ》や比丘《びく》をほめたたえてあるのはけっして無意味《むいみ》なことではありません。どんなにこの人《ひと》たちが仏《ほとけ》の教《おし》えを実行《じっこう》しているかという手本《てほん》が示《しめ》されているわけです。わたしどもは一足飛《いっそくと》びに仏《ほとけ》と同《おな》じにはなれない。はじめは、大比丘《だいびく》や菩薩《ぼさつ》の行《おこ》ないに学《まな》ばなければなりません。それですら、あまりにもわれわれの現実《げんじつ》とかけはなれてえらいので、とうてい真似《まね》はできないような気《き》がすることでしょう。それは当然《とうぜん》です。しかし、だからといって、さじを投《な》げてしまってはいけないのです。お経《きょう》に述《の》べられているたくさんの菩薩《ぼさつ》たちの徳《とく》のうち、たったひとつからでも真似《まね》をしていくところに、悟《さと》りの門《もん》が開《ひら》ける鍵《かぎ》があるのです。きっかけがあるのです。

四・九—五・四
さて、こういうような大《おお》ぜいの人《ひと》がいた中《なか》から、大荘厳菩薩《だいしょうごんぼさつ》というすぐれた菩薩《ぼさつ》が、参列者一同《さんれつしゃいちどう》の心《こころ》が落《お》ちつき、仏《ほとけ》の教《おし》えをうかがう態勢《たいせい》がすっかりできあがっているのを見《み》て、大《おお》ぜいの菩薩《ぼさつ》たちといっしょにやおら立《た》ちあがって、世尊《せそん》を礼拝《らいはい》し、さまざまに供養《くよう》します。

それから、おん前《まえ》にひざまずいて、偈《げ》を説《と》いて世尊《せそん》をほめたたえます。この「偈《げ》」というのは、前《まえ》に普通《ふつう》の文章《ぶんしょう》で述《の》べられたことを、さらにくりかえして述《の》べたり、仏菩薩《ぶつぼさつ》の徳《とく》をたたえるときに用《もち》いられる、詩《し》の形《かたち》の部分《ぶぶん》です。

五・五—六・二
まず、大荘厳菩薩《だいしょうごんぼさつ》をはじめとする一同《いちどう》は、一切《いっさい》を悟《さと》り、一切《いっさい》を超越《ちょうえつ》され、天地《てんち》もろもろのものを思《おも》うように導《みちび》いてくださる仏《ほとけ》のお心《こころ》の尊《とうと》さをほめたたえます。

六・二—七・六
それから、そのお徳《とく》がおのずから現《あら》われているお顔《かお》やおからだやお声《こえ》などの美《うつく》しさをほめたたえます。七・六―八・二また仏の教《おし》えによって衆生《しゅじょう》が感化《かんか》されていくそのありがたさをほめたたえます。八・二―一一そして最後《ご》に、世尊《せそん》が長《なが》い間《あいだ》非常《ひじょう》な努力《どりょく》をつづけて修行《しゅぎょう》され、ご自《じ》身《しん》のことをかえりみられることなく、どんな苦《くる》しみにも堪《た》え、一切《いっさい》のものを捨《す》てて、ただただ衆生《しゅじょう》を救《すく》うためにおつくしになった、そしてついに大《おお》きな智慧《ちえ》を成就《じょうじゅ》され、その智慧《ちえ》の力《ちから》によって衆生《しゅじょう》を悟《さと》らせてくださるようになられた、その「勤《つと》め難《がた》きを勤《つと》めたまえる」ご努力《どりょく》に深《ふか》く帰依《きえ》いたします、と結《むす》んでいます。

　こうして仏《ほとけ》さまをほめたたえることは、われわれの理想《りそう》を深《ふか》く心《こころ》にきざみこむことです。この上《うえ》ないりっぱなお方《かた》、完全無欠《かんぜんむけつ》のお方《かた》、そのお姿《すがた》やお力《ちから》を心《こころ》に描《えが》いて、われわれの永遠《えいえん》の目標《もくひょう》にするためです。あだやおろそかに読《よ》み過《す》ごしてはならないのです。

勤《つと》め難《がた》きを勤《つと》めたまえるに　なかでも、いちばん身近《みぢか》に、胸《むね》にこたえるのは、最後《さいご》の「勤《つと》め難《がた》きを勤《つと》めたまえるに帰依《きえ》したてまつる」の一句《いっく》です。大悟大聖主《だいごだいしょうしゅ》となられた世尊《せそん》の「結果《けっか》」をほめたたえた最後《さいご》に、その「結果《けっか》」に達《たっ》せられるまでの「過程《かてい》」、すなわち「努力《どりょく》」をほめたたえてあることにこそ、いちばん大《おお》きな意味《いみ》があると思《おも》います。

説法品第二《せっぽうほんだい》

この品《ほん》は、表題《ひょうだい》のとおり、仏《ほとけ》の説法《せっぽう》について述《の》べられてあります。仏《ほとけ》は、悟《さと》りを得《え》られてから、こういう順序《じゅんじょ》で、こういう目的《もくてき》で法《ほう》をお説《と》きになった。その法《ほう》というのは、いろいろさまざまに説《と》かれてきたけれど、根本《こんぽん》の真理《しんり》はただひとつであった。そのひとつの法《ほう》から、無量《むりょう》の（数《かず》かぎりない）法《ほう》が生《う》まれるのであるということを、釈尊《しゃくそん》がお説《と》きになった章《しょう》がこの説法品《せっぽうほん》で、「無量義経《むりょうぎきょう》」全体《ぜんたい》の本論《ほんろん》にあたるわけです。

九・一—四 さて、大荘厳菩薩《だいしょうごんぼさつ》は、仏《ほとけ》をほめたたえることを終《お》わってから、世尊《せそん》にむかって、「仏《ほとけ》さまの教《おし》えについてぜひおうかがいしたいことがございます。おききとどけくださいますでしょうか」とおたずねします。世尊《せそん》は、九・四—七「よろしい。いいときに聞《き》いてくれました。いま聞《き》かないとその機会《きかい》はないのです。わたしはもうすぐこの世《よ》を去《さ》ろうとしているのですから、あとで疑問《ぎもん》が残《のこ》るといけない。何《なん》なりとお聞《き》きなさい」とおっしゃいます。

九・八—一〇・一 そこで、大荘厳菩薩《しょうごんぼさつ》とほかの菩薩《ぼさつ》たちは声《こえ》を合《あ》わせて、「大乗《だいじょう》を修行《しゅぎょう》しているものが、まっすぐに仏《ほとけ》の境地《きょうち》に達《たつ》するには、どういう教《おし》えを修行《しゅぎょう》したらよろしゅうございましょうか」と質問《しつもん》します。すると世尊《せそん》は、

一〇・一―八
「ここにひとつの尊《とうと》い教《おし》えがあります。それは『無量義《むりょうぎ》』という名《な》の教《おし》えです。菩薩《ぼさつ》がこの法門《ほうもん》を学《まな》ぶならば、よく仏《ほとけ》の悟《さと》りに達《たっ》することができるのです。その教《おし》えを学《まな》ぼうと思《おも》うならば、まず、一切《いっさい》のものは、見《み》たところひとつとして同《おな》じものではなく、また刻々《こっこく》に移《うつ》り変《か》わっていくように見《み》えるが、実《じつ》はその本来《ほんらい》の性質《せいしつ》や相《すがた》は変化《へんか》することのないものであることを見極《みきわ》めなければなりません。つまり、一切《いっさい》のものごとは本来《ほんらい》、差別《さべつ》を超越《ちょうえつ》した（空《くう》）、永遠《えいえん》に変《か》わることがなく大調和《だいちょうわ》している（寂《じゃく》）、ということが真実《しんじつ》であることを見極《みきわ》めねばなりません」と教《おし》えられました。

六趣《ろくしゅ》（六道《ろくどう》）

一〇・八―一〇
つづいて、世尊《せそん》は、「衆生《しゅじょう》はその真理《しんり》を知《し》らないために、何《なに》ごとも自分本位《じぶんほんい》に考《かんが》えて、これは得《とく》だとか、これは損《そん》だとか、勝手《かって》な打算《ださん》をする。したがって、いろいろなよくない心《こころ》が起《お》こり、六つの苦《くる》しみの世界《せかい》をぐるぐるまわっているのです」とお説《と》きになります。この六つの苦《くる》しみの世界《せかい》（六趣《ろくしゅ》または六道《ろくどう》）というのは、地獄《じごく》、餓鬼《がき》、畜生《ちくしょう》、修羅《しゅら》、人間《にんげん》、天上《てんじょう》の六つですが、これは、人間《にんげん》の心《こころ》の中《なか》の状態《じょうたい》を説《と》かれたと同時《どうじ》に、人間《にんげん》を中心《ちゅうしん》とした世界《せかい》の成《な》り立《た》ちを説《と》かれたものと、二段《にだん》に解釈《かいしゃく》できます。まずここでは、前者《ぜんしゃ》について説明《せつめい》しましょう。

「地獄《じごく》」とは、心《こころ》が怒《いか》りで占領《せんりょう》されている状態《じょうたい》です。怒《いか》り狂《くる》っているときは、すべてのものが敵《てき》に見《み》えます。夫婦《ふうふ》げんかをすると、けんかとはなんの関係《かんけい》もない茶《ちゃ》わんや皿《さら》まで憎《にく》らしくなって、たたきつけたりします。しかし、茶《ちゃ》わんや皿《さら》を割《わ》ったり、相手《あいて》をなぐったりしても、相手《あいて》をやっつけたことにはなりません。いちばん苦《くる》しんでいるのは、怒《いか》っている本人《ほんにん》なのです。そんな状態《じょうたい》を、「地獄《じごく》」というのです。

「餓鬼《がき》」とは、貪《むさぼ》り欲《よく》ばる心《こころ》がかぎりなく起《お》こってくる状態《じょうたい》です。貪《むさぼ》る心《こころ》が強《つよ》ければ、その欲《ほ》しがるものがいくらたくさん得《え》られても、まだ欲《ほ》しい、まだ欲《ほ》しいと、とどまるところがないのです。お金《かね》や物《ぶっ》質《しつ》だけではありません。名誉《めいよ》に対《たい》する貪欲《とんよく》もあれば、人《ひと》の愛情《あいじょう》に対《たい》する貪欲《とんよく》もあります。こうして、どこまでも貪《むさぼ》り欲《ほっ》して満足《まんぞく》することを知《し》らないのが「餓鬼《がき》」です。

「畜生《ちくしょう》」というのは、智慧《ちえ》が全然《ぜんぜん》ない状態《じょうたい》です。愚《おろ》かなことです。ものの理《ことわり》というものがわからないために、ただもう本能《ほんのう》の命《めい》ずるとおり、前後《ぜんご》の考《かんが》えもなくやりたいことをやる状態《じょうたい》、これが「畜生《ちくしょう》」です。

「修羅《しゅら》」というのは、何《なに》ごとも自分本位《じぶんほんい》に、自分《じぶん》の都合《つごう》のいいように考《かんが》える心《こころ》です。人間《にんげん》どうしがみんなそんな気持《きもち》になれば、必《かなら》ず角突《つのつ》きあいになります。対立《たいりつ》が生《しょう》じ、争《あらそ》いや戦《たたか》いが起《お》こります。「修羅《しゅら》のちまた」というのは、はげしい戦場《せんじょう》の有様《ありさま》を形容《けいよう》することばになっていますが、ほんとうは利己心《りこしん》と利《り》己心《こしん》がみにくい争《あらそ》いをしている状態《じょうたい》のことをいうわけです。これが「修羅《しゅら》」です。

「人間《にんげん》」というのは、以上《いじょう》の四つの心《こころ》をもってはいるけれども、良心《りょうしん》によってそれをある程度《ていど》に押《おさ》え、極端《きょくたん》にまでつっ走《ぱし》らせることのない状態《じょうたい》です。文字《もじ》どおり、凡夫《ぼんぷ》である普通《ふつう》の「人間《にんげん》」の状態《じょうたい》であります。

「天上《てんじょう》」というのは、歓喜《かんぎ》の世界《せかい》です。しかし、これは仏《ほとけ》の悟《さと》りによって得《え》たほんとうの喜《よろこ》び、すなわち変化《へんか》することのない喜《よろこ》びではありません。肉体《にくたい》や感情《かんじょう》の喜《よろこ》び、つまり迷《まよ》いのうえの喜《よろこ》びですから、何《なに》かいやなことが起《お》これば、すぐ地獄道《じごくどう》や餓鬼道《がきどう》や修羅道《しゅらどう》などへまっさかさまに落《お》ちる可能性《かのうせい》のある、ほんの仮《か》りの喜《よろこ》びです。有頂天《うちょうてん》というのはこの状態《じょうたい》のことです。

この場合《ばあい》の「天《てん》」という場所《ばしょ》は、苦《くる》しみも、心配《しんぱい》もない所《ところ》なのですが、ほんとうの悟《さと》りができていないかぎり、そんな所《ところ》にいっても、けっして心《こころ》は満足《まんぞく》しません。何億《なんおく》という大金持《おおがねもち》になって、ご殿《てん》のような邸宅《ていたく》に住《す》み、多《おお》くの使用人《しようにん》を使《つか》う身分《みぶん》になったら、さぞ苦労《くろう》がないだろうと思《おも》うのが普通《ふつう》ですが、実際《じっさい》はなかなかそういうわけにはまいりません。また、もし俗《ぞく》にいう極楽《ごくらく》という所《ところ》があって、一日中《にちじゅう》なんにもしないでブラブラしておればすむ世界《せかい》であるとすれば、そこにしばらく生活《せいかつ》しているうちに、退屈《たいくつ》でしかたがなく、何《なに》かやりたいなぁという不満《ふまん》が出《で》てくるにちがいありません。「天《てん》」というのは、そういう境地《きょうち》をいうのです。

こうして、人間《にんげん》の心《こころ》の中《なか》には、六つの世界《せかい》がかわるがわる起《お》こっている、その状態《じょうたい》を「六道《ろくどう》を輪廻《りんね》する」といいます。わたしどもの心《こころ》は、もしりっぱな教《おし》えもきかず、修行《しゅぎょう》もしないでほうっておけば、いつまでもこの六道《ろくどう》をぐるぐるまわっているばかりで、苦《くる》しみや悩《なや》みの消《き》えるときはないのであって、これは、だれしも自分自身《じぶんじしん》をふりかえってみれば、思《おも》い当《あ》たるにちがいありません。

そこで、世尊《せそん》は、菩薩《ぼさつ》たちにむかって、次《つぎ》のようにお教《おし》えになります。

一〇・一〇―一一・三

「こうして六趣《しゅ》（六道《ろくどう》）を輪廻《りんね》している衆生《しゅじょう》を見《み》たら、菩薩《ぼさつ》たちは大慈悲《だいじひ》の心《こころ》を起《お》こしてその世界《せかい》から救《すく》い出《だ》してやることを志《こころざ》さなければなりません。そのためには、まず一切《いっさい》のものごと（法《ほう》）を深《ふか》く知《し》らなければいけないのです。それが深《ふか》く解《わか》れば、ひとりでに、これからさきどんなものごとが起《お》こるか（生《しょう》）も解《わか》ってくる。また、このものごとはしばらく変《か》わらないでつづいていくだろうということ（住《じゅう》）も解《わか》る。あるいは、ものごとが変《か》わっていくありさま（異《い》）も解《わか》る。ものごとは、いつかはおしまいになるということ（滅《めつ》）も解《わか》る。こうして、よいものごと、わるいものごとが起《お》こる理《ことわり》も解《わか》ってくるのです。

二・三―七 そういうものごとの理《ことわり》がよく解《わか》ったら、一切《いっさい》の諸法《しょほう》（この世《よ》の一切《いっさい》のものごと）は、『念々《ねんねん》に住《じゅう》せず』すなわち一瞬間《いっしゅんかん》ももとのままにいるものではなく、いつも移《うつ》り変《か》わってゆくものだという見極《みきわ》めがついてくる。この見極《みきわ》めがついてくると、衆生《しゅじょう》のひとりひとりの機根《きこん》と性癖《せいへき》と欲望《よくぼう》が、まるでその心《こころ》の中《なか》へはいりこんだようによく解《わか》ってくるのです。

ところが、衆生《しゅじょう》の性癖《せいへき》にも、欲望《よくぼう》にも、かぎりないほどさまざまな種類《しゅるい》があり、またさまざまなお願《ねが》いごとがあるのですから、それに対《たい》する説法《せっぽう》もかぎりないほどさまざま（無量《むりょう》）な説《と》きかたをしなければなりません。説法《せっぽう》のしかたが無量《むりょう》だから、したがって教《おし》えの内容《ないよう》（義《ぎ》）も無量《むりょう》でなければならないのです。

二・七―一二・五 とはいうものの、この数《かず》かぎりない教《おし》えも、その元《もと》はただひとつの法《ほう》から起《お》こってくるのであることを知《し》らなければならないのです。それは何《なに》か。真理《しんり》です。真理《しんり》とは何《なに》か。それは、すべてのものの差別《さべつ》を超越《ちょうえつ》した本性《ほんしょう》（無相《むそう》）です。あらゆるものは、仏性《ぶっしょう》をもっている点《てん》において平等《びょうどう》なのです。それこそが、真理《しんり》なのです。ものごとの実相《じっそう》（ほんとうの姿《すがた》）なのです。菩薩《ぼさつ》のみなさん、この真実《しんじつ》を悟《さと》ることによってひとりでに起《お》こってくる慈悲《じひ》というものは、必《かなら》ず功徳《くどく》の明《あき》らかなもので、よく衆生《しゅじょう》の苦《くる》しみを抜《ぬ》き、さらに進《すす》んで楽《らく》を与《あた》えるのです。ですから、この『無量義《むりょうぎ》』の法門《ほうもん》を学《まな》べば、まっすぐに仏《ほとけ》の悟《さと》りを得《え》ることができるのです。」

一二・六―一二
こうお説《と》きになりますと、大荘厳菩薩《だいしょうごんぼさつ》は、また重《かさ》ねて質問《しつもん》いたします。

「仏《ほとけ》さまのお説《と》きになることは、わたくしたちにはよく解《わか》りますが、一般《いっぱん》の人《ひと》たちが理解《りかい》できないで迷《まよ》うといけませんので、その人《ひと》たちのために、おたずねいたします。

如来《にょらい》は、悟《さと》りをお開《ひら》きになってから四十何年間《なんねんかん》、いつも衆生《しゅじょう》のために四つのこと（四相《しそう》の義《ぎ》）をお説《と》きくださいました。また、『人生《じんせい》は苦《く》の世界《せかい》であること（苦《く》の義《ぎ》）』『あらゆるものには差別《さべつ》があるように見《み》えるけれども、その差別《さべつ》をこえたむこうにある平等《びょうどう》の姿《すがた》を見《み》なければならぬということ（空《くう》の義《ぎ》）』『この世《よ》には、いつまでも同《おな》じ状態《じょうたい》でつづくものごとはない。すべては移《うつ》り変《か》わるものだということ（無常《むじょう》）』『この世《よ》には、自分《じぶん》だけで存在《そんざい》しているものはひとつもないのだから、小《ちい》さな自我《じが》に執着《しゅうちゃく》してはならぬということ（無我《むが》）』などについてお説《と》きくださいました。それからまた、一切《いっさい》のものごとのほんとうの姿《すがた》をいろいろと教《おし》えてくださいました。

一二・一二―一三・二
そして、そういう教《おし》えを聞《き》くことのできましたものは、いろいろな段階《だんかい》の悟《さと》りを得《え》て、菩薩《ぼさつ》になりたいという心《こころ》（菩提心《ぼだいしん》）を起《お》こし、ついに菩薩《ぼさつ》の最高《さいこう》の境地《きょうち》に達《たつ》したものさえおります。

一三・二―六 こうして、如来《にょらい》はいままでの四十年《ねん》あまりのあいだ、同《おな》じことを説《と》いていらっしゃるようではありますが、同時《どうじ》に、だんだん深《ふか》い教《おし》えをお説《と》きくださったのであります。そのあいだの関係《かんけい》が大衆《だいしゅ》にはハッキリわかりにくいと思《おも》いますので、どうかご説明《せつめい》くださいませんでしょうか。」

こうおうかがいいたしますと、世尊《せそん》は、

一三・七―一四・四 「よく聞いてくれました。あなたが、自分《じぶん》ひとりの悟《さと》りのためでなく、もろもろの衆生《しゅじょう》のために、仏《ほとけ》の説《と》く大乗《だいじょう》の教《おし》えの深《ふか》い意味《いみ》をきいたのは、ほんとうの大慈悲《だいじひ》です。りっぱなことです。さて、善男子《ぜんなんし》よ。わたしは先《さき》に菩提樹《ぼだいじゅ》の下《した》にすわって悟《さと》りを得《え》ましたが、悟《さと》りを得《え》た仏《ほとけ》の眼《め》をもって一切《いっさい》の法《ほう》を見《み》ると、すべてのものごとは、口《くち》ではいえないほどさまざまな姿《すがた》をしているものなのです。もろもろの衆生《しゅじょう》は、性癖《せいへき》にせよ、欲望《よくぼう》にせよ、人《ひと》によってみんなちがいがあります。それゆえに、相手《あいて》に応《おう》じた手段《しゅだん》（方便力《ほうべんりき》）を用《もち》いて、いろいろさまざまな説《と》きかたをして四十年《ねん》あまり説法《せっぽう》をつづけてきましたが、まだ底《そこ》の底《そこ》の真実《しんじつ》までは、いいつくしてはいませんでした。ですから、聞《き》く人《ひと》によって理解《りかい》の程度《ていど》に差《さ》があって、だれもがまっすぐに仏《ほとけ》の悟《さと》りにまで達《たつ》するというわけにいかなかったのです。

一四・四―一六・五 法《ほう》というものは、人《ひと》の心《こころ》の迷《まよ》いを洗《あら》い清《きよ》める水《みず》のようなものですが、その水《みず》でも、井戸《いど》の水《みず》、池《いけ》の水《みず》、川《かわ》の水《みず》、海《うみ》の水《みず》といろいろちがいがあります。法《ほう》もやっぱりそうであって、同《おな》じようなことを説《と》いているようでも、初《はじ》めの説法《せっぽう》とあとの説法《せっぽう》にはちがいがあるのです。

わたしが最初《さいしょ》に鹿野苑《ろくやおん》で五人《にん》の弟子《でし》のために法《ほう》を説《と》いたときも、『人間《にんげん》を含《ふく》めた一切《いっさい》のものには、表《ひょう》面《めん》は差別《さべつ》があるようでも、その根本《こんぽん》には、差別《さべつ》のない平等《びょうどう》なものがあり、また表面《ひょうめん》はどんなに変化《へんか》しても、奥底《おくそこ》には永遠《えいえん》に変《か》わらぬものがある』と説《と》き、中《なか》ごろ方々《ほうぼう》でたくさんの比丘《びく》や菩薩《ぼさつ》たちに十二因縁《じゅうにいんねん》・六波羅蜜《ろくはらみつ》などという教《おし》えを説《と》いたときにも同《おな》じことをいいました。そして、いまここで大乗無量義《だいじょうむりょうぎ》の教《おし》えを説《と》くにも同《おな》じことをいいました。

その三つは、ことばは同《おな》じであるけれども、意味《いみ》の含《ふく》みにちがいがあるのです。含《ふく》みにちがいがあるから、衆生《しゅじょう》の理解《りかい》にもちがいができます。理解《りかい》にちがいがあるから、悟《さと》りの程度《ていど》にもちがいが生《しょう》じてくるのは当然《とうぜん》です。そのことは、わたしが最初《さいしょ》に鹿野苑《ろくやおん》で四諦《したい》の教《おし》えを説法《せっぽう》したとき、また中《なか》ごろで十二《じゅうに》因縁《いんねん》の教《おし》えを説法《せっぽう》したとき、次《つぎ》に『方等十二部《ほうどうじゅうにぶ》』その他《た》の教《おし》えを説法《せっぽう》したとき、それぞれの教《おし》えをきいた人《ひと》びとの教化《きょうけ》の結果《けっか》を見《み》れば、よくわかることなのです。

一六・五―一七・一
いいかえれば、わたしは最初《さいしょ》からただひとつの真理《しんり》を語《かた》ってきました。これはわたしだけでなく、一《いっ》切《さい》の諸仏《しょぶつ》もおんなじなのです。しかし、根本《こんぽん》の真理《しんり》はただひとつであるとはいえ、衆生《しゅじょう》のひとりひとりの求《もと》めているものに対《たい》して、それにちょうどよく合《あ》った教《おし》えを説《と》くのですから、仏《ほとけ》というものは数《かず》かぎりないさまざまな姿《すがた》をもって衆生《しゅじょう》の前《まえ》に現《あら》われ、数《かず》かぎりないさまざまな形《かたち》の働《はたら》きを現《あら》わし、数《かず》かぎりないさまざまな教《おし》えを説《と》くということになるのです。

一七・一―七
仏のこの境地《きょうち》はまことに奥深《おくぶか》い、不可思議《ふかしぎ》の境地《きょうち》であって、二乗《にじょう》（声聞《しょうもん》と縁覚《えんがく》のこと。声聞《しょうもん》とは、仏《ほとけ》の教《おし》えを耳《みみ》で聞《き》き、その聞《き》いたことをくりかえしくりかえし習《なら》うことによってある程度《ていど》の悟《さと》りを得《え》た人《ひと》、いいかえれば学《がく》習主義《しゅうしゅぎ》の修行者《しゅぎょうしゃ》。縁覚《えんがく》とは独覚《どっかく》ともいい、いろいろな出来事《できごと》を縁《えん》として無常《むじょう》を知《し》り、世間《せけん》を離《はな》れて生活《せいかつ》をして自分《じぶん》だけの悟《さと》りを得《え》た人《ひと》、いいかえれば体験主義《たいけんしゅぎ》の修行者《しゅぎょうしゃ》）などのとうてい知《し》ることのできるものではありません。

各行者《かくぎょうじゃ》の最高《さいこう》の境地《きょうち》に達《たつ》した菩薩《ぼさつ》ですらも知《し》ることのできるものではありません。

これはただ、仏《ほとけ》だけがわかるのです。だからこそ、いまわたしの説《と》いている無量義《むりょうぎ》の教《おし》えによって、仏《ほとけ》の境地《きょうち》に達《たっ》することをめざして修行《しゅぎょう》しなければならないのです。まことに、この教《おし》えは真実《しんじつ》にして正《ただ》しく、この上《うえ》もなく尊《とうと》いものです。諸仏《しょぶつ》も深《ふか》く守護《しゅご》してくださいますから、これをほんとうに修行《しゅぎょう》するものは、どんなじゃまものにも負《ま》けることがなく、どんな境遇《きょうぐう》の変化《へんか》にも勇気《ゆうき》を失《うしな》うことなく、どんなまちがった考《かん》えにもまどわされることがありません。

だからこそ、大乗《だいじょう》の修行《しゅぎょう》をするものは、この甚深無上《じんじんむじょう》の無量義経《むりょうぎきょう》を学《まな》ばなければならないのです。」

一七・八—一九・二 こうお説《と》きになりますと、天地《てんち》も感動《かんどう》して揺《ゆ》り動《うご》き、この世《よ》のものとも思《おも》われぬさまざまな美《うつく》しい有《あり》様《さま》をあらわして、仏《ほとけ》をはじめ、菩薩《ぼさつ》、縁覚《えんがく》、声聞《しょうもん》、大衆《だいしゅ》などをほめたたえました。そして、その中《なか》のたくさんの菩薩《ぼさつ》が、この「無量義経《むりょうぎきょう》」で説《と》かれた教《おし》えをしっかり会得《えとく》したために、心《こころ》が定《さだ》まってきましたし、またたくさんの菩薩《ぼさつ》が、陀羅尼門《だらにもん》を得《え》ることができました。陀羅尼門《だらにもん》というのは、「大《おお》ぜいの人間《にんげん》を導《みちび》いて、わるいことを止《や》めさせ、よい行《おこ》ないをすすめていく力《ちから》」をいいます。

また、比丘《びく》、比丘尼《びくに》、優婆塞《うばそく》、優婆夷《うばい》その他《た》の参列者《さんれつしゃ》たちは、それぞれの境地《きょうち》に応《おう》じた悟《さと》りを得《え》、みんな「仏《ほとけ》の教《おし》えにしたがって、怠《おこた》ることなくその教《おし》えをひろめ、仏《ほとけ》の境地《きょうち》にまで達《たっ》したい」という志《こころざし》をもつようになったのでありました。

十功徳品第三《じっくどくほんだい》

この品《ほん》には、このお経《きよう》に説《と》かれた教《おし》えを理解《りかい》し、実行《じつこう》すれば、どんな功徳《くどく》があるか、どんないいことができるか、どんなに世《よ》のため人《ひと》のために役立《やくだ》つことができるかということが、詳《くわ》しく、徹底的《てつていてき》に説《と》かれてあります。

当然《とうぜん》の功徳《くどく》

信仰《しんこう》に功徳《くどく》はいらないという人《ひと》もよくありますが、それはまったくの空論《くうろん》です。正《ただ》しい教《おし》えを、ほんとうに理解《りかい》し、心《こころ》から信《しん》じ、実行《じつこう》すれば、功徳《くどく》がないのが不思議《ふしぎ》なのです。もとよりその功徳《くどく》には、信仰《しんこう》の程度《ていど》によって大小《だいしよう》があり、またそれが実際《じつさい》に現《あら》われてくる時間《じかん》に早《はや》いおそいはありますけれど、いずれにしても功徳《くどく》はあるのが当然《とうぜん》なのです。

前《まえ》にも申《もう》しましたとおり、仏《ほとけ》の教《おし》えは人間《にんげん》をひっくるめた宇宙《うちゆう》の真理《しんり》です。その真理《しんり》にしたがった生《い》きかたをすれば、心身《しんしん》がとどこおりなく働《はたら》くようになることは、当然《とうぜん》のことです。奇跡《きせき》でもなんでもありません。つまり、放送局《ほうそうきよく》から出《だ》している電波《でんぱ》の波長《はちよう》にテレビの受像機《じゆぞうき》をピッタリ合《あ》わせれば、鮮《あざや》かな画像《がぞう》が現《あら》われ、ハッキリした音声《おんせい》が聞《き》こえてくるのと、おなじことです。

もし、いくらダイヤルをまわしても画像《がぞう》が出《で》てこないようなテレビだったら、なんの価値《かち》がありましょう。そういう受像機《じゆぞうき》は、かならず物置《ものおき》の隅《すみ》っこにほうりこまれて、いつまでも埃《ほこり》をかぶっている運命《うんめい》におちいります。いままでのいろいろな宗教《しゅうきょう》が、だんだん力《ちから》を失《うしな》い、そして人《ひと》の心《こころ》の片隅《かたすみ》にほうりこまれて埃《ほこり》をかぶったままになってしまっていたのは、功徳《くどく》を忘《わす》れたからです。あるいは、死《し》んだあとで天《てん》国《ごく》に上《のぼ》るとか、極楽《ごくらく》に救《すく》われるとか、そういう死後《しご》の功徳《くどく》を説《と》くに過《す》ぎなかったからであります。

ところが、ほんとうの仏《ほとけ》の教《おし》えは、死《し》んでみなければわからぬようなアヤフヤな功徳《くどく》を説《と》いているのではありません。それは、この世《よ》に生《い》きている自分《じぶん》のうえに力強《ちからづよ》く現《あら》われてくる功徳《くどく》です。自分《じぶん》だけでなく、他人《たにん》にも、そして世《よ》の中全体《なかぜんたい》にもおよぼしていく功徳《くどく》です。それを無視《むし》したり、軽《かろ》んじたりするのは、ほんとうの仏《ほとけ》の教《おし》えの光《ひかり》をわざわざ黒《くろ》いカーテンでさえぎってしまうようなものです。現代《げんだい》の人《にん》間《げん》の、あさはかな、ちっぽけな、計《はか》らい心《ごころ》です。

わたしどもは、そのちっぽけな心《こころ》を捨《す》て、カーテンを押《お》し開《ひら》いて、遠慮《えんりょ》なく仏《ほとけ》の光《ひかり》をいっぱいに身《み》に浴《あ》びればいいのです。それこそが、仏《ほとけ》のほんとうのお望《のぞ》みなのです。出世《しゅっせ》の本懐《ほんかい》なのです。

さて、無量義《むりょうぎ》の教《おし》えをきいて深《ふか》く感動《かんどう》した大荘厳菩薩《だいしょうごんぼさつ》は、世尊《せそん》にむかって、この教《おし》え[一九・五―二〇・六]がまことに深《ふか》く、その教《おし》えのおよぼす力《ちから》の大《おお》きいことについて、自分《じぶん》の理解《りかい》したことを申《もう》しあげ、「こういう[二〇・六―一〇]、考《かんが》えもおよばぬほどの功徳《くどく》をもつこの経典《きょうでん》は、いったいどこからきて、どこへゆき、どこにとどまるものでしょうか。衆生《しゅじょう》のため詳《くわ》しくお教《おし》えください」とお願《ねが》い申《もう》しあげます。

世尊《せそん》はそれに対《たい》して、こうお答《こた》えになります。

「この経《きょう》は、本諸仏《もとしょぶつ》の室宅《しったく》からきて、二一・五―八 一切衆生《いっさいしゅじょう》の発菩提心《ほつぼだいしん》に至《いた》り、そしてもろもろの菩薩行《ぼさつぎょう》の中《なか》にとどまるのです」と。

これはとくに大切《たいせつ》なおことばだと思《おも》います。「本諸仏《もとしょぶつ》の室宅《しったく》からきた」というのは、「仏《ほとけ》の心《こころ》から自然《しぜん》にほとばしり出《で》たものである」という意味《いみ》です。すなわち、大乗《だいじょう》のこの教《おし》えは仏《ほとけ》のやむにやまれぬお心《こころ》から出《で》た真実甚深《しんじつじんじん》の教《おし》えであることを力強《ちからづよ》くおっしゃっておられるわけです。そして、その教《おし》えの至《いた》る所《ところ》、すなわち目的《もくてき》は、「一切衆生《いっさいしゅじょう》に菩提心《ぼだいしん》を発《おこ》さしめる（仏《ほとけ》の悟《さと》りに達《たっ》するまで努力《どりょく》していこうという心《こころ》を起《お》こさせる）こと」であるというのです。そして、その教《おし》えの落《お》ち着《つ》く所《ところ》は菩薩行《ぼさつぎょう》の中《なか》である、すなわち、「仏《ほとけ》の悟《さと》りに至《いた》るためのいろいろなよい行《おこな》いこそ、その教《おし》えの住家《すみか》なのである」というのです。だから、この教《おし》えにしたがって修行《しゅぎょう》を積《つ》んでいけば、だれでも仏《ほとけ》の悟《さと》りに至《いた》ることができるという大《おお》きな功《く》徳《どく》があるのだ、とお説《と》きになります。

二一・八 それから世尊《せそん》は、その功徳《くどく》の十カ条《じょう》について詳《くわ》しくお説《と》きになるのです。中《なか》でも、第《だい》一の功徳《くどく》がいちばん根本《こんぽん》になるものですから、それについてとくに詳《くわ》しく説明《せつめい》してみましょう。

二一・一 仏がおっしゃるには、

「この経《きょう》には、第《だい》一に次《つぎ》のような功徳《くどく》があります。まず、大乗《だいじょう》の教《おし》えを学《まな》んでいるものでも、まだ仏《ほとけ》の悟《さと》りに達《たっ》しようとまで思《おも》いつめていないものがいますが、この経《きょう》はそういう心《こころ》（菩提心《ぼだいしん》）を起《お》こさせるのです。

また、人《ひと》を幸《しあわ》せにしてあげようという気持《きもち》のないものには、なさけ心《ごころ》（慈心《じしん》）を起《お》こさせます。人《ひと》を苦《くる》しめたり、生《い》きものを殺《ころ》したりすることを好《この》むものには、かわいそうだという心《こころ》を起《お》こさせて、生《い》きものを苦《くる》しめたり殺《ころ》したりしないばかりか、逆《ぎゃく》に苦《くる》しんでいるものを救《すく》いたいという心《こころ》（大悲《だいひ》の心《こころ》）を起《お》こさせるのです。

自分《じぶん》よりすぐれた人《ひと》に対《たい》し憎《にく》しみやねたみの心《こころ》を感《かん》ずるくせ（嫉妬《しっと》）のあるものも、この経《きょう》を読《よ》んで仏《ほとけ》の教《おし》えを心《こころ》からありがたく思《おも》うようになれば、自分《じぶん》などはとうていおよびもつかぬと見《み》ていた人《ひと》でも仏《ほとけ》の前《まえ》では自分《じぶん》と変《か》わりのない人間《にんげん》だということがわかり、ただ『仏《ほとけ》のようなすぐれたお方《かた》になりたいという心《こころ》（随喜《ずいき》）』でいっぱいになるために、人《ひと》に対《たい》するねたみ心《ごころ》などは消《き》えてしまうのです。

自分《じぶん》の身《み》のまわりにあるもの、すなわち財産《ざいさん》とか、地位《ちい》とか、名誉《めいよ》とか、家族《かぞく》とか、そういったものに対《たい》して愛情《あいじょう》を感《かん》ずるのは当然《とうぜん》のことですが、それに執着《しゅうちゃく》（愛著《あいじゃく》）すると、心《こころ》にしこりができていろいろな悩《なや》みが生《しょう》じます。もし、捨《す》てるべきときにはいつでも捨《す》てることができるという心境《しんきょう》に達《たっ》すれば、心《こころ》が自由自在《じゆうじざい》になって、とらわれることがないために、かえって家族《かぞく》と仲《なか》よく暮《く》らすこともでき、財産《ざいさん》も有意義《ゆういぎ》に使《つか》うことができ、地位《ちい》もりっぱに生《い》かすことができるようになります。この経《きょう》は、こういうものにとらわれない心《こころ》（能捨《のうしゃ》の心《こころ》）を起《お》こさせる功徳《くどく》があるのです。

二二・二 また、慳貪《けんどん》の者《もの》といって慳《けん》（自分《じぶん》のもっている物《もの》を惜《お》しむ心《こころ》）や貪《どん》（人《ひと》のもっている物《もの》をむやみに欲《ほ》しがる心《こころ》）のはげしい人《ひと》も、『ただ衆生《しゅじょう》のために』という仏《ほとけ》のお心《こころ》がわかれば、自然《しぜん》に布施《ふせ》の心《こころ》が湧《わ》いてきて、人《ひと》によくしてあげるようになります。人《ひと》のために役立《やくだ》つようになります。

自分《じぶん》はえらい、よく悟《さと》っている、行《おこ》ないにもまちがいはないというおごりたかぶった心《こころ》（憍慢《きょうまん》）のある人《ひと》が、このお経《きょう》を読《よ》んで仏《ほとけ》というものがわかれば、自分《じぶん》の心《こころ》や行《おこ》ないのまちがいが目《め》に見《み》えてくるために、仏《ほとけ》のいろいろな戒《いまし》めをしっかり守《まも》らなければならぬという心《こころ》（持戒《じかい》）が起《お》こってくるのです。

二二・三 また、瞋恚《しんに》（怒《いか》り）のくせのあるものも、仏《ほとけ》の心《こころ》を心《こころ》とすれば、他人《たにん》からどんなことをいわれても、どんなことをされても怒《いか》る気持《きもち》がなくなり、恨《うら》む心《こころ》も起《お》こりません。逆《ぎゃく》に、『ああかわいそうな人《ひと》だ、なんとかしてあのまちがった心《こころ》を直《なお》してあげたい』という心《こころ》が起《お》こってくるのです。しのび難《がた》きをしのび、たえ難《がた》きをたえる心《こころ》、これが忍辱《にんにく》なのです。

自分《じぶん》の進《すす》むべきほんとうの道《みち》にいっしょうけんめいにならず、怠《なま》けたり、ほかのつまらぬことにうちこんだりすることを懈怠《けだい》といいますが、『あらゆるものの生命《いのち》がそれぞれの持《も》ち場《ば》持《も》ち場《ば》でまっすぐに生《い》きてゆくのが、この世界全体《せかいぜんたい》を正《ただ》しくはたらかせる道《みち》である。諸悪莫作《しょあくまくさ》、衆善奉行《しゅぜんぶぎょう》、自浄其意《じじょうごい》、すなわち諸《もろもろ》の悪《わる》いことをしてはいけない。すべての善《よ》いことを実行《じっこう》しなさい。そして常《つね》に自分《じぶん》の心《こころ》を浄《きよ》めなさい』という仏《ほとけ》の教《おし》えがわかれば、それぞれ自分《じぶん》の道《みち》に精進《しょうじん》するようにならざるをえないのです。

二二・四 また、まわりの事情《じじょう》が変《か》わるごとに心《こころ》がグラグラ動《うご》き（散乱《さんらん》し）、ビクビクしたりホッとしたりするようなことをくりかえしている人《ひと》も、『すべての移《うつ》り変《か》わる現象《げんしょう》の奥《おく》には変化《へんか》しないドッシリした真理《しんり》があるのだ』ということがわかってくると、いつも静《しず》かで、安定《あんてい》した心《こころ》（禅定《ぜんじょう》）になってくるのです。

また、愚痴《ぐち》の多《おお》いものには、智慧《ちえ》の心《こころ》を起《お》こさせます。愚痴《ぐち》とは、目《め》の前《まえ》のことしか見《み》えず、あとさきの分別《ふんべつ》ができないことです。ですから、いつも目《め》の前《まえ》の事情《じじょう》に動《うご》かされて腹《はら》を立《た》てたり、心配《しんぱい》したりしてばかりいます。ところが、大乗《だいじょう》の教《おし》えを学《まな》んで、智慧《ちえ》の心《こころ》が働《はたら》いていくと、だんだんあとさきのことが見《み》えるようになってきます。だから、何《なに》かにつけて不快《ふかい》な思《おも》いをすることがなくなり、心《こころ》も頭《あたま》も澄《す》みきってくるのです。

二二・五 まだほかの人《ひと》（彼《かれ》）を救《すく》ってあげたいと思《おも》う心《こころ》の起《お》こったことのない人《ひと》でも、『自分《じぶん》だけがこの世《よ》に生《い》きているのではないから、自分《じぶん》も人《ひと》もいっしょに救《すく》われなければなんにもならぬ』ということがわかってきて、ひとりでに人《ひと》を救《すく》おうという気持《きもち》が起《お》こってくるのです。

十《じゅう》　悪《あく》

二二・六 また、十悪《じゅうあく》（殺生《せっしょう》、偸盗《ちゅうとう》、邪淫《じゃいん》、妄語《もうご》＝うそをつく、綺語《きご》＝口先《くちさき》でごまかす、両舌《りょうぜつ》＝二枚舌《にまいじた》で人《ひと》の仲《なか》をさく、悪口《あっく》、貪欲《とんよく》、瞋恚《しんに》、愚痴《ぐち》）の行《おこ》ないのある人《ひと》も、ほんとうに大乗《だいじょう》の教《おし》えが身《み》につけば、次第《しだい》にそのわるい心《こころ》が起《お》こらないようになります。『なにごとも自分《じぶん》を中心《ちゅうしん》にして考《かんが》える心《こころ》（有為《うい》の心《こころ》）』の強《つよ》いものも、衆生《しゅじょう》を平等《びょうどう》に観《み》られる仏《ほとけ》の心《こころ》に近《ちか》づけば、自然《しぜん》に『自分中心《じぶんちゅうしん》でない心《こころ》（無為《むい》の心《こころ》）』が生《しょう》じてきます。

信仰《しんこう》の心《こころ》 二二・六 があともどりしやすい人《ひと》（退心《たいしん》あるもの）も、このお経《きょう》によってほんとうに大乗《だいじょう》の教《おし》えがわかってくれば、『よし、自分《じぶん》も仏《ほとけ》になることを目標《もくひょう》として、一歩《いっぽ》も退《しりぞ》くことなく修行《しゅぎょう》していこう』という勇気《ゆうき》（不退《ふたい》の心《こころ》）が猛然《もうぜん》として起《お》こってくるのです。それもそのはずで、ゆくてに明《あか》るい道《みち》が大《おお》きく開《ひら》けているのが目《め》に見《み》えてくるのですから、こころが奮《ふる》いたたずにはいられないのです。

二三・七 煩悩にもとづいていろいろのことを考《かんが》えたり行《おこ》なったりしている（有漏《うろ》をなす）人《ひと》には、その煩悩《ぼんのう》から離《はな》れる心《こころ》（無漏《むろ》の心《こころ》）を起《お》こさせ、煩悩《ぼんのう》のたいへん多《おお》い人《ひと》にはそれを除《のぞ》いてしまわねばならぬという心《こころ》を起《お》こさせます。」

世尊《せそん》は、こう詳《くわ》しくお説《と》きになって、以上《いじょう》に述《の》べたことがこのお経《きょう》の第《だい》一の功徳《くどく》である、とお結《むす》びになりました。

これで、第《だい》一段《だん》が終《お》わるのですが、これだけの功徳《くどく》でもたいへんなものです。いや、このうちのたった一《ひと》つの功徳《くどく》が成就《じょうじゅ》しても、現代《げんだい》に生《い》きている人間《にんげん》としてはすばらしいことです。ところが、ただ一《ひと》つでも成就《じょうじゅ》すれば、ほかの功徳《くどく》もそれにつれて自然《しぜん》に成就《じょうじゅ》されてくるものですから、ここにたくさんのことがあげてあるのを見《み》て、とうてい自分《じぶん》などにはおよびもつかないというふうに考《かんが》えてはいけないのです。このうちのただ一《ひと》つの功徳《くどく》だけでも――と考《かんが》えてけんめいに学《まな》び、修行《しゅぎょう》することが肝心《かんじん》なのです。

二二・一〇 第二に、このお経《きょう》の一段《いちだん》でも、一偈《いちげ》でも、一句《いっく》でもよくわかれば、その中《なか》には非常《ひじょう》に大《おお》きい、深《ふか》い意《い》味《み》が含《ふく》まれているから、かぎりない教《おし》えに通《つう》ずることができる、と説《と》かれています。そして、一《ひと》つの種《たね》からたくさんの植物《しょくぶつ》が生《しょう》じ、それにできた種《たね》からまた無数《むすう》の植物《しょくぶつ》が生《しょう》ずるように、このお経《きょう》によって一《ひと》つの法《ほう》がわかれば、無数《むすう》の法《ほう》がわかってくる。これが第《だい》二の功徳《くどく》だとあります。

二三・七 第三には、前《まえ》に述《の》べたようにして、すべての法《ほう》がわかってくれれば、心《こころ》の底《そこ》に煩悩《ぼんのう》が残《のこ》っていてもそれに迷《まよ》わされなくなり、周囲《しゅうい》の変化《へんか》（生死《しょうじ》）にビクビクすることもなく、まだ仏法《ぶっぽう》を知《し》らない人《ひと》たちを救《すく》いたいという心《こころ》が起《お》こり、あらゆるものごとにおいて、困難《こんなん》を切《き》りぬけていく勇気《ゆうき》が起《お》こってくる、と説《と》かれています。たとえば、もし船頭《せんどう》が病気《びょうき》で、自分《じぶん》ではむこう岸《ぎし》へ漕《こ》いでいけなくても（自分《じぶん》には煩《ぼん》悩《のう》が残《のこ》っていても）、舟《ふね》（教《おし》え）がしっかりしているから、その舟《ふね》を人《ひと》びとに与《あた》えれば、人《ひと》びとのうちの舟《ふね》を漕《こ》げる人《ひと》が代《か》わりをつとめてくれるから、結局《けっきょく》みんなを彼岸《ひがん》（悟《さと》り）へ渡《わた》らせることができるようなものなのです。

二四・九 第四に、このお経《きょう》の一句《いっく》でもよくわかれば、自分《じぶん》はまだ完全《かんぜん》に救《すく》われなくても、人《ひと》に説《と》くことによって、人《ひと》を悟《さと》らせることができます。そうすれば菩薩《ぼさつ》の仲間入《なかまい》りができるわけです。菩薩《ぼさつ》の仲間入《なかまい》りをすれば、諸仏如来《しょぶつにょらい》はその人《ひと》にむかって直接《ちょくせつ》に法《ほう》を説《と》いてくださるようになる、とあります。

「諸仏如来《しょぶつにょらい》がその人《ひと》にむかって直接《ちょくせつ》に法《ほう》を説《と》かれるようになる」というのは、たいへんに意味《いみ》の深《ふか》いことばで、つまり、「いままでは、仏《ほとけ》がそこにおられるのに、うしろや横《よこ》を向《む》いていて仏《ほとけ》を見《み》ようとしなかった自分《じぶん》が、まともに仏《ほとけ》のほうへ向《む》き直《なお》った」ということです。ですから、いやがおうでも仏《ほとけ》の光《ひかり》をまともに受《う》けるわけです。このことは、非常《ひじょう》に大切《たいせつ》な功徳《くどく》であると思《おも》います。こうして、ますます仏《ほとけ》の教《おし》えを受《う》けるようになれば、いよいよ多《おお》くの人《ひと》に、相手《あいて》に応《おう》じた説《と》きかたで教《おし》えを伝《つた》えることができるようになるわけです。

二五・八 まだ菩薩《ぼさつ》になれない、いわば子《こ》どもの菩薩《ぼさつ》でもそうですから、ましてすでに菩薩《ぼさつ》の境地《きょうち》に達《たっ》した人《ひと》がこのお経《きょう》をくりかえしくりかえし学《まな》んでいけば、もちろん最初《さいしょ》から奥《おく》の奥《おく》の真理《しんり》を体得《たいとく》することはできないけれども、だんだん仏《ほとけ》の教《おし》えに深《ふか》くはいっていくことができ、いつも仏《ほとけ》の慈愛《じあい》に包《つつ》まれているという自覚《じかく》をもつようになるというのです。これが第《だい》四の功徳《くどく》です。

二六・四—二七・一二 第五、第六の功徳《くどく》として、このお経《きょう》を受持《じゅじ》し、読誦《どくじゅ》し、書写《しょしゃ》するものは、まだ迷《まよ》いをすっかり除《のぞ》ききれない身《み》ではあっても、そのことばや行《おこな》いは世《よ》の中《なか》に大《おお》きく役立《やくだ》つようになるし、また衆生《しゅじょう》に法《ほう》を説《と》いて、迷《まよ》いや苦《くる》しみから離《はな》れさせることができるようになることが述《の》べられてあります。

これも非常《ひじょう》に大切《たいせつ》なことで、自分《じぶん》が悟《さと》りつくさなければ、人《ひと》に教《おし》えを伝《つた》えられないというのでなく、自分《じぶん》が一《ひと》つ悟《さと》れば一《ひと》つだけを人《ひと》に伝《つた》える、そのことが大《おお》きな菩薩行《ぼさつぎょう》なのです。たとえば、まだ幼《おさな》い王子《おうじ》であっても、国王《こくおう》が旅行《りょこう》や病気《びょうき》のときその代《か》わりとなって、大王《だいおう》（仏《ほとけ》）の命令《めいれい》のとおり、法《ほう》（仏《ほとけ》の教《おし》え）に従《したが》って政治《せいじ》を行《おこ》なえば（教《おし》えを説《と》けば）、国民《こくみん》は大王《だいおう》が政治《せいじ》をとるのとおなじように治《おさ》められ（教化《きょうけ》され）ていくわけです。

二八・一—三五・八 第七・八・九・十の功徳《くどく》は、一段《いちだん》ごとに高《たか》くなってゆき、非常《ひじょう》にむずかしい境地《きょうち》なので、簡単《かんたん》にまとめて説明《せつめい》しますと、このお経《きょう》をますます深《ふか》く理解《りかい》し、修行《しゅぎょう》し、それを人《ひと》におよぼしていくにしたがって、自分自身《じぶんじしん》も悟《さと》りを開《ひら》いてくると同時《どうじ》に、人《ひと》を救《すく》うことも広《ひろ》くなり、ついには仏《ほとけ》と同《おな》じ境地《きょうち》にたち至《いた》ることができると説《と》かれてあるのです。

こうお説《と》きになりますと、ありとあらゆる生《せい》あるものが、天地《てんち》と共《とも》に感動《かんどう》して、仏《ほとけ》と菩薩《ぼさつ》たちと参列《さんれつ》の大衆《だいしゅ》をさまざまに供養《くよう》しますが、大荘厳菩薩《だいしょうごんぼさつ》以下《いか》の参列《さんれつ》の大衆《だいしゅ》は、仏《ほとけ》にむかって、如来《にょらい》の滅後《めつご》にこのお経《きょう》を流布《るふ》することを堅《かた》くお誓《ちか》いしました。仏《ほとけ》は、それをお聞《き》きになって、たいそうお喜《よろこ》びになり、「あなたがたは、いまこそほんとうの仏子《ぶつし》です。衆生《しゅじょう》を救《すく》う人《ひと》たちです。どうかいつも大乗《だいじょう》の教《おし》えを一切《いっさい》のものに施《ほどこ》してくださいよ」とお頼《たの》みになりましたので、一同大歓喜《いちどうだいかんぎ》し、教《おし》えをしっかり胸《むね》にたたんで、去《さ》っていきました。

これで「無量義経《むりょうぎきょう》」は終《お》わっているのですが、もう一度《いちど》このお経《きょう》の要点《ようてん》をひっくるめて申《もう》しますと、「すべての法《ほう》は『無相《むそう》（すなわち実相《じっそう》）』という一《ひと》つの法《ほう》から出《で》ている」ということです。人間《にんげん》をはじめとして世《よ》の中《なか》のすべてのものごとは、まことに千差万別《せんさばんべつ》で、生《しょう》じたり、消《き》えたり、移《うつ》り変《か》わったり、さまざまな状態《じょうたい》を現《あら》わしています。われわれの心《こころ》は、その差別《さべつ》や変化《へんか》によってまどわされ、苦《くる》しんだり悩《なや》んだりするのですが、もしわれわれがものごとの表面《ひょうめん》に見《み》える差別《さべつ》や変化《へんか》に目《め》もくれず、その本質《ほんしつ》である「差別《さべつ》を超越《ちょうえつ》した真《しん》の姿《すがた》」「永遠《えいえん》に変《か》わることのなく大調和《だいちょうわ》した姿《すがた》」を見《み》とおすことができれば、われわれは、普通《ふつう》の社会生活《しゃかいせいかつ》をしていながらも、なにものにもとらわれない自由自在《じゆうじざい》の心境《しんきょう》に達《たっ》することができるというのです。

しかし、その「実相《じっそう》」とはどんなものか、その「実相《じっそう》」が見《み》えるようになるにはどうすればよいかということについては、ここには詳《くわ》しく説《と》いてありません。それは、前《まえ》にも述《の》べましたように、「法華経《ほけきょう》」

によって解決《かいけつ》されるわけです。

妙《みよう》法《ほう》蓮《れん》華《げ》経《きよう》

経題《きようだい》の意味《いみ》

経題《きようだい》の意味《いみ》

それでは、いよいよ「妙法蓮華経《みようほうれんげきよう》」にはいりますが、はじめに経題《きようだい》について説明《せつめい》いたしましょう。お経《きよう》の題名《だいめい》というものは、そのお経《きよう》の成《な》り立《た》ちや内容《ないよう》を大《おお》づかみに表《あら》わしたものですが、このお経《きよう》の題名《だいめい》ほど内容全体《ないようぜんたい》の深《ふか》い意味《いみ》を短《みじ》かいことばでいい表《あら》わしたものは、おそらく他《ほか》にはないだろうと思《おも》います。

「法《ほう》」とは

原名《げんめい》は、むかしのインドのことばのひとつであった梵語《ぼんご》の「サッダルマ・プンダリーカ・スートラ」というので、これを羅什《らじゆう》が中国語《ちゆうごくご》に訳《やく》したのが「妙法蓮華経《みようほうれんげきよう》」という名《な》です。

この「法《ほう》」ということばは、前《まえ》の「無量義経《むりようぎきよう》」の解説《かいせつ》を注意深《ちゆういぶか》く読《よ》んだ人《ひと》はわかっておられると思《おも》いますが、たいへん意味《いみ》の深《ふか》い大切《たいせつ》なことばで、まず「諸法実相《しよほうじつそう》」などとありますように「ものごと（この宇宙間《うちゆうかん》に存在《そんざい》する一切《いつさい》のものや、世《よ》の中《なか》に起《お》こるすべてのことがら）」という意味《いみ》があります。次《つぎ》にそのものごとをつらぬいているひとつの「真理《しんり》」という意味《いみ》があります。第《だい》三に、その「真理《しんり》」によって正《ただ》しく、しかもその時《とき》にふさわしく説《と》かれた「教《おし》え」という意味《いみ》があります。広《ひろ》く「仏教《ぶつきよう》の教《おし》え」といえましょう。第《だい》四に、倫理《りんり》や道徳《どうとく》にかなった「善《よ》いことの実践《じっせん》」という意味《いみ》もあります。

その四つの意味《いみ》の大《おお》もとである「真理《しんり》」がとりもなおさず「仏《ほとけ》」なのですから、その真理《しんり》や法則《ほうそく》の上《うえ》に立《た》って「人間《にんげん》はどのように生《い》きねばならぬか」を説《と》かれた「教《おし》え」も仏《ほとけ》なのです。つまり、「法《ほう》」と「仏《ほとけ》」はおなじものであり、いいかえれば、「仏《ほとけ》」と「仏《ほとけ》のはたらき」すべてが「法《ほう》」ということばで表《あら》わされるのです。ですから、「法《ほう》」というものはこの上《うえ》もなく尊《とうと》く、とうていことばではいい表《あら》わせないような深《ふか》い意味《いみ》をもっているので、「妙《みょう》」ということばで形容《けいよう》してあるわけです。

蓮華《れんげ》というのは、蓮《はす》の花《はな》です。インドでは、この世《よ》で最《もっと》も美《うつく》しいものとされています。それは泥《どろ》の中《なか》に咲《さ》きますが、しかも泥《どろ》に染《そ》まらずいつも清《きよ》らかです。このことは、「人間《にんげん》は俗世《ぞくせ》（泥《どろ》）の中《なか》で生活《せいかつ》しながら、それに染《そ》まることもなく、とらわれることもない美《うつく》しい生活《せいかつ》、自由自在《じゆうじざい》な生活《せいかつ》ができる」というこのお経《きょう》の根本思想《こんぽんしそう》をそのまま表《あら》わしているのです。

「経《きょう》」というのはひもとかたて糸《いと》ということで、インドでは美《うつく》しい花《はな》を糸《いと》でつないで髪《かみ》に飾《かざ》る習慣《しゅうかん》がありましたが、それと同《おな》じように、尊《とうと》い仏《ほとけ》の教《おし》えをひとすじの系統《けいとう》にまとめたものを「経《きょう》」といったのです。ひっくるめていえば、「人間《にんげん》が現世《げんぜ》に生活《せいかつ》しながら、迷《まよ》いにとらわれないりっぱな生活《せいかつ》ができることを説《と》いた、この上《うえ》もなく尊《とうと》い教《おし》え」というのが「妙法蓮華経《みょうほうれんげきょう》」という題名《だいめい》の意味《いみ》です。

序《じょ》品《ほん》第《だい》一

これは、お経《きょう》の本論《ほんろん》にはいるいとぐちのような部分《ぶぶん》ですから、序品《じょほん》となづけられています。

三七・一―三九・一〇 まず、世尊《せそん》が耆闍崛山《ぎしゃくせん》（霊鷲山《りょうじゅせん》）で「無量義《むりょうぎ》」の教《おし》えを説《と》かれたときのありさまがえがかれてあります。三九・一〇 そうして、仏《ほとけ》は、このお経《きょう》を説《と》き終《お》わられると、じっとすわって身動《みうご》きもされなくなりました。三《さん》昧《まい》（精神統一《せいしんとういつ》）にはいられたのです。

これは非常《ひじょう》に大切《たいせつ》なことで、仏《ほとけ》はかならず説法《せっぽう》の前後《ぜんご》にこうして瞑想《めいそう》にはいられます。そして、教《おし》えをどういうふうに説《と》いたらよく大衆《たいしゅう》の心《こころ》にしみこんでいくかを考《かんが》えられるのです。また、説《と》いた教《おし》えがどうぞ正《ただ》しく受《う》けとられ、正《ただ》しくひろめられてゆくように、と念《ねん》じられるのです。釈尊《しゃくそん》は一日《いちにち》に五時間《じかん》もこういう瞑想《めいそう》にはいられたといいます。わたしどもも、せめて教《おし》えをきく前《まえ》の数分《すうふん》、教《おし》えをきいたあとの数分《すうふん》でも、静《しず》かに目《め》をとじて、聞《き》いた教《おし》えを反復《はんぷく》して心《こころ》にとどめ、心《こころ》を清《きよ》め、仏《ほとけ》と一体《いったい》になることを念《ねん》じたいものです。

三九・一〇―四〇・一〇 さて、こうして仏《ほとけ》が三昧《さんまい》にはいられると、天地《てんち》も仏《ほとけ》の教《おし》えに感動《かんどう》して、空《そら》からは美《うつく》しい花《はな》が降《ふ》り、地《ち》も震《ふる》え動《うご》きます。聴聞《ちょうもん》の人《ひと》びともかつて経験《けいけん》したことのない感激《かんげき》を覚《おぼ》え、心《こころ》から歓喜《かんぎ》して、合掌《がっしょう》しながら一心《いっしん》に仏《ほとけ》を見上《みあ》げておりました。

するとそのとき、仏《ほとけ》の眉間《みけん》にある白《しろ》い渦毛《うずげ》からパッと光《ひかり》が出《で》て、天地《てんち》のあらゆる世界《せかい》を照《て》らし出《だ》したのです。そして、天地《てんち》のどこを見《み》ても、六趣《ろくしゅ》に迷《まよ》っている衆生《しゅじょう》の姿《すがた》が見《み》えます。しかも、どんな原因《げんいん》でそういう結果《けっか》になったかということも、ハッキリ見《み》えるのです。また、どこを見《み》ても仏《ほとけ》がおられ、人《ひと》びとが、仏《ほとけ》の説法《せっぽう》をきいたり修行《しゅぎょう》をしたりしている様子《ようす》も見《み》えます。もろもろの菩薩《ぼさつ》が菩薩道《ぼさつどう》を行《ぎょう》じているのも見《み》えれば、仏《ほとけ》がおかくれになって、その仏舎利《ぶっしゃり》を納《おさ》めた七宝塔《しっぽうとう》を建《た》てるのも見《み》えます。

四〇・一〇―四七・一 それを見て不思議《しぎ》に思《おも》った弥勒菩薩《みろくぼさつ》は、そのわけをたずねようにも世尊《せそん》は三昧《さんまい》にはいっておられるので、ちょっと当惑《とうわく》しましたが、ふと考《かんが》えついたのは、文殊師利《もんじゅしり》はまるで仏《ほとけ》の子《こ》のようにして過去《かこ》の長《なが》い間親《あいだした》しく教《おし》えを受《う》け、仏《ほとけ》を供養《くよう》してきた人《ひと》であるから、文殊師利《もんじゅしり》にきいてみたら、この不思議《ふしぎ》のわけがわかるだろうと考《かんが》えます。また、その場《ば》を埋《うず》めつくした大衆《たいしゅう》もみんなそのわけを知《し》りたがっていることが、弥勒菩薩《みろくぼさつ》にはよく察《さっ》せられたので、文殊師利《もんじゅしり》にむかって、仏《ほとけ》さまの額《ひたい》の白《しろ》い渦毛《うずげ》から光《ひかり》が出《で》るという不思議《ふしぎ》なことはどうして起《お》こったのだろう、そして東方《とうぼう》一万《まん》八千《せん》というようなはてしもない国土《こくど》を照《て》らし出《だ》し、しかもそこに仏《ほとけ》の世界《せかい》のなんともいえない美《うつく》しいありさまが見《み》えたのはどうしたわけだろう、とたずねました。そして、いま目《め》で見《み》た不思議《ふしぎ》な光景《こうけい》を長《なが》い美《うつく》しい詩《し》（偈《げ》）によんで、重《かさ》ねててねいに教《おし》えを請《こ》いました。

すると、文殊師利《もんじゅしり》は、一同《いちどう》四七・一―四八・三にむかってこう答《こた》えるのです。

「わたしが推察《すいさつ》するところでは、世尊《せそん》はこれから非常《ひじょう》に大切《たいせつ》な法《ほう》をお説《と》きになろうとしておられるのです。わたしが過去《かこ》の世《よ》でたくさんの仏《ほとけ》にお仕《つか》えしていたとき、仏《ほとけ》がこのような不思議《ふしぎ》を現《あら》わされたのちには、必《かなら》ず大切《たいせつ》な教《おし》えをお説《と》きになったからです。

むかしむかし、日月燈明如来《にちがつとうみょうにょらい》という仏《ほとけ》がおられました。その仏《ほとけ》は完全無欠《かんぜんむけつ》な徳《とく》を具《そな》えられたお方《かた》で、正《ただ》しい法《ほう》をお説《と》きになるのに、最初《さいしょ》のころと中《なか》ごろと終《お》わりごろと、お説《と》きになる方法《ほうほう》はだんだん変《か》わってきましたが、その教《おし》えはいつもただ一《ひと》つの真理《しんり》の上《うえ》に立《た》った教《おし》えでした。

その教《おし》えの意味《いみ》は深《ふか》く、教《おし》えかたはたいへんやさしくてわかりやすく、また説《と》かれることは、完全無《かんぜんむ》欠《けつ》で、まじりけのないりっぱな教《おし》えでしたし、すべてのよい行《おこ》ないを実行《じっこう》させるような力《ちから》を具《そな》えておられました。

仏《ほとけ》の教《おし》えを聞《き》いて、迷《まよ》いのない心《こころ》を得《え》たいと願《ねが》うものには、四諦《したい》の法《ほう》を説《と》いて生《しょう》・老《ろう》・病《びょう》・死《し》という人生《じんせい》の苦《くる》しみにとらわれぬ心《こころ》と、人生《じんせい》の変化《へんか》におどろかぬ心《こころ》がまえを説《と》いてくださいました。また、辟《びゃく》支仏《しぶつ》（縁覚《えんがく》）を求《もと》めるものには十二因縁《じゅうにいんねん》の法《ほう》を説《と》き、もろもろの菩薩《ぼさつ》のためには六波羅蜜《ろくはらみつ》を説《と》いて、最《さい》高《こう》の智慧《ちえ》にまで導《みちび》かれました。」

この「四諦《したい》」「六波羅蜜《ろくはらみつ》」というのは、どうしたらわたしたちが日常《にちじょう》の生活《せいかつ》において直面《ちょくめん》する苦《くる》しみや悩《なや》みを根本的《こんぽんてき》に解決《かいけつ》して、絶対安穏《ぜったいあんのん》の境地《きょうち》を得《え》られるかをお教《おし》えになった法門《ほうもん》で、釈尊《しゃくそん》の教《おし》えの大《おお》きな中心《ちゅうしん》をなすものですから、ここでくわしく説明《せつめい》しておきましょう。

四《し》諦《たい》

四諦《したい》というのは「苦諦《くたい》」「集諦《しったい》」「滅諦《めったい》」「道諦《どうたい》」の四つの悟《さと》りです。

まず「苦諦《くたい》」ですが、これはつまり「仏《ほとけ》の教《おし》えを聞《き》かない人《ひと》びとにとっては、この世《よ》のすべてが苦《くる》しみである」ということです。人生《じんせい》は、第《だい》一に精神的《せいしんてき》な苦《くる》しみ、第《だい》二に肉体的《にくたいてき》な苦《くる》しみ、第《だい》三に経済的《けいざいてき》な苦《くる》しみ、その他《ほか》いろいろな苦《くる》しみに満《み》ちています。その人生苦《じんせいく》から中途半端《ちゅうとはんぱ》な逃《に》げかくれかたをしないでその実態《じったい》を直視《ちょくし》し、見極《みきわ》めること、それが「苦諦《くたい》」です。

「集諦《しったい》」というのは、そういう人生苦《じんせいく》はどうして起《お》こったものであるかという原因《げんいん》を反省《はんせい》し、探求《たんきゅう》し、それをはっきりと悟《さと》ることです。それには、「化城諭品第《けじょうゆほんだい》七」のところでくわしく述《の》べる「十二因縁《じゅうにいんねん》」および、これもあとで述《の》べる諸法実相《しょほうじっそう》・十如是《じゅうにょぜ》に、きわめてはっきりと示《しめ》されているわけです。

「滅諦《めったい》」というのは、そういう人生苦《じんせいく》を消滅《しょうめつ》した安穏《あんのん》の境地《きょうち》です。精神的《せいしんてき》な苦《くる》しみも、肉体的《にくたいてき》な苦《くる》しみも、経済的《けいざいてき》な苦《くる》しみも、その他《た》一切《いっさい》の苦《くる》しみを断《た》ち切《き》り、この世《よ》に寂光土《じゃっこうど》を現出《げんしゅつ》した姿《すがた》です。

それは、釈尊《しゃくそん》が悟《さと》られた「諸行無常《しょぎょうむじょう》」「諸法無我《しょほうむが》」「涅槃寂静《ねはんじゃくじょう》」という三大真理《さんだいしんり》を悟《さと》ることができてこそ、はじめて達《たっ》せられる境地《きょうち》なのです。この三大真理《さんだいしんり》は、大切《たいせつ》な中《なか》でも大切《たいせつ》なものですから、すぐあとでくわしく説明《せつめい》することにします。

ところが、この三大真理《さんだいしんり》を悟《さと》るということは、凡夫《ぼんぷ》にとってはおいそれとできることではありません。それには、日々《にちにち》の修行《しゅぎょう》と努力《どりょく》が必要《ひつよう》です。すなわち、妙《みょう》（心《こころ》）、体《たい》（姿《すがた》）、振《ふり》（行動《こうどう》）の三面《さんめん》に、菩薩《ぼさつ》道《どう》を実践《じっせん》することです。もっとつっこんでいうならば、あとで説《と》きます「八正道《はっしょうどう》」と「六波羅蜜《ろくはらみつ》」に精《しょう》進《じん》することです。これが、苦《く》を滅《めっ》する道《みち》の教《おし》え「道諦《どうたい》」です。

こうして、人生《じんせい》は苦《く》の世《せ》界《かい》であることを直視《ちょくし》し（苦諦《くたい》）、そのほんとうの原因《げんいん》をつかみ（集諦《しったい》）、そして日々《にちにち》の修行《しゅぎょう》によって（道諦《どうたい》）、あらゆる苦悩《くのう》を消滅《しょうめつ》せよ（滅諦《めったい》）という教《おし》えが、四諦《したい》の法門《ほうもん》です。わかりやすくするために、図表《ずひょう》にして示《しめ》しますと次《つぎ》のページのようになります。

では、「諸行無常《しょぎょうむじょう》」「諸法無我《しょほうむが》」「涅槃寂静《ねはんじゃくじょう》」について説明《せつめい》しましょう。

諸行無常《しょぎょうむじょう》

「諸行無常《しょぎょうむじょう》」という言葉《ことば》は、「平家物語《へいけものがたり》」の巻頭《かんとう》にある「祇園精舎《ぎおんしょうじゃ》の鐘《かね》の声《こえ》諸行無常《しょぎょうむじょう》の響《ひびき》あり」といったような、むかしの文章《ぶんしょう》のおかげでしょうか、意味《いみ》がだんだん誤《あやま》られてきて、いまはすっかり「世《よ》の中《なか》ははかないものだ」という意味《いみ》にとられています。そして、それが仏教《ぶっきょう》に対《たい》する誤解《ごかい》の大《おお》きな原因《げんいん》にもなっているのです。すなわち「この世《よ》ははかないものだから、来世《らいせ》によい世《せ》界《かい》に生《う》まれ変《か》わることをひたすら願《ねが》うのが仏教《ぶっきょう》の教《おし》えである」と、一般《いっぱん》の人《ひと》に思《おも》い込《こ》まれているのです。

このたいへんなまちがいを正《ただ》すためには、まず「諸行無常《しょぎょうむじょう》」という言葉《ことば》の意味《いみ》からしっかり理解《りかい》してかからなければなりません。「諸行《しょぎょう》」というのは、「この世《よ》の中《なか》に現《あら》われるすべての現象《げんしょう》」という意味《いみ》です。「無常《むじょう》」というのは、読《よ》んで字《じ》のとおり「常《つね》でない」すなわち「いつでも同《おな》じ状態《じょうたい》でいるものではない」――ということはつまり「変化《へんか》する」という意味《いみ》です。ですから、「諸行無常《しょぎょうむじょう》」ということは、「この世《よ》のすべての現象《げんしょう》は変化《へんか》するものである」という意味《いみ》なのです。

わたしたちは、そのことをしっかりと見《み》とおさなければならないのです。

四《し》諦《たい》

苦《く》諦《たい》

精《せい》神《しん》的《てき》
肉《にく》体《たい》的《てき》
経《けい》済《ざい》的《てき》
その他《た》の

苦悩《くのう》の実態《じったい》を直視《ちょくし》し見極《みきわ》める

滅《めっ》諦《たい》

精《せい》神《しん》的《てき》
肉《にく》体《たい》的《てき》
経《けい》済《ざい》的《てき》
その他《た》の

苦悩《くのう》を消滅《しょうめつ》した安穏《あんのん》の境地《きょうち》（解脱《げだつ》の境地《きょうち》）

集《しっ》諦《たい》

諸法実相《しょほうじっそう》・十如是《じゅうにょぜ》並《なら》びに十二因《じゅうにいん》縁《ねん》の法門《ほうもん》にもとづいて、苦悩《くのう》の原因《げんいん》を反省《はんせい》し探求《たんきゅう》し、それをはっきりと悟《さと》る（渇愛《かつあい》・貪欲《とんよく》）

道《どう》諦《たい》

苦悩《くのう》を滅《めっ》するための修行法《しゅぎょうほう》

菩薩道《ぼさつどう》の実践《じっせん》
自行《じぎょう》の八正道《はっしょうどう》
化他《けた》の六波羅蜜《ろくはらみつ》

永久《えいきゅう》に変《か》わることなく大空《おおぞら》のかなたに輝《かがや》いていると思《おも》われる太陽《たいよう》も、刻一刻《こくいっこく》に変化《へんか》していることは、今日《こんにち》の科学《かがく》がハッキリ証明《しょうめい》しています。昨日《きのう》のわが身《み》と今日《きょう》のわが身《み》に変化《へんか》はないようですが、実《じつ》は細《さい》胞《ぼう》のひとつひとつが絶《た》えず死《し》にかつ生《う》まれていて、約《やく》七年間《ねんかん》で全部《ぜんぶ》の細胞《さいぼう》が入《い》れかわるというのですから、これまた刻一刻《こくいっこく》に変化《へんか》しているのです。

まして、人間《にんげん》が心《こころ》で感《かん》ずる苦《くる》しさや、悲《かな》しさや、うれしさや、たのしさなどが、まったくたあいなく変化《へんか》してしまうことは、だれしも経験《けいけん》によって知《し》っているとおりです。

これが「諸行無常《しょぎょうむじょう》」なのですが、だからといって、「ものごとはすべてはかない、頼《たよ》りにならぬとあきらめてしまいなさい」というのが仏《ほとけ》の教《おし》えだと思《おも》ったら、とんでもないまちがいです。そうではなくて、「すべてのものが移《うつ》り変《か》わることをハッキリ知《し》って、目《め》の前《まえ》の小《ちい》さな変化《へんか》におどろいたり、ジタバタしないような心《こころ》をもちなさい」という教《おし》えなのです。

もう一歩《いっぽ》この「諸行無常《しょぎょうむじょう》」を積極的《せっきょくてき》に見《み》ますと、われわれ人間《にんげん》の力《ちから》がどんなに強《つよ》いものであるかがよくわかり、ひいてはなぜ人間《にんげん》の生《い》きかたは常《つね》に上《うえ》へ上《うえ》へと向《む》かって力強《ちからづよ》く進《すす》んでいかねばならぬものかということもハッキリし、また、おたがいが感謝《かんしゃ》しあい、平等愛《びょうどうあい》と一体感《いったいかん》をもって仲《なか》よく暮《く》らしていかなければならぬという実感《じっかん》が、泉《いずみ》のごとく胸《むね》に湧《わ》いてくるはずです。これがほかならぬ「一大事《いちだいじ》」なのです。

何《なん》十億年《おくねん》か前《まえ》の地球《ちきゅう》は、火山《かざん》から噴《ふ》き出《だ》した何千度《なんぜんど》もある溶岩《ようがん》がドロドロしていて、空《そら》には水蒸気《すいじょうき》やガスがたちこめ、生物《せいぶつ》という生物《せいぶつ》は全然《ぜんぜん》いなかったのだといいます。ところが、約《やく》二十億年前頃《おくねんまえごろ》、地球《ちきゅう》がだんだん冷《ひ》えてきて、はじめて生命《せいめい》のあるものが生《う》まれました。しかも、それは細菌《さいきん》のような、顕微鏡《けんびきょう》でなければみられないようなものだったのです。

その小《ちい》さな小《ちい》さな生命体《せいめいたい》は、大洪水《だいこうずい》や、大地震《だいじしん》や、大火山《だいかざん》の爆発《ばくはつ》や、ひどい暑《あつ》さや寒《さむ》さに絶《た》え間《ま》なくおそわれただろうけれど、ついに消《き》えてしまうことなく生《い》きつづけたのです。消《き》えてしまわなかったばかりか、だんだん進化《しんか》していったのです。アミーバから、虫類《ちゅうるい》、魚類《ぎょるい》、両棲類《りょうせいるい》、貝類《かいるい》、鳥類《ちょうるい》、哺乳類《ほにゅうるい》とだんだん進《すす》んでいって、ついに人間《にんげん》にまで生長《せいちょう》してきたのだというのが、現在《げんざい》の学界《がっかい》の定説《ていせつ》になっています。

その生命《せいめい》の力強《ちからづよ》さを、われわれはもう一度《いちど》考《かんが》え直《なお》してみなければならないのです。そうするときに、われわれは、ともすれば失《うしな》われようとする生命力《せいめいりょく》への自信《じしん》をふたたびとりもどすことができるのです。目《め》の前《まえ》の病気《びょうき》や、生活苦《せいかつく》ぐらいがなんだ、人間《にんげん》というものはこんな大迫害《だいはくがい》、大苦難《だいくなん》の中《なか》をくぐりぬけてここまでやってきたものなんだぞ、その生命力《せいめいりょく》が自分《じぶん》のこの身体《からだ》にも宿《やど》っているのだぞ——という新《あたら》しい勇気《ゆうき》が湧《わ》いてくるのです。

また、アミーバから人間《にんげん》に進化《しんか》するまでの過程《かてい》を見《み》ても、また人間《にんげん》になってから今日《こんにち》にいたるまでの歴史《れきし》をふりかえってみても、とにかく一歩《いっぽ》一歩《いっぽ》上《うえ》へ向《む》かって進《すす》んできていることがわかる。とすれば、上《うえ》へ向《む》かって進《すす》むということが、人間《にんげん》の歩《あゆ》むべきコースにぴったり合《あ》った生《い》きかたであり、あるところにとどまっていたり、わるいほうへあともどりするのは、人間《にんげん》の歩《あゆ》むべき道《みち》に背《そむ》いた生《い》きかたであるということがわかる。それがわかると、われわれは刻一刻《こくいっこく》人間《にんげん》としての理想的《りそうてき》な境地《きょうち》へ向《む》かって進《すす》まねばならぬ——いや、「ねばならぬ」というより、それがきわめて自然《しぜん》なことなのだということがわかってくるのです。

人間《にんげん》としての理想的《りそうてき》な境地《きょうち》といえば、申《もう》すまでもなく「仏《ほとけ》」です。だから、「仏《ほとけ》」になりたいと、念《ねん》念《ねん》に願《ねが》い、刻々《こくこく》に行《ぎょう》ずるのは、人間《にんげん》の歩《あゆ》むべき方向《ほうこう》にピタリと一致《いっち》しているわけで、なにも特別《とくべつ》なことではないのです。ごくあたりまえのことなのです。だからこそ、いままでの人間《にんげん》としての道《みち》とチグハグになっていた健康《けんこう》や、生活《せいかつ》が、正《ただ》しい道《みち》に帰《かえ》ってくるのも、ごくあたりまえのことなのです。

また、最初《さいしょ》の生命《せいめい》というものがドロドロに溶《と》けた火《ひ》の岩《いわ》や、金属《きんぞく》や、ガスや、水蒸気《すいじょうき》のようなものの中《なか》から発生《はっせい》して、それがわかれて一方《いっぽう》は植物《しょくぶつ》となり、一方《いっぽう》は動物《どうぶつ》となり、それが虫《むし》となり、魚《さかな》となり、両棲類《りょうせいるい》となり、鳥類《ちょうるい》となり、哺乳類《ほにゅうるい》となってついに人間《にんげん》になったという過程《かてい》をふりかえってみると、木《き》も、石《いし》も、金属《きんぞく》も、天地《てんち》万物《ばんぶつ》すべて祖先《そせん》はおんなじなのだということがわかってきます。植物《しょくぶつ》も、鳥《とり》・けものも、みんな兄弟《きょうだい》なんだという親《した》しみが実感《じっかん》として感《かん》じられます。

そして植物《しょくぶつ》にも、虫《むし》にも、魚《さかな》にも、鳥《とり》にも、けものにも感謝《かんしゃ》したい気持《きもち》がほのぼのと湧《わ》いてきます。まして、われわれにいちばん近《ちか》い父母《ふぼ》、祖父母《そふぼ》、その他《た》の先祖《せんぞ》の諸霊《しょれい》に対《たい》して深《ふか》く感謝《かんしゃ》しなければならないことが、心《こころ》のなかにハッキリしてくるのです。

まことに万物《ばんぶつ》は兄弟《きょうだい》なのです。いわんや、いまこの世《よ》に生《い》きている人間《にんげん》どうしが兄弟《きょうだい》でなくてなんでしょう。それなのに、おたがいが対立《たいりつ》し、憎《にく》みあい、奪《うば》いあい、ついには殺《ころ》しあおうとしている状態《じょうたい》は、けっして人間《にんげん》のほんとうのありかたではないのです。

それが悟《さと》れないのは、つまり目《め》の前《まえ》の変化《へんか》にとらわれ、目《め》の前《まえ》の利害得失《りがいとくしつ》に目《め》がくらんでしまうからであって、人間《にんげん》すべてが仏《ほとけ》の教《おし》えである「諸行無常《しょぎょうむじょう》」をしっかりと観《かん》ずれば、その迷《まよ》いはおのずからぬぐい去《さ》られ、平和《へいわ》な、正《ただ》しい人間《にんげん》の生《い》きかたが、この世《よ》に実現《じつげん》してくるわけです。

諸法無我《しょほうむが》

次《つぎ》に、「諸法無我《しょほうむが》」というのは、「この世《よ》の中《なか》のすべてのものごとは、必《かなら》ずほかのものとつながりがあるもので、全然他《ぜんぜんた》と切《き》り離《はな》されて孤立《こりつ》しているもの（すなわち我《が》）はない」ということです。

われわれとはなんの関係《かんけい》もないと思《おも》われる虫《むし》でも、空飛《そらと》ぶ鳥《とり》でも、むこうの山《やま》の松《まつ》の木《き》でも、何十億《なんおく》年《ねん》か前地球《まえちきゅう》ができあがるころは、おなじくドロドロに溶《と》けた火《ひ》の塊《かたまり》であったのだということを思《おも》えば、すべてが一《ひと》つの生命《いのち》に貫《つらぬ》かれていることがわかります。土《つち》だって、石《いし》だって、雲《くも》だって、空気《くうき》だって、みんなそうです。

目《め》をそういう大昔《おおむかし》から転《てん》じて、現在《げんざい》のわれわれの生存状態《せいぞんじょうたい》を眺《なが》めてみても、よく考《かんが》えてみると、土《つち》にも生《い》かされているし、石《いし》にも生《い》かされている。虫《むし》のやっかいにもなっておれば、鳥《とり》のお世話《せわ》にもなっている。雲《くも》がなければ雨《あめ》は降《ふ》らない。空気《くうき》がなければ一時間《いちじかん》も生《い》きてはおられない。表面《ひょうめん》は関係《かんけい》のないようなものにも、どこか見《み》えないところで、必《かなら》ずつながりがあることがわかります。

早《はや》い話《はなし》が、生物《せいぶつ》である人間《にんげん》の身体《からだ》と、石《いし》や鉄《てつ》のような鉱物《こうぶつ》とは全然別物《ぜんぜんべつもの》のように見《み》えていても、われわれの身体《からだ》の大部分《だいぶぶん》は水《みず》という鉱物《こうぶつ》であり、また塩《しお》とか、カルシウムとか、鉄《てつ》とか、銅《どう》というような鉱《こう》物《ぶつ》の養《やしな》いがなければ生《い》きていけないことを見《み》ても、およそ察《さっ》しがつくと思《おも》います。

人間《にんげん》どうしの生活《せいかつ》となると、そのつながりはますます濃《こ》く、強《つよ》いものであることはいうまでもありません。

アフリカ奥地《おくち》の原始林《げんしりん》で、四十年間《ねんかん》も黒人相手《こくじんあいて》の医療《いりょう》と伝道《でんどう》をつづけておられるノーベル平和賞受《へいわしょうじゅ》賞者《しょうしゃ》アルベルト・シュヴァイツェル博士《はくし》は、二十世紀《せいき》最大《さいだい》の偉人《いじん》の一人《ひとり》だと思《おも》いますが、博士《はくし》は壮年時《そうねんじ》代《だい》のある日《ひ》、バッハのある曲《きょく》を聞《き》いているときに強《つよ》く心《こころ》にひらめくものがあって、その瞬間《しゅんかん》「アフリカ奥地《おくち》の人《ひと》びとを救《すく》おう」と、固《かた》く決心《けっしん》したということです。

この事実《じじつ》を見《み》るとき、われわれはまことに不思議《ふしぎ》な因縁《いんねん》のすがたに深《ふか》い感慨《かんがい》を覚《おぼ》えざるをえません。

それより百年《ひゃくねん》も前《まえ》に死《し》んでいるドイツの作曲家《さっきょくか》バッハは、自分《じぶん》とアフリカ奥地《おくち》の人《ひと》びととの関係《かんけい》など夢《ゆめ》にも思《おも》っていなかったでしょう。しかし、その心魂《しんこん》こめてつくった美《うつく》しい音楽《おんがく》は、当時《とうじ》は生《う》まれてもいなかったアルザスの若《わか》い学者《がくしゃ》シュヴァイツェルの、世紀的《せいきてき》な大決心《だいけっしん》の機縁《きえん》をつくったのです。

これはほんの一例《いちれい》であって、人間《にんげん》どうしのつながりというものは、このように深《ふか》くかくれたところに網《あみ》の目《め》のようにひろがっているのです。まして、おなじ日本人《にっぽんじん》どうしになれば、その網《あみ》の目《め》がいかに密《みつ》接《せつ》であるかは容易《ようい》に考《かんが》えることができましょう。いちばん現実的《げんじつてき》な経済行為《けいざいこうい》の上《うえ》から見《み》ても、自分《じぶん》の納《おさ》めている税金《ぜいきん》がだれのために使《つか》われているのか、元気《げんき》な人《ひと》の納《おさ》めている健康保険料《けんこうほけんりょう》がだれのために使《つか》われているのか、失業者《しつぎょうしゃ》のもらっている失業保険金《しつぎょうほけんきん》はだれが出《だ》してくれているのか、そういう表面《ひょうめん》に表《あら》われた関係《かんけい》だけでも、その網《あみ》の目《め》の複雑《ふくざつ》さは、たいへんなものがあります。いわんや、目《め》に見《み》えぬかくれたところにおけるつながりは、もう想像《そうぞう》もできないほどです。

こうして、お互《たが》いが切《き》っても切《き》れぬ関係《かんけい》にあり、そのもとをただせば、ひとつの生命《いのち》につらぬかれて生《い》きているのであるにもかかわらず、小《ちい》さな自我《じが》にとらわれて、それぞれが自分本位《じぶんほんい》の考《かんが》えかた、自分《じぶん》さえよければよいという生《い》きかたをしているから、対立《たいりつ》が起《お》こり、争《あらそ》いが生《しょう》じ、奪《うば》いあいとなり、殺《ころ》しあいとなるのです。「諸法無我《しょほうむが》」を悟《さと》ることの大切《たいせつ》さは、ここにあるのです。

さらにもう一歩《いっぽ》深《ふか》く考《かんが》えてみると、前《まえ》に述《の》べたように、人間《にんげん》というものは一歩《いっぽ》一歩《いっぽ》上《うえ》へ向《む》かって進《すす》んでいくのが歴史的《れきしてき》な必然《ひつぜん》といいますか、人間《にんげん》の歩《あゆ》むべき自然《しぜん》の道《みち》なのですから、あるところにとどまっていたり、そこからあともどりすることは、「罪《つみ》」であり、「悪《あく》」であるといえます。

「罪《つみ》」とか「悪《あく》」というものは、もともと存在《そんざい》しないというのが仏《ほとけ》の教《おし》えであって、いまいったように、人間《にんげん》のあたりまえの歩《あゆ》みを止《と》めること、またはあとへもどることを「罪《つみ》」といい、「悪《あく》」というのです。ですから、われわれが、人間《にんげん》のあたりまえの歩《あゆ》みをとどめるような逆《ぎゃく》のエネルギー（力《ちから》）すなわち「迷《まよ》い」を捨《す》てた瞬間《しゅんかん》に、「悪《あく》」はパッと消《き》えてしまって、仏の光《ほとけひかり》だけがさんさんと輝《かがや》いている光明《こうみょう》の世界《せかい》が開《ひら》けるわけです。

このように、われわれが一歩《いっぽ》一歩《いっぽ》上《うえ》へ向《む》かって進《すす》む、すなわち仏《ほとけ》へ近《ちか》づくことをしないのは、人間《にんげん》の道《みち》に反《はん》するから「罪悪《ざいあく》」といえるのですが、この状態《じょうたい》も、自分本位《じぶんほんい》の「我《が》」の考《かんが》えかたからすれば、「なあに、自分《じぶん》がよくならない報《むく》いは自分自身《じぶんじしん》が受《う》けるのだから、かまわないじゃないか。他人《たにん》にかかれこれ干渉《かんしょう》されることはないさ」ということになります。ところが、それもとんでもないまちがいであって、われわれはすべてどこかでつながって生《い》きているものなのですから、一人《ひとり》の「悪《あく》」はかならずどこかで大《おお》ぜいの人間《にんげん》に影響《えいきょう》をおよぼします。一人《ひとり》の懈怠《けだい》（怠《おこた》り）はかならず全体《ぜんたい》の進歩《しんぽ》を妨《さまた》げます。

それがわかれば、「自分《じぶん》が下《した》のほうへ堕落《だらく》していったり、あるところでノンビリと立《た》ちどまっていることは、大《おお》ぜいに迷惑《めいわく》をかけることだ。やはり上《うえ》を向《む》いてすこしずつでも上《のぼ》っていこう」という悟《さと》りに達《たっ》します。それが「諸法無我《しょほうむが》」の真《しん》の精神《せいしん》なのです。仏教《ぶっきょう》の真精神《しんせいしん》が努力主義《どりょくしゅぎ》であるといわれるのも、そこにあるわけです。

涅槃寂静《ねはんじゃくじょう》

次《つぎ》は「涅槃寂静《ねはんじゃくじょう》」ですが、これも「涅槃《ねはん》」という言葉《ことば》の意味《いみ》のとりちがいから、たいへんまちがった方向《ほうこう》に考《かんが》えられています。すなわち、いままで多《おお》くの人《ひと》は「涅槃《ねはん》」というのを「死《し》」という意味《いみ》だけにとっていました。「釈尊《しゃくそん》が涅槃《ねはん》に入《はい》られた」というのは、普通《ふつう》には入滅《にゅうめつ》されたことをいいます。だから、「涅槃寂静《ねはんじやくじよう》」というのも、死後《しご》の安楽世界《あんらくせかい》をいったもののように思《おも》われていたのです。

涅槃《ねはん》（ニルヴァーナ）というのは梵語《ぼんご》で打《う》ち消《け》しの意味《いみ》、「無《む》」という意味《いみ》をもっていますので、「肉《にく》体《たい》がない」「肉体《にくたい》がなくなった」という意味《いみ》もありますが、同時《どうじ》に、「迷《まよ》い」が「無《な》い」状態《じようたい》をもいうのです。仏《ほとけ》の教《おし》えの上《うえ》ではこう解《かい》するのが正《ただ》しいと思《おも》います。すなわち、「迷《まよ》い」がすっかり吹《ふ》き消《け》されてしまって、これからさき永遠《えいえん》に「煩悩《ぼんのう》」にまどわされることのない境地《きようち》にたちいたった状態《じようたい》を涅槃《ねはん》というのが真意《しんい》です。ですから、釈尊《しやくそん》が涅槃《ねはん》にはいられたというのは、「入滅《にゆうめつ》」されたのではなく、「成《じよう》道《どう》」されたことをこそ指《さ》さねばならないのです。

ところで、「涅槃寂静《ねはんじやくじよう》」とは、「迷《まよ》いをすっかり吹《ふ》き消《け》してしまってこそ、人生苦《じんせいく》というものがすっかりなくなって、平穏《へいおん》な、安定《あんてい》した生活《せいかつ》が得《え》られるのだ」という教《おし》えです。

それでは、どうすれば、「涅槃寂静《ねはんじやくじよう》」の境地《きようち》に達《たっ》せられるのかといえば、まえに述《の》べた「諸行無常《しよぎようむじよう》」と「諸法無我《しよほうむが》」を悟《さと》るほかに道《みち》はありません。

われわれがさまざまな人生苦《じんせいく》に悩《なや》まされるのは、「諸行《しよぎよう》」は「無常《むじよう》」であること、すなわちすべてのものごとは原因《げんいん》・結果《けつか》の法則《ほうそく》によって常《つね》に変化《へんか》するものであることを忘《わす》れて、ただ目《め》の前《まえ》の現象《げんしよう》にとらわれ、目《め》の前《まえ》の利害得失《りがいとくしつ》に心《こころ》をひきずりまわされるからであって、もしわれわれが仏道《ぶつどう》を学《まな》び、修行《しゆぎよう》することによって、「諸行無常《しよぎようむじよう》」の真理《しんり》をほんとうに悟《さと》ることができたら、目《め》の前《まえ》の環境《かんきよう》がどんなに変化《へんか》してもそれに動《うご》かされない、安定《あんてい》した心《こころ》を持《も》つことができるようになるのです。それがすなわち「涅槃《ねはん》寂静《じゃくじょう》」の境地《きょうち》です。

また、物《もの》が不足《ふそく》したり、ものごとが円滑《えんかつ》に運《はこ》ばなかったり、衝突《しょうとつ》や争《あらそ》いが起《お》こったりして、悩《なや》みや苦《くる》しみを感《かん》ずるのは、つまり人《ひと》と物《もの》との間《あいだ》、人《ひと》と人《ひと》との間《あいだ》に調和《ちょうわ》がとれていないからです。なぜ調和《ちょうわ》がとれないかといえば、お互《たが》いが「諸法無我《しょほうむが》」の真理《しんり》を知《し》らないからです。あるいはそれを忘《わす》れてしまっているからです。すべての物《もの》、すべての人《ひと》は一《ひと》つの生命《いのち》に貫《つらぬ》かれ、目《め》に見《み》えない所《ところ》で一《ひと》つの糸《いと》につながっているということを思《おも》い出《だ》し、お互《たが》いの小《ちい》さな「我《が》」を捨《す》て、そのつながりを生《い》かそう、すなわち自《じ》他《た》を共《とも》に生《い》かそうという気持《きもち》に徹底《てってい》すれば、ひとりでに他《た》との調和《ちょうわ》を生《しょう》じます。調和《ちょうわ》が生《しょう》ずれば、過不《かふ》足《そく》も、ぶつかりあいも、摩擦《まさつ》もなくなりますから、いつも安《やす》らかな心《こころ》でいることができるわけです。これも「涅槃寂静《ねはんじゃくじょう》」の境地《きょうち》です。このように「涅槃寂静《ねはんじゃくじょう》」とは「諸行無常《しょぎょうむじょう》」と「諸法無我《しょほうむが》」を悟《さと》ることによって得《え》られる理想《りそう》の境地《きょうち》であります。

この「涅槃寂静《ねはんじゃくじょう》」の境地《きょうち》に達《たつ》する具体的《ぐたいてき》な生《い》きかたおよび修行《しゅぎょう》の方法《ほうほう》をお教《おし》えになったのが「八正《はっしょう》道《どう》」「六波羅蜜《ろくはらみつ》」の法門《ほうもん》で、「四諦《したい》」とは切《き》り離《はな》すことのできない関係《かんけい》にある教《おし》えですから、ここでいっしょに説明《せつめい》しておくことにします。

八正道《はっしょうどう》

「八正道《はっしょうどう》」とは「正見《しょうけん》、正思《しょうし》、正語《しょうご》、正行《しょうぎょう》、正命《しょうみょう》、正精進《しょうしょうじん》、正念《しょうねん》、正定《しょうじょう》」です。ここでちょっといっておきたいことは、仏典《ぶってん》にはこうした「数《かず》」のついた戒《いまし》めや、教《おし》えなどがたくさんでてきますが、これは釈尊《しやくそん》が法《ほう》をお説《と》きになった当時《とうじ》は文字《もじ》が普及《ふきゆう》していず、みんな頭《あたま》に覚《おぼ》えなければならなかったために、記憶《きおく》に便利《べんり》なような数《かず》をお使《つか》いになったのです。とくに四と四の倍数《ばいすう》は非常《ひじよう》に覚《おぼ》えやすい数《すう》であって、ここにも釈尊《しやくそん》の深《ふか》いお心《こころ》があるわけですが、現代《げんだい》の人《ひと》びとはかならずしもこれにこだわる必要《ひつよう》はありません。

この「八正道《はつしようどう》」にしても、八つに分《わ》かれているために覚《おぼ》えきれぬように感《かん》じる人《ひと》は、四つに分《わ》けてもいいでしょう。第《だい》一は、根本《こんぽん》の大事《だいじ》として「仏知見《ぶつちけん》にもとづく正《ただ》しい信仰心《しんこうしん》を起《お》こす」ということ、第《だい》二は、「日常《にちじよう》の心《こころ》の正《ただ》しいもちかたの教《おし》え」、第《だい》三は、「日常《にちじよう》の行《おこ》ないの正《ただ》しいありかたの教《おし》え」、第《だい》四は、「仏《ほとけ》の教《おし》えを修行《しゆぎよう》する正《ただ》しい道《みち》の教《おし》え」です。

「正見《しようけん》」というのは、自分中心《じぶんちゆうしん》のものの見《み》かたをすてて、正《ただ》しい公平《こうへい》な仏《ほとけ》の見《み》かたに従《したが》うことです。すなわち、仏《ほとけ》に帰依《きえ》することにほかなりません。

「正思《しようし》」とは、ものの考《かんが》えかたを自己本位《じこほんい》にかたよらせることなく、大《おお》きい立場《たちば》から、正《ただ》しくものを考《かんが》えることです。すなわち「貪欲《とんよく》（自分《じぶん》だけが得《とく》をしたいとむさぼる心《こころ》）」とか「瞋恚《しんに》（自分《じぶん》の意《い》に満《み》たないために怒《いか》る心《こころ》）」とか「邪心《じやしん》（すべて自分《じぶん》の我《が》をとおすよこしまな心《こころ》）」というような「意《い》の三悪《さんなく》」を捨《す》てて、すべてを正《ただ》しく、仏《ほとけ》のような大《おお》きな心《こころ》で考《かんが》えることです。

「正語《しようご》」とは、「妄語《もうご》（うそ）」や「両舌《りようぜつ》（二枚舌《まいじた》）」や「悪口《あつく》（わるぐち）」や「綺語《きご》（口《くち》から出《で》まかせのいいかげんな言葉《ことば》）」のような「口《く》の四悪《しあく》」のない、正《ただ》しいものの言《い》いかたをすることです。

「正行《しょうぎょう》」とは、日常《にちじょう》の行動《こうどう》が仏《ほとけ》の戒《いまし》めにかなった、正《ただ》しいものでなければならないということです。なかんずく「殺生《せっしょう》（意味《いみ》なく動植物《どうしょくぶつ》の命《いのち》を断《た》つ）」、「偸盗《ちゅうとう》（ぬすみ）」、「邪淫《じゃいん》（色情《しきじょう》のあやまり）」という「身《み》の三悪《さんなく》」のない清《きよ》らかな日常《にちじょう》でなければなりません。

「正命《しょうみょう》」とは、衣食住《いしょくじゅう》その他《た》の生活必需品《せいかつひつじゅひん》を正《ただ》しく求《もと》めるということです。人《ひと》にめいわくになるような仕事《しごと》や、世《よ》の中《なか》のためにならないような職業《しょくぎょう》などによって生活《せいかつ》の糧《かて》を得《え》るのでなく、正《ただ》しい仕事《しごと》や人《ひと》のためになる職業《しょくぎょう》による正当《せいとう》な収入《しゅうにゅう》で暮《く》らしを立《た》てなさいということです。

「正精進《しょうしょうじん》」というのは、「意《い》の三悪《さんなく》」「口《く》の四悪《しあく》」「身《み》の三悪《さんなく》」のようなもろもろの悪《あく》をなさず、常《つね》に正《ただ》しい行《おこ》ないをして、怠《おこた》ったり、わき道《みち》へそれたりしないということです。

「正念《しょうねん》」とは、仏《ほとけ》とおんなじ正《ただ》しい心《こころ》をもって修行《しゅぎょう》せよということです。ここで特《とく》に大切《たいせつ》なことは、自分自身《じぶんじしん》に対《たい》してだけでなく、他人《たにん》へ対《たい》しても、また人《ひと》だけでなくすべてのものに対《たい》しても、正《ただ》しい心《こころ》を持《も》たなければ、仏《ほとけ》の心《こころ》とおんなじとはいえないのです。自分《じぶん》だけが正《ただ》しければよいというのでは、世《せ》間《けん》から離《はな》れた、頑固《がんこ》な、ひとりよがりの人間《にんげん》になります。天地万物《てんちばんぶつ》に対《たい》して、平等《びょうどう》に正《ただ》しい心《こころ》で対《たい》しなければ、仏《ほとけ》の心《こころ》を心《こころ》としたということにならないのです。

「正定《しょうじょう》」というのは、心《こころ》がいつも仏《ほとけ》の教《おし》えに決定《けつじょう》して、周囲《しゅうい》の変化《へんか》によってグラグラ動《うご》かないこと、すなわち終始一貫《しゅうしいっかん》して正法《しょうぼう》を行《おこ》ないつづけることです。

ひっくるめていえば、「八正道《はっしょうどう》」は「日常生活《にちじょうせいかつ》を正《ただ》しくする道《みち》」の教《おし》えなのであります。これをわかりやすいように、表《ひょう》にしてみましょう。

八《はっ》正《しょう》道《どう》

一	正《しょう》見《けん》	自分中心《じぶんちゅうしん》の見《み》かたや、一方《いっぽう》にかたよった見《み》かたをせず、正《ただ》しくものを見《み》ること
二	正《しょう》思《し》	意《い》の三悪《さんなく》（貪欲《とんよく》・瞋恚《しんに》・邪心《じゃしん》）をすてて大《おお》きな心《こころ》で考《かんが》えること
三	正《しょう》語《ご》	口《く》の四悪《しあく》（妄語《もうご》・両舌《りょうぜつ》・悪口《あっく》・綺語《きご》）のない正《ただ》しい言葉遣《ことばづか》いをすること
四	正《しょう》行《ぎょう》	身《み》の三悪《さんなく》（殺生《せっしょう》・偸盗《ちゅうとう》・邪淫《じゃいん》）のない正《ただ》しい行《おこ》ないをすること
五	正《しょう》命《みょう》	衣食住《いしょくじゅう》その他《た》の生活必需品《せいかつひつじゅひん》を正《ただ》しく求《もと》めること
六	正《しょう》精進《しょうじん》	正《ただ》しい使命《しめい》・目的《もくてき》に対《たい》し常《つね》にたゆまざる努力《どりょく》をすること
七	正《しょう》念《ねん》	常《つね》に正《ただ》しい心《こころ》を持《も》ち正《ただ》しい方向《ほうこう》に心《こころ》を向《む》け続《つづ》けること
八	正《しょう》定《じょう》	心《こころ》をいつも正《ただ》しくおいて、周囲《しゅうい》の変化《へんか》によってグラグラ動《うご》かさないようにすること

六波羅蜜《ろくはらみつ》

次《つぎ》に、「六波羅蜜《ろくはらみつ》」というのは、菩薩《ぼさつ》の修行《しゅぎょう》をするものの行《おこ》ないについて六つの標準《ひょうじゅん》を示《しめ》されたもので、すなわち「布施《ふせ》」、「持戒《じかい》」、「忍辱《にんにく》」、「精進《しょうじん》」、「禅定《ぜんじょう》」、「智慧《ちえ》」の六つです。

菩薩《ぼさつ》というものは、声聞《しょうもん》や縁覚《えんがく》とちがって、自分《じぶん》だけ迷《まよ》いを離《はな》れれば十分《じゅうぶん》というのではなく、他《た》を救《すく》うのがその働《はたら》きなのですから、「六波羅蜜《ろくはらみつ》」はすべて他《た》を救《すく》うことが前提《ぜんてい》となっています。

まず第《だい》一は「布施《ふせ》」ですが、これには「財施《ざいせ》」と「法施《ほうせ》」と「身施《しんせ》」があります。「財施《ざいせ》」というのは金銭《きんせん》や物質《ぶっしつ》を他人《たにん》に施《ほどこ》すこと。「法施《ほうせ》」というのは人《ひと》に正《ただ》しくものごとを教《おし》えること。「身施《しんせ》」というのは、自分《じぶん》の骨折《ほねお》りによって他人《たにん》の心配《しんぱい》や苦労《くろう》を少《すく》なくしてやること。この三つのうち一《ひと》つもできないという人《ひと》は、おそらくないでしょう。たとえギリギリの生活《せいかつ》をしている人《ひと》でも、その心《こころ》さえあれば、自《じ》分《ぶん》よりこまっている人《ひと》たちのために、あるいは公《おおやけ》の仕《し》事《ごと》のために、どんなに小《ちい》さくてもいいから喜《き》捨《しゃ》することができるはずです。よしんば、どうしてもそれのできない境遇《きょうぐう》の人《ひと》でも、自分《じぶん》の身体《からだ》を使《つか》って、他人《たにん》や世《よ》の中《なか》の役《やく》に立《た》つことはできましょう。また、知識《ちしき》や智慧《ちえ》のある人《ひと》は、金《かね》はなくても、身体《からだ》は使《つか》わなくても、人《ひと》にものを教《おし》えたり、導《みちび》いてあげたりすることができます。

いや、そんなにえらくなくても「法施《ほうせ》」はできるのであって、自分《じぶん》の体験《たいけん》を人《ひと》に話《はな》してあげることだけでも、りっぱな「法施《ほうせ》」です。あるいは、おいしい漬物《つけもの》の漬《つ》けかた一《ひと》つ教《おし》えてあげたとしても、編《あ》みもののしかた一《ひと》つ手《て》ほどきしてあげたとしても、やはり「法施《ほうせ》」なのです。

このうちのどれでもいいのですから、自分《じぶん》にできる「布施《ふせ》」を実行《じっこう》して、人《ひと》の役《やく》に立《た》つことが肝心《かんじん》です。もちろん三つともできれば、それに越《こ》したことはありません。とにかく、「布施《ふせ》」ということが菩《ぼ》薩行《さつぎょう》の第《だい》一条件《じょうけん》とされているのは、たいへん意味深《いみぶか》いことといわなければなりません。

第《だい》二の「持戒《じかい》」、これは、「仏《ほとけ》から与《あた》えられた戒《いまし》めによって、自分《じぶん》の心《こころ》の迷《まよ》いを去《さ》り、正《ただ》しい生活《せいかつ》をして、自分自身《じぶんじしん》を完成《かんせい》していかなければ、ほんとうに人《ひと》を救《すく》うことはできない」ということです。

ただし、ここで誤解《ごかい》してはならないことは、自分《じぶん》はまだまだ完成《かんせい》していない人間《にんげん》だから、とても人《ひと》などを導《みちび》くことはできないという考《かんが》えを起《お》こしてはなりません。自分《じぶん》だけが正《ただ》しい生活《せいかつ》に閉《と》じこもっていたのでは、かえって「自己《じこ》の完成《かんせい》」ということはできないのです。「人《ひと》のためにつくす」ということも「持戒《じかい》」の大《おお》きな要点《ようてん》なのであって、人《ひと》のためにつくすことによってそれだけ自分《じぶん》も向上《こうじょう》し、自分《じぶん》が向《こう》上《じょう》することによってそれだけ人《ひと》につくせるようになる、この二《ふた》つは無限《むげん》に循環《じゅんかん》してゆくものなのです。

第《だい》三は「忍辱《にんにく》」、これは、現代《げんだい》の人間《にんげん》にはとくに必要《ひつよう》なことだと思《おも》います。釈尊《しゃくそん》はあらゆる徳《とく》を具《そな》えた方《かた》でしたし、修行《しゅぎょう》によって仏《ほとけ》になられた方《かた》ですから、一《ひと》つの徳《とく》だけをとりたててあれこれ申《もう》すのはもったいないことですが、人間《にんげん》としての釈尊《しゃくそん》の最大《さいだい》の徳《とく》は、実《じつ》に「寛容《かんよう》」であったと思《おも》います。お釈迦《しゃか》さまのどんな伝記《でんき》を読《よ》んでみても、どんなお経《きょう》を読《よ》んでみても、お釈迦《しゃか》さまが腹《はら》をお立《た》てになったというようなことは、一《ひと》つだって書《か》いてありません。前後《ぜんご》の様子《ようす》で、このときは腹《はら》をお立《た》てになったらしいと推察《すいさつ》できるようなときでさえ、微塵《みじん》も腹《はら》をお立《た》てになっていらっしゃいません。どんなに迫害《はくがい》されても、あるいは弟子《でし》たちが背《そむ》き去《さ》っても、恨《うら》みに思《おも》われるどころか、かえって「ああ、かわいそうだ」と哀《あわ》れみ慈《いつく》しむ心《こころ》を起《お》こされたのです。

もし現実的《げんじつてき》なことしかわからない人《ひと》から、ただたんに人間《にんげん》としての釈尊《しゃくそん》という方《かた》の性格《せいかく》を一言《いちごん》にして説明《せつめい》してくれとたずねられたとしたら、わたしはためらうことなく、「徹底《てってい》した寛容《かんよう》の人《ひと》」と答《こた》えることでしょう。

ですから、わたしどもが、何《なに》かにつけて腹《はら》を立《た》てたり、人《ひと》を恨《うら》んだり、しかもその怒《いか》りや恨《うら》みを相手《あいて》にぶっつけるようなことをするぐらい、お釈迦《しやか》さまを悲《かな》しませる行為《こうい》はないと思《おも》うのです。まず何《なに》よりも、これだけはお互《たが》いにやめてゆきたいものです。

「忍辱《にんにく》」というのは、つまり「寛容《かんよう》」ということです。それも、人《ひと》に対《たい》してだけでなく、だんだん修行《しゆぎよう》を積《つ》んでゆくと天地《てんち》のあらゆるものに対《たい》して腹《はら》を立《た》てたり、恨《うら》んだりしないようになります。わたしどもは、ややもすれば、雨《あめ》が降《ふ》ったら降《ふ》ったで、うっとうしいとブツクサいい、天気《てんき》がつづけば、こんどは埃《ほこり》が立《た》つといって不平《ふへい》をいいます。ところが、修行《しゆぎよう》を積《つ》んで心《こころ》がほんとうにゆったりしてくると、雨《あめ》が降《ふ》れば降《ふ》ったで「おお、いい雨《あめ》だ」と感謝《かんしや》し、天気《てんき》になればなったで、「太陽《たいよう》の光《ひかり》はじつにいいなあ」と讃美《さんび》できるようになります。つまり、周囲《しゆうい》の変化《へんか》に心《こころ》がとらわれぬようになるのです。

さらに進《すす》んでは、自分《じぶん》に損害《そんがい》や侮辱《ぶじよく》を与《あた》えたり、自分《じぶん》を裏切《うらぎ》るような相手《あいて》に対《たい》しても、たんに怒《いか》りや恨《うら》みを覚《おぼ》えないだけでなく、積極的《せつきよくてき》にそれを救《すく》ってやりたいという気持《きもち》を起《お》こすようになります。また逆《ぎやく》に、「最高《さいこう》にすばらしい人《ひと》だ」というようにおだてられても、有頂天《うちようてん》にならず、じっと自分《じぶん》をかえりみるのも、ものごとがうまくいったからとて、優越感《ゆうえつかん》を起《お》こすことなく、下《さ》がる心《こころ》を持《じ》するのも、やはりみな「忍《にん》」なのです。

こういう境地《きようち》が「忍辱行《にんにくぎよう》」の極致《きよくち》だといえましょう。そこまで一足飛《いつそくと》びにはゆけなくても、無理《むり》なことをしかけてくる相手《あいて》に対《たい》しても「仏《ほとけ》の教《おし》えを知《し》らないかわいそうな人《ひと》だ」と考《かんが》える程度《ていど》までは、案外《あんがい》早《はや》く到達《とうたつ》することができるものです。せめてこれぐらいの境地《きょうち》にまでは進《すす》みたいものと思《おも》います。もしこの「忍辱《にんにく》」という精神的習慣《せいしんてきしゅうかん》が、ある程度世界《ていどせかい》じゅうの人《ひと》びとにできてきたら、それだけでも世界《せかい》の平和《へいわ》は保《たも》たれることでしょう。それだけでも人類《じんるい》は見《み》ちがえるほど幸福《こうふく》になることでしょう。

第《だい》四の「精進《しょうじん》」ですが、この「精《しょう》」ということばは「まじりけのない」という意味《いみ》です。いっしょうけんめいに学《まな》んだり修行《しゅぎょう》したりしても、頭《あたま》の中《なか》や行《おこ》ないにまじりけがあっては、精進《しょうじん》とはいえないのです。余計《よけい》なつまらないことはうち捨《す》てて、大切《たいせつ》な目標《もくひょう》にむかってただ一筋《ひとすじ》に進《すす》んでゆくことこそ、精進《しょうじん》なのです。

しかし、そうして一心《いっしん》にやっていても、どうもいい結果《けっか》がでてこなかったり、かえって逆《ぎゃく》の現象《げんしょう》が現《あら》われたり、あるいはその修行《しゅぎょう》に対《たい》して、外部《がいぶ》から水《みず》をさすようなことがらが起《お》こってくることがありますす。けれども、そういうものは、大海《たいかい》の表面《ひょうめん》にたったさざなみのようなもので、やがて風《かぜ》がやめばなくなってしまう幻《まぼろし》に過《す》ぎません。ですから、こうといったん心《こころ》を決《き》めたら、退《しりぞ》くことなくひたむきに進《すす》むことです。それこそほんとうの「精進《しょうじん》」なのです。

第《だい》五は「禅定《ぜんじょう》」です。「禅《ぜん》」とは「静《しず》かな心《こころ》」「不動《ふどう》の心《こころ》」という意味《いみ》です。「定《じょう》」というのは心《こころ》が落《お》ち着《つ》いて動揺《どうよう》しない状態《じょうたい》です。ただ、いっしょうけんめいに精進《しょうじん》するばかりではない、静《しず》かな落《お》ち着《つ》いた心《こころ》で、世《よ》の中《なか》のことをジックリと見《み》、そして考《かんが》えることが大切《たいせつ》なのです。そうすると、ものごとのほんとうの姿《すがた》が見《み》えてきます。そして、それに対《たい》する正《ただ》しい方法《ほうほう》もわかってくるのです。

その正《ただ》しいものの見《み》かた、ものごとのほんとうの姿《すがた》を見分《みわ》ける力《ちから》が、第《だい》六の「智慧《ちえ》」です。ことばの意味《いみ》については前《まえ》に詳《くわ》しく述《の》べましたから、ここは省略《しょうりゃく》しますが、この「智慧《ちえ》」がなければ、人《ひと》を救《すく》うことはできません。

たとえば、道端《みちばた》に青《あお》い顔《かお》をしてよこたわっている病人《びょうにん》のような青年《せいねん》がいたとします。その青年《せいねん》をひと目見《めみ》て、ああかわいそうだと思《おも》い、前後《ぜんご》の考《かんが》えもなく金《かね》を恵《めぐ》んでやったとします。ところが、その男《おとこ》がもし軽《かる》い麻薬中毒患者《まやくちゅうどくかんじゃ》だったとしたら、どうでしょう。彼《かれ》は、これ幸《さいわ》いと、その金《かね》で麻薬《まやく》を買《か》い入《い》れて注射《ちゅうしゃ》をつづけるでしょう。そのために、とうとう救《すく》うことのできない重症《じゅうしょう》の患者《かんじゃ》になってしまうかもしれません。もし、この患者《かんじゃ》に金《かね》を与《あた》えるかわりに、しかるべき施設《しせつ》に入《はい》れるようにしてあげたら、医者《いしゃ》にもかかれて、更生《こうせい》したかもしれないのです。「布施《ふせ》」したつもりでも、その方法《ほうほう》を誤《あやま》るとこんなことになってしまいます。これは極端《きょくたん》な例《れい》ですけれど、世《よ》の中《なか》にはこれに似《に》たようなことが大小無数《だいしょうむすう》に起《お》こっています。

このように、われわれが人《ひと》のために役立《やくだ》つとか、人《ひと》を救《すく》うというりっぱな行《おこ》ないをするにも、ほんとうの「智慧《ちえ》」をもってしなければ、せっかくの慈悲心《じひしん》も有効《ゆうこう》なはたらきをしないどころか、かえって逆《ぎゃく》の結果《けっか》にもなりかねない。だから、菩薩行《ぼさつぎょう》にとって「智慧《ちえ》」は絶対《ぜったい》に欠《か》くことのできない条件《じょうけん》として、あげられているわけです。

さて、文殊師利《もんじゅしり》四八・三―五〇・六は話をつづけます。

「こうして日月燈明如来《にちがつとうみょうにょらい》は、声聞《しょうもん》や縁覚《えんがく》を求めるものにはそれに応《おう》じた教《おし》えを、もろもろの菩薩《ぼさつ》たちにはまたそれに応《おう》じた教《おし》えをお説《と》きになり、ついにこの上《うえ》もない悟《さと》りと智慧《ちえ》を成就《じょうじゅ》させてくださいました。その仏《ほとけ》がなくなられたかと思《おも》うと、次《つぎ》にまた日月燈明如来《にちがつとうみょうにょらい》という仏《ほとけ》が出《で》てこられて、おなじ教《おし》えをお説《と》きになりました。こうして二万人《まんにん》の日月燈明如来《にちがつとうみょうにょらい》が次々《つぎつぎ》に出《で》てこられたのです。

その最後《さいご》の日月燈明如来《にちがつとうみょうにょらい》は、まだ出家《しゅつけ》されない前《まえ》は、ある国《くに》の王《おう》であって、八人《にん》の王子《おうじ》がありましたが、王子《おうじ》たちは父王《ふおう》が出家《しゅつけ》して最上《さいじょう》の悟《さと》りを得《え》られたことをきいて、みんな王子《おうじ》の位《くらい》をすてて出家《しゅつけ》し、たくさんの仏《ほとけ》のもとで善《よ》い行《おこ》ないを積《つ》みました。

その最後《さいご》の日月燈明仏《にちがつとうみょうぶつ》は、大《おお》ぜいの人《ひと》びとに対《たい》して大乗無量義経《だいじょうむりょうぎきょう》を説《と》かれ、そしてそれが菩薩《ぼさつ》の道《みち》の教《おし》えであることと、仏《ほとけ》はいつでもその教《おし》えがひろまるようにと念《ねん》じ守《まも》っていらっしゃることを説《と》かれましたが、説法《せっぽう》を終《お》わられると、大衆《たいしゅう》の中《なか》にじっとすわって三昧《さんまい》におはいりになりました。

そのとき、空《そら》から美《うつく》しい花《はな》の雨《あめ》が降《ふ》り、大地《だいち》が震《ふる》え動《うご》いたかと思《おも》うと、日月燈明仏《にちがつとうみょうぶつ》の眉間《みけん》の白《しろ》い渦毛《うずげ》からパッと光《ひかり》が出《で》て、いまちょうどわれわれが見《み》たように、東方《とうぼう》一万《まん》八千《せん》の世界《せかい》を照《て》らし出《だ》したのです。

弥勒《みろく》よ、そのとき、その集《あつ》まりにたくさんの菩薩《ぼさつ》があって、法《ほう》を聞《き》こうと待《ま》ち望《のぞ》んでいましたが、この不思議《ふしぎ》な光《ひかり》を見《み》て、みんなそのわけを知《し》りたいと思《おも》いました。その中《なか》の一人《ひとり》に妙光《みょうこう》という菩薩《ぼさつ》がありました。日月燈明仏《にちがつとうみょうぶつ》は、やがて三昧《さんまい》から起《た》ちあがって、妙光菩薩《みょうこうぼさつ》にむかって話《はな》しかける形《かたち》をとって、『妙法蓮華《みょうほうれんげ》』という教《おし》えをお説《と》きになったのです。

そして、それから六十万年《まんねん》の長《なが》い間《あいだ》、じっとすわったままその教《おし》えをお説《と》きになり、聞《き》くものもやはりそのあいだじっとすわったまま、身《み》も心《こころ》も動揺《どうよう》することなく教《おし》えをきいておりましたが、その六十万《まん》年《ねん》もの間《あいだ》が、食事《しょくじ》をいっぺんする時間《じかん》のように短《みじ》かく思《おも》えました。」

おなじ名前《なまえ》で、おなじはたらきをなさる如来《にょらい》が、二万人《まんにん》も次々《つぎつぎ》に出《で》てこられるのですが、如来《にょらい》とは「真如《しんにょ》から来《き》た人《ひと》」という意味《いみ》ですから、絶対者《ぜったいしゃ》すなわち仏《ほとけ》というのと同《おな》じ意味《いみ》です。つまり、仏《ほとけ》の別《べつ》名《めい》です。その仏《ほとけ》が二万人《まんにん》も同《おな》じはたらきをし、おなじ形《かたち》でお出《で》ましになるというのです。その最後《さいご》の仏《ほとけ》が「妙法蓮華経《みょうほうれんげきょう》」という教《おし》えをお説《と》きになった、そして、その説法《せっぽう》は六十万年《まんねん》もつづいたのに、ほんの短《みじ》かいあいだのように思《おも》えた――こういう不思議《ふしぎ》な話《はなし》が、どんな意味《いみ》を含《ふく》んでいるかは、おぼろげながらわかってもらえることと思《おも》います。

その真《しん》の意味《いみ》は、あとの「如来寿量品第《にょらいじゅりょうほんだい》十六」で明《あき》らかにされますので、ここでは詳《くわ》しい説明《せつめい》を省《はぶ》きますが、一言《いちごん》にしていえば、ほんとうの悟《さと》りは、時間《じかん》を超越《ちょうえつ》して永遠《えいえん》に真理《しんり》であり、また空間《くうかん》（場所《ばしょ》）をも超越《ちょうえつ》したもので、どこにいっても真理《しんり》であることが、力強《ちからづよ》く示《しめ》されているのです。

文殊師利《もんじゅしり》の話《はなし》はなおつづきます。五〇・六―五六・一〇

「その説法《せっぽう》が終《お》わると、日月燈明仏《にちがっとうみょうぶつ》はみんなに『わたしは、今日《きょう》の夜中《よなか》に、おまえたちとお別《わか》れをしなければならない』と宣言《せんげん》されたのです。そして、おことばのとおり、その夜中《よなか》に入滅《にゅうめつ》されたのですが、そのあとは、妙光菩薩《みょうこうぼさつ》が『妙法蓮華《みょうほうれんげ》』の教《おし》えを持《じ》して、ずっと説《と》きつづけられたのです。

ちょっと話《はなし》は変《か》わりますが、その妙光菩薩《みょうこうぼさつ》に求名《ぐみょう》という弟子《でし》がいました。名誉《めいよ》や利益《りえき》に心《こころ》がひっかかっているし、お経《きょう》を読《よ》んでもほんとうの意味《いみ》がわからず、よく忘《わす》れてしまうので、求名《ぐみょう》という名《な》がつけられていたのですが、しかし、この人《ひと》は自分《じぶん》の欠点《けってん》を素直《すなお》に認《みと》めてそれを懺悔《さんげ》し、だんだんといいことをしていったために、たくさんの仏《ほとけ》にお会《あ》いすることができたのです。そして仏《ほとけ》に感謝《かんしゃ》し、敬《うやま》い、ほめたたえる心持《こころもち》を起《お》こしたので、とうとう悟《さと》りを開《ひら》くことができました。それはだれかといえば、実《じつ》は弥《み》勒菩薩《ろくぼさつ》よ、それはあなたの前《まえ》の世《よ》の姿《すがた》だったのです。そして、妙光菩薩《みょうこうぼさつ》というのは、実《じつ》はわたしだったのです。

だからこそ、いまこうして三昧《さんまい》にはいっておられる世尊《せそん》の額《ひたい》から光《ひかり》が出《で》て、東方《とうぼう》一万《まん》八千《せん》の世界《せかい》を照《て》らし出《だ》すという不思議《ふしぎ》を見《み》ても、ずっと前《まえ》の世《よ》とおなじことが起《お》こるだろうということが、わたしには見当《けんとう》がつくのです。世尊《せそん》は、きっとこれから『妙法蓮華《みょうほうれんげ》』の教《おし》えをお説《と》きになるにちがいありません。

みなさん、合掌《がっしょう》して一心《いっしん》に待《ま》っておいでなさい。仏《ほとけ》はいま正法《しょうぼう》の雨《あめ》をかぎりなくお降《ふ》らしになって、道《みち》を求《もと》めるものを充《み》ち足《た》らせてくださるでしょう。」

文殊菩薩《もんじゅぼさつ》はこういって話《はなし》を結《むす》びました。それから、さらに偈《げ》によっておなじ意味《いみ》のことを重《かさ》ねて述《の》べて、この品《ほん》は終《お》わりとなるのですが、ここで深《ふか》く胸《むね》を打《う》たれるのは、――仏《ほとけ》さまをこういう書《か》きかたで書《か》くことはまことにおそれおおい極《きわ》みでありますが――釈尊《しゃくそん》のはかり知《し》れぬ精神力《せいしんりょく》です。

いよいよ入滅《にゅうめつ》のときの近《ちか》づくのをお知《し》りになった釈尊《しゃくそん》は、後世《こうせい》の人類《じんるい》のために、八十年《ねん》のご生涯《しょうがい》に得《え》られた中《なか》でいちばん大切《たいせつ》な悟《さと》りを遺言《ゆいごん》しておきたいと心《こころ》をお決《き》めになったことが、ここに最後《さいご》の日月燈明仏《にちがつとうみょうぶつ》の姿《すがた》をかりてまざまざと表現《ひょうげん》してありますが、伝記《でんき》によると、釈尊《しゃくそん》の肉体《にくたい》は、病気《びょうき》と老齢《ろうれい》のために、非常《ひじょう》に衰弱《すいじゃく》しておられたということです。

それにもかかわらず、この広大《こうだい》な、意味《いみ》の深《ふか》い説法《せっぽう》をお始《はじ》めになり、しかも、それがまことに力強《ちからづよ》い、明《あか》るい、積極的《せっきょくてき》な、真実《しんじつ》の教《おし》え「法華経《ほけきょう》」だったわけですから、その悟《さと》りの深《ふか》さとともに、精神力《せいしんりょく》の偉大《いだい》さにも、ほんとうに頭《あたま》が下《さ》がります。もとよりその精神力《せいしんりょく》が、あとに残《のこ》される衆生《しゅじょう》のためを思《おも》われる大慈悲心《だいじひしん》から出《で》たものであることも、忘《わす》れてはならないことです。

方《ほう》便《べん》品《ぽん》第《だい》二

方便《ほうべん》とは

この品《ほん》は、迹門《しゃくもん》の柱《はしら》ともいわれているように、「法華経《ほけきょう》」前半《ぜんぱん》の説法《せっぽう》の中心《ちゅうしん》となる大切《たいせつ》なものです。方便《ほうべん》の「方《ほう》」という字《じ》は、辞書《じしょ》を引《ひ》いてみますと、「真四角《ましかく》、それから転《てん》じて、『正《ただ》しい』こと」とあります。「便《べん》」というのは手段《しゅだん》です。ですから、方便《ほうべん》というのは「正《ただ》しい手段《しゅだん》」という意味《いみ》になります。後世《こうせい》「うそも方便《ほうべん》」などということばに代表《だいひょう》されるように、その意味《いみ》の受《う》けとりかたがだんだんねじ曲《ま》がってきたのは、残念《ざんねん》なことですが、もともとは「その人《ひと》その場合《ばあい》にぴったりした教化《きょうけ》の手段《しゅだん》」という意味《いみ》だったのです。このことをしっかり頭《あたま》に入《い》れておかないと、この品《ほん》を真《しん》に理解《りかい》することはできません。では、本文《ほんもん》にはいります。

文殊菩薩《もんじゅぼさつ》が、「きっと仏《ほとけ》はこれからご自身《じしん》がお悟《さと》りになった最高《さいこう》の悟《さと》りを、最後《さいご》の教《おし》えとしてお説《と》きになるにちがいない」と語《かた》ったので、一同《いちどう》が一心《いっしん》にそれを期待《きたい》していますと、五七・一―五 いままでじっと三昧《さんまい》にはいっておられた世尊《せそん》は、静《しず》かにゆったりとお立《た》ちあがりになりました。そして、舎利弗《しゃりほつ》にむかってお話《はな》しかけになりました。

「仏《ほとけ》は、すべてのものごとのほんとうの姿《すがた》をはっきり見《み》とおしておられる方《かた》ですから、その智慧《ちえ》は非常《ひじょう》に奥深《おくぶか》くて、かぎりないものなのです。たいへんむずかしくて、その智慧《ちえ》を習《なら》うことはなかなかのことです。一切《いっさい》の声聞《しょうもん》（学習主義《がくしゅうしゅぎ》の修行者《しゅぎょうしゃ》）や辟支仏《びゃくしぶつ》（縁覚《えんがく》すなわち体験主義《たいけんしゅぎ》の修行者《しゅぎょうしゃ》）などがとうてい知《し》ることのできるものではありません。

なぜかといえば、仏《ほとけ》というものはどんな仏《ほとけ》でも、数《かず》かぎりない仏《ほとけ》に近《ちか》づき親《した》しんで、その教《おし》えを残《のこ》らず実行《じっこう》しつくし、また、何物《なにもの》をも恐《おそ》れることなく一筋《ひとすじ》に教《おし》えの道《みち》を進《すす》んで、その名《な》があまねく天下《てんか》に聞《き》こえわたった、すぐれた方《かた》です。

そしてついに、非常《ひじょう》に奥深《おくぶか》い、いままでだれも達《たっ》したことのない尊《とうと》い教《おし》えをすっかり悟《さと》られたのですから、浅《あさ》い修行《しゅぎょう》しかしていないものには、とうてい解《わか》るものではないのです。仏《ほとけ》は、その教《おし》えを、相手《あいて》に応《おう》じた説《と》きかたでいろいろに説《と》いてくださるのですが、聞《き》くものにとっては、いったいどんな目的《もくてき》でこういうことをお説《と》きになるのか、その真意《しんい》がなかなか解《わか》りにくいものなのです。

五七・六—五八・二 舎利弗よ、わたしも成仏《じょうぶつ》してから、いろいろな因縁《いんねん》（過去《かこ》の事実《じじつ》を例《れい》にあげて説《と》く）の話《はなし》をしたり、いろいろなたとえ話《ばなし》をしたり、そういう数《かず》かぎりない手段《しゅだん》を使《つか》って、衆生《しゅじょう》を導《みちび》いて悟《さと》りの世界《せかい》へ引《ひ》き入《い》れ、すべての自己中心《じこちゅうしん》の考《かんが》えかた（諸《もろもろ》の著《じゃく》）から離《はな》れさせてきました。

なぜそれができたかといえば、如来《にょらい》というものは、一切《いっさい》の人《ひと》びとを導《みちび》くやりかた（方便《ほうべん》）も、すべてのものごとのほんとうの姿《すがた》を見極《みきわ》める力《ちから》（知見波羅蜜《ちけんはらみつ》）をも、完全《かんぜん》に具《そな》えているからなのです。

舎利弗《しゃりほつ》よ、如来《にょらい》がすべてのものごとを見極《みきわ》める力《ちから》というものは、まことに大《おお》きくそして奥深《おくぶか》いものなのです。如来《にょらい》は、遠《とお》い遠《とお》いむかしのことから、永遠《えいえん》の未来《みらい》のことまで、見《み》とおしておられるのです。

また、『慈《じ》（自分《じぶん》の人生《じんせい》が他《た》の人《ひと》の人生《じんせい》を幸福《こうふく》にするようなものでありたいと願《ねが》う心《こころ》）』『悲《ひ》（自分《じぶん》の行《おこ》ないが他《た》の人《ひと》の苦《くる》しみを除《のぞ》く働《はたら》きをするように願《ねが》う心《こころ》）』『喜《き》（他人《たにん》の幸《しあわ》せをいっしょに喜《よろこ》んでやろうと思《おも》う心《こころ》）』『捨《しゃ》（他人《たにん》から加《くわ》えられた害悪《がいあく》は忘《わす》れて仕返《しかえ》しをする気持《きもち》を捨《す》て、自分《じぶん》がいいことをしてやっても報《むく》いを求《もと》める気持《きもち》を捨《す》てること）』という、凡夫《ぼんぷ》の想像《そうぞう》もおよばないような大《おお》きな心《こころ》（四無量心《しむりょうしん》）をもっておられるのです。

仏《ほとけ》のご説法《せっぽう》はすべての点《てん》において完全無欠《かんぜんむけつ》（四無礙《しむげ》）であり、この世《よ》のあらゆるものごとの真《しん》の姿《すがた》を見《み》とおす智慧《ちえ》（十力《じゅうりき》）を具《そな》え、法《ほう》をお説《と》きになるのになにものをも恐《おそ》れはばかるようなことがなく（四《し》無所畏《むしょい》）、心《こころ》はいつも静《しず》かで動揺《どうよう》することがなく（禅定《ぜんじょう》）、一切《いっさい》の迷《まよ》いから離《はな》れ（解脱《げだつ》）、一《ひと》つのよい考《かんが》えに精神《せいしん》が統一《とういつ》してわき道《みち》へそれることがない（三昧《さんまい》）……というような、すばらしい力《ちから》を兼《か》ね具《そな》えておられるのです。

それゆえにこそ、はてもないほどの深《ふか》い真理《しんり》をきわめつくし、いまだかつて人《ひと》の知《し》りえたことのないことを知《し》り、いまだかつて人《ひと》の達《たっ》したことのない道《みち》を成就《じょうじゅ》されたのです。

舎利弗《しゃりほつ》よ、如来《にょらい》は聞《き》く人《ひと》それぞれの心《こころ》をよく知《し》り分《わ》けて、それぞれに応《おう》じた説《と》きかたをされ、またそのことばはたいへん柔和《にゅうわ》ですから、聞《き》く人《ひと》の心《こころ》はありがたい心《こころ》で満《み》たされるのです。

舎利弗《しゃりほつ》よ、いままで述《の》べたことをひっくるめていえば、普通《ふつう》の人間《にんげん》では想像《そうぞう》することもできない、いままでだれも達《たっ》したことのない最高《さいこう》の真理《しんり》を、仏《ほとけ》はすっかり悟《さと》られたのです。」

三止三請《さんしさんしょう》

五八・二—六

ここまでお説《と》きになると、世尊《せそん》は急《きゅう》に黙《だま》りこんでしまわれました。そして、しばらくしてふたたび口《くち》をお開《ひら》きになると、こういいだされたのです。

「やめよう、舎利弗《しゃりほつ》、これを説明《せつめい》してみても、わかるはずがない。なぜなら、仏《ほとけ》がきわめられたその真理《しんり》というのは、この世《よ》に類《るい》のない、普通《ふつう》の人間《にんげん》にはとうてい理解《りかい》することのできないものであって、ただ仏《ほとけ》と仏《ほとけ》とのあいだだけで理解《りかい》できる真理《しんり》なのです。だから、仏《ほとけ》にならなければわからないのです。

その真理《しんり》とは、この世《よ》のすべてのものに通《つう》ずる真理《しんり》です。すべてのものごとが『現象《げんしょう》』としてそとに現《あら》われるときのすがたや性質《せいしつ》（相《そう》、性《しょう》、体《たい》）はどんなものか、それらのもっている力《ちから》やはたらき（力《りき》、作《さ》）はどうであるか、その性質《せいしつ》や力《ちから》が互《たが》いに作用《さよう》しあって、変化《へんか》してゆくのに、どういう原因《げんいん》（因《いん》）が、どういう条件《じょうけん》（縁《えん》）によって、どういう結果《けっか》（果《か》）を生《う》み、その結果《けっか》のあとにどういうことがら（報《ほう》）が残《のこ》るかという法則《ほうそく》です。また、その法則《ほうそく》は、形《かたち》のあるものにも、ないものにも、一切《いっさい》のものにあるのであって、この法則《ほうそく》によらずに存在《そんざい》しているものはひとつもないということ（本末究竟等《ほんまつくきょうとう》）です。」

と、おっしゃったのです。この「如是相《にょぜそう》」「如是性《にょぜしょう》」「如是体《にょぜたい》」「如是力《にょぜりき》」「如是作《にょぜさ》」「如是因《にょぜいん》」「如是《にょぜ》縁《えん》」「如是果《にょぜか》」「如是報《にょぜほう》」「如是本末究竟等《にょぜほんまつくきょうとう》」を十如是《じゅうにょぜ》といって、世尊《せそん》がおっしゃっておられるとおり、これが宇宙《うちゅう》の一切《いっさい》に通《つう》ずる真理《しんり》であり、この十如是《じゅうにょぜ》が展開《てんかい》した「一念三千《いちねんさんぜん》」という考《かんが》えこそ、仏《ほとけ》の述《の》べられた「真理《しんり》」そのものであるといえるのですが、いまここでそれを詳《くわ》しく説明《せつめい》するのは、世尊《せそん》もご心《しん》配《ぱい》なさったように、理解《りかい》しにくいかもしれないし、理解《りかい》に混乱《こんらん》を生《しょう》ずるといけませんので、ずっとあとにまわし、二〇〇頁以降《ページいこう》で徹底的《てっていてき》に説明《せつめい》することにします。

こうおっしゃってから世尊《せそん》は、そのわけをくりかえしお述《の》べになるために、偈《げ》をお説《と》きになりました。その偈《げ》には、大体次《だいたいつぎ》のような意味《いみ》が述《の》べられています。五八・六―六〇・一〇

「仏《ほとけ》の智慧《ちえ》ははかり知《し》れないものであるが、それは、にわかに学《まな》んで簡単《かんたん》に得《え》たというような智慧《ちえ》ではなく、もともと無数《むすう》の仏《ほとけ》に教《おし》えを受《う》け、長《なが》い長《なが》い修行《しゅぎょう》をしたのち、ようやく得《え》ることのできた智慧《ちえ》なのです。いいかえれば、理性《りせい》をみがきにみがいて、到達《とうたつ》しえた最高《さいこう》の智慧《ちえ》なのです。

だから、人《ひと》びとの中《なか》では大《だい》の智慧者《ちえしゃ》といわれている者《もの》でも、またみずからの体験《たいけん》によってある悟《さと》りを得《え》た者《もの》でも、あるいは大衆《だいしゅ》と共《とも》に仏《ほとけ》と同《おな》じ悟《さと》りに達《たっ》しようという志《こころざし》を立《た》てたばかりの者《もの》でも、その修《しゅ》行《ぎょう》が相当《そうとう》に進《すす》んだものでも、とうてい考《かんが》えおよぶものではありません。

この奥深《おくぶか》い真理《しんり》を、わたしも、もろもろの仏《ほとけ》も、おなじように知《し》りつくしているのです。もろもろの仏《ほとけ》がさまざまな教《おし》えを説《と》かれるけれども、その根本《こんぽん》はみなおんなじなのです。それゆえ、仏《ほとけ》の教《おし》えであるかぎり、表《あら》わしかたはちがっていても、その根本《こんぽん》には、いつもただ一《ひと》つの真理《しんり》があることを、知《し》らなければなりません。

この『根本《こんぽん》の真理《しんり》がいろいろな方法《ほうほう》で表《あら》わされる（方便《ほうべん》）』ということこそ、非常《ひじょう》に大切《たいせつ》な、尊《とうと》いことなのです。

わたしが、悟《さと》りを求《もと》める初歩《しょほ》の人《ひと》びとを日常生活《にちじょうせいかつ》の迷《まよ》いや苦《くる》しみから抜《ぬ》け出《だ》させるために、学習主義《がくしゅうしゅぎ》の教《おし》え（声聞乗《しょうもんじょう》）と、体験主義《たいけんしゅぎ》の教《おし》え（縁覚乗《えんがくじょう》）と、大衆《だいしゅ》を救《すく》うことによって自分《じぶん》も救《すく》われようという行《こう》動主義《どうしゅぎ》の教《おし》え（菩薩乗《ぼさつじょう》）と、三つの教《おし》えを用《もち》いたのも、仏《ほとけ》の方便力《ほうべんりき》の偉大《いだい》さを示《しめ》すためであったのです。」

六〇・一一―六一・五 こうお説きになりますと、なみいる一同《いちどう》は、どうして世尊《せそん》はあんなにくりかえしくりかえし仏《ほとけ》の方便《ほうべん》というものをほめたたえられるのだろう、と不思議《ふしぎ》に思《おも》います。

そして、いままでは「世《よ》の中《なか》は無常《むじょう》（すべてのものはたえず移《うつ》り変《か》わるもの）だから、それにとらわれぬ心《こころ》を作《つく》れ」と教《おし》えられたので、いっしょうけんめい修行《しゅぎょう》してようやくそんな心境《しんきょう》に達《たっ》してきたのに、こんどはまた「その程度《ていど》の人《ひと》には仏《ほとけ》の智慧《ちえ》はわからないぞ」とおっしゃる、どうもおことばの真意《しんい》がつかめない――と、頭《あたま》がこんがらがったような気持《きもち》になってしまいました。

その気持《きもち》を察《さつ》しました六一・五―六五・三のは、さすがに智慧第一《ちえだいいち》といわれる舎利弗《しゃりほつ》です。そこで仏《ほとけ》にこうお願《ねが》いいたします。

「世尊《せそん》よ、どうして世尊《せそん》は『方便《ほうべん》』ということを仏《ほとけ》の第《だい》一の法《ほう》であるといって、くりかえしくりかえしおほめになるのですか。わたくしも、いままでにそういう教《おし》えを聞《き》いたことはありませんし、みんなも不思議《ふしぎ》に思《おも》っております。どうぞお願《ねが》いいたします。このことをわかりやすくご説明《せつめい》くださいませんでしょうか。」

そして、その意味《いみ》をまた偈《げ》につくってよみ、重《かさ》ねてお願《ねが》い申《もう》しあげます。しかし世尊《せそん》は、

「いや、やめておこう、やめておこう。もしこのことを説《と》けば、すべての人間《にんげん》も、天上界《てんじょうかい》のものも、みんなおどろいて、かえって修行《しゅぎょう》する勇気《ゆうき》を失《うしな》ってしまうかもしれません。やめておいたほうがいいでしょう」とおっしゃるばかりです。

けれども、舎利弗《しゃりほつ》の真理《しんり》を求《もと》める心《こころ》はますます火《ひ》のように燃《も》えさかり、どうしてもそのまま引《ひ》きさがってしまうことはできません。それで重《かさ》ねて、お願《ねが》い申《もう》しあげます。

「世尊《せそん》よ、どうぞお願《ねが》いです。お説《と》きになってください。どうぞ、どうぞ、お願《ねが》いです。ここに集《あつ》まっている一同《いちどう》も、みんな長《なが》いあいだ仏《ほとけ》さまの教《おし》えを聞《き》いているもので、むずかしい教《おし》えもわきまえるだけのすぐれた力《ちから》をもっておりますし、それだけの頭《あたま》もございます。仏《ほとけ》さまのお教《おし》えを聞《き》くことができましたら、きっとどんなことがあってもそれを信《しん》じ、実行《じっこう》することでございましょう。」

それでも、世尊《せそん》は、

「いや、やはりやめておいたほうがいいでしょう。増上慢《ぞうじょうまん》の人《ひと》びと（もう自分《じぶん》はすっかり悟《さと》っていると思《おも》いあがっているもの）がそれを聞《き》いたら、疑《うたが》いの心《こころ》を起《お》こしたり、あるいは、とても実行《じっこう》できるものかと鼻《はな》で笑《わら》うようなことになるにちがいないでしょうから――」

しかし、舎利弗《しゃりほつ》はどうしても思《おも》いきれません。またまた重《かさ》ねてお願《ねが》いいたしました。すると世尊《せそん》は、

六五・四―一〇　しばらく舎利弗《しゃりほつ》をじっとみつめていらっしゃいましたが、やがていかにも満足《まんぞく》そうにおうなずきになって、こうおっしゃったのです。

「舎利弗《しゃりほつ》よ、あなたの熱心《ねっしん》さにはおどろきました。そんなに熱心《ねっしん》に、三度《さんど》までねがわれては、どうしても説《と》いてあげぬわけにはゆきますまい。それでは、これからあなたのために、もっと細《こま》かに、よく解《わか》るように解説《かいせつ》しましょう。心《こころ》を澄《す》まして、たしかに聞《き》くのですよ。そして、聞《き》いたうえは、しっかりと考《かんが》えて自分《じぶん》のものにするのですよ。」

五千起去《ごせんきこ》　ところが、どうでしょう。そのおことばが終《お》わりもせぬうちに、一座《いちざ》の中《なか》の比丘《びく》、比丘尼《びくに》、優婆塞《うばそく》、優婆夷《うばい》たち五千人《せんにん》が、にわかに座《ざ》を立《た》って、仏《ほとけ》に一礼《いちれい》して出《で》ていってしまったのです。

なぜかといいますと、この人《ひと》たちはいままで積《つ》んだ罪業《ざいごう》が深《ふか》くて、まだそれがすっかりなくなっていないために、なんだかいたたまれない気持《きもち》があり、また、ほんとうに悟《さと》りを得《え》てもいないのにすっかり悟《さと》りえたと思《おも》いこんでいるために、いてもつまらないという気持《きもち》もあって、出《で》ていったのです。

世尊《せそん》は、ただ黙《だま》っておられて、それをとどめようともなさいませんでした。なぜかといえば、いま無《む》理《り》にそれをとどめてみても、教《おし》えることがわかるわけではないし、かえって逆効果《ぎゃくこうか》になるおそれがあるとお考《かんが》えになったからです。いつかはほんとうの教《おし》えを求《もと》める心《こころ》が湧《わ》いてくる。またそれがほんとうに解《わか》るほどの機根《きこん》ができてくる。そうなったとき初《はじ》めて説《と》いてやることこそ、この人《ひと》たちを救《すく》う近道《ちかみち》なのだ——とお考《かんが》えになられたからです。

一見冷淡《いっけんれいたん》なように見《み》えるご態度《たいど》ですけれども、その奥《おく》には、仏《ほとけ》の大《おお》きな智慧《ちえ》と慈悲心《じひしん》が満《み》ち満《み》ちていたのです。その証拠《しょうこ》には、ずっとあとの「五百弟《ごひゃくで》子《し》受記《じゅき》品第《ほんだい》八」で、たくさんの阿羅漢《あらかん》に、修行次第《しゅぎょうしだい》で仏《ほとけ》になれるという保証《ほしょう》を与《あた》えられたとき、迦葉《かしょう》にむかって「ほかの声聞衆《しょうもんしゅ》もおんなじである。またこの会《え》にいないものにも、それを伝《つた》えてやりなさい」とおっしゃっておられます。

この会《え》にいないものというのは、とりもなおさず前《まえ》に座《ざ》を立《た》っていった五千人《せんにん》をさしておられるのです。だから、そのときわざとおとどめにならなかったのも、仏《ほとけ》の大《おお》きな「方便力《ほうべんりき》」にほかならないわけです。

六五・一〇—六七・二

さて、増上慢《ぞうじょうまん》の人《ひと》びとが去《さ》って、一座《いちざ》がみんなまごころ一途《いちず》なものばかりになりましたので、仏《ほとけ》は舎《しゃ》利《り》弗《ほつ》にむかって説法《せっぽう》を再開《さいかい》されました。

「優曇鉢華《うどんばつげ》の花《はな》というものは三千年《ぜんねん》に一度《いちど》咲《さ》くといわれていますが、これから説《と》く教《おし》えも、めったに聞《き》かれる教《おし》えではありません。どの仏《ほとけ》でも、いまこそ説《と》くべきだと考《かんが》えられたときでないと教《おし》えを説《と》くものではないのですから、あなたがたはいい機会《きかい》にめぐりあったわけです。舎利弗《しゃりほつ》よ、仏《ほとけ》の教《おし》えには、うそいつわりはないのです。心《こころ》からしっかり聞《き》かなければいけませんよ。

まず、仏《ほとけ》というものは、因縁《いんねん》を説《と》いたり、たとえ話《ばなし》をしたり、理論《りろん》をもって説《と》いたり、いろいろな説《と》きかたをしますので、その目的《もくてき》がどこにあるのかハッキリつかみにくいかもしれませんが、実《じつ》はただひとつの大事《だいじ》を説《と》くためにこの世《よ》に現《あら》われるものなのです。その一大事《いちだいじ》とはなにか。ほかでもない、『人間《にんげん》はなんのために生《い》きるのかを、ほんとうにわきまえる』ということなのです。それがとりもなおさず仏《ほとけ》の智慧《ちえ》なのですから、そのことをわきまえれば、人間一人一人《にんげんひとりひとり》がみんな仏《ほとけ》になれるのです。ほんとうの幸福《こうふく》を握《にぎ》ることができるのです。

開示悟入《かいじごにゅう》

それには、まず『自分《じぶん》にも仏性《ぶっしょう》がある』ということを悟《さと》らなければなりません。自分《じぶん》にも仏《ほとけ》と同《おな》じ性質《せいしつ》があるということがわかってくると、小《ちい》さい自己本位《じこほんい》の考《かんが》えが自然《しぜん》に洗《あら》い去《さ》られていきますから、心《こころ》が清《きよ》らかになってきます。仏《ほとけ》は、こういう仏《ほとけ》の智慧《ちえ》すなわち仏知見《ぶっちけん》を『開《ひら》かせるため』にこの世《よ》にお出《で》になったのです。こうして、仏知見《ぶっちけん》というものに気《き》がついたものには、こんどは、『仏《ほとけ》の眼《め》、仏《ほとけ》の智慧《ちえ》で見《み》れば、世《よ》の中《なか》というものはこういう状態《じょうたい》なのだよ』ということを、まざまざと示《しめ》してくださいます。すなわち仏知見《ぶっちけん》を『示《しめ》して』くださるのです。

世《よ》の中《なか》の真実《しんじつ》のありさまがわかると、それにひきくらべて、仏《ほとけ》の智慧《ちえ》をもてば、この世界《せかい》が苦悩《くのう》のない安穏《あんのん》な境地《きょうち》になるということが悟《さと》れるようになってきます。すなわち仏知見《ぶっちけん》を『悟《さと》らせて』いただけるわけです。

しかし、その境地《きょうち》には自然《しぜん》と達《たっ》するのではない。けんめいに修行《しゅぎょう》し、精進《しょうじん》してこそ、はじめて『入《はい》』ることのできる境地《きょうち》なのです。仏《ほとけ》は、一切衆生《いっさいしゅじょう》を導《みちび》いて、この仏知見《ぶっちけん》の道《みち》に『入《はい》らせて』くださるのです。

ひっくるめていえば、仏知見《ぶっちけん》を『開《ひら》かせ』『示《しめ》し』『悟《さと》らせ』『入《はい》らせる』という懇切丁寧《こんせつていねい》な順序《じゅんじょ》によって、『人間《にんげん》は何《なん》のために生《い》きるのかをほんとうにわきまえる』という仏《ほとけ》の智慧《ちえ》を、すべての人間《にんげん》が持《も》つことができるように導《みちび》いてやりたい——この一大事《いちだいじ》のために、仏《ほとけ》はこの世《よ》にお出《で》になったのです。」

こうお説《と》きになった釈尊《しゃくそん》は、ここでいちだんと改《あらた》まった、きびしい口調《くちょう》で次《つぎ》のようにおっしゃっておられます。これもまた、非常《ひじょう》に大切《たいせつ》なおことばです。すなわち、

ただ菩薩《ぼさつ》を教化《きょうけ》したもう

「諸仏如来《しょぶつにょらい》はただ菩薩《ぼさつ》を教化《きょうけ》したもう。」

と、おっしゃったのです。「仏《ほとけ》は菩薩《ぼさつ》だけを教化《きょうけ》されるので、声聞《しょうもん》や縁覚《えんがく》は、仏《ほとけ》の弟子《でし》ではないぞ」というわけですから、なんだか「仏《ほとけ》は一切衆生《いっさいしゅじょう》を悟《さと》らせるためにこの世《よ》に出《で》てきたのだ」ということばと矛盾《むじゅん》があるようですが、よく考《かんが》えてみると、そうでないことがすぐわかります。

仏《ほとけ》の教《おし》えの中《なか》には、こういう一見矛盾《いっけんむじゅん》に見《み》えるものがたくさんあります。「法華経《ほけきょう》」の中《なか》にも、たくさん見受《みう》けられます。しかし、それはけっして矛盾《むじゅん》ではないのです。仏《ほとけ》はものごとをズバリとおっしゃるために、浅《あさ》い見《み》かたをすれば、そのことばの大《おお》きな含《ふく》みが読《よ》みとれないから、矛盾《むじゅん》に見《み》えるのです。だから、浅《あさ》い読《よ》みかたをしていると、頭《あたま》がこんがらがるような感《かん》じになり、仏法《ぶっぽう》はどうしても解《わか》らないとか、教《おし》えが一貫《いっかん》していないからあてにならないというような気持《きも》が起《お》こるのです。お経《きょう》は深《ふか》く読《よ》まねばなりません。深《ふか》く読《よ》むということのむずかしい人《ひと》は、なんべんもくりかえして読《よ》

むのです。すると、おぼろげながらほんとうの意味《いみ》がわかってくるものです。それでもわからなければ、しかるべき人《ひと》に教《おし》えを請《こ》うべきであって、一人《ひとり》の判断《はんだん》で「矛盾《むじゅん》しているからつまらない」などという気持《きもち》を起《お》こすのは、たいへんなまちがいであることを、知《し》らなければなりません。「法華経《ほけきょう》」は堅《かた》く受持《じゅじ》しなければならないというのは、ここのところをいうのであって、初《はじ》めはわからなくても、むずかしくても、けっして離《はな》れ去《さ》ることなく、けんめいにとりすがっていれば、いつかはわかってくるときがきます。それは必《かなら》ずくるものであります。

　さて、「仏《ほとけ》はただ菩薩《ぼさつ》を教化《きょうけ》したもう」ということばの真《しん》の意味《いみ》は、「自分《じぶん》だけ悟《さと》って、それでいいと思《おも》っているうちは、ほんとうの悟《さと》りではないぞ。ほかの大《おお》ぜいは悟《さと》っていないが、自分《じぶん》だけは悟《さと》っているのだという気持《きもち》は、大《おお》ぜいと離《はな》れた気持《きもち》だ。大《おお》ぜいと溶《と》けあっていない、孤独《こどく》な気持《きもち》だ。まだ『我《が》』の気持《きもち》が残《のこ》っていて、『諸法無我《しょほうむが》』の境地《きょうち》にはいっていない。だから、ほんとうの悟《さと》りではないのだ。自分《じぶん》も悟《さと》り、みんなも悟《さと》る。自分《じぶん》も救《すく》われ、みんなも救《すく》われる。みんないっしょに救《すく》われなければ、ほんとうに救《すく》われたことにはならない――このことがわかったときこそ、ほんとうに悟《さと》ったといえるのだ。解脱《げだつ》したといえるのだ」ということなのです。

　まことに、悟《さと》りというものは一歩《いっぽ》の差《さ》が大《おお》きな溝《みぞ》になるもので、最初《さいしょ》のところで述《の》べましたように、まだ小数《しょうすう》しか習《なら》っていないときは、1を3で割《わ》っても0.33333……といつまでも割《わ》りきれない。$\frac{1}{3}$というほんとうの数《すう》のすぐ近《ちか》くまできているのだが、どうしてもそこまで達《たっ》しられない。ところが、分《ぶん》数《すう》という新《あたら》しい数《すう》の考《かんが》えかたを習《なら》ったとたんに、ピタリとほんとうの数《すう》がつかめるのです。

それとおなじように、自分《じぶん》が悟《さと》ろう、救《すく》われようとばかり思《おも》っているうちは、舎利弗《しゃりほつ》のような大智慧《だいちえ》者《しゃ》でも、仏《ほとけ》の悟《さと》りのほんのすぐ近《ちか》くまできていながら、その間《あいだ》にある小《ちい》さいようで大《おお》きい溝《みぞ》がどうしても飛《と》び越《こ》せない。ところが、「大衆《たいしゅう》といっしょに救《すく》われるところにほんとうの救《すく》いがある」ということがわかったとたんに、パッとその溝《みぞ》が飛《と》び越《こ》せるのです。

これが、仏《ほとけ》のおことばの真意《しんい》なのであって、菩薩《ぼさつ》というのは「衆生《しゅじょう》を救《すく》うための修行《しゅぎょう》をする人《ひと》」なのですから、菩薩《ぼさつ》でないとほんとうに仏《ほとけ》の教《おし》えはくみとれないぞ、といわれたわけです。

あるものはただ一仏乗《いちぶつじょう》

ですから、声聞《しょうもん》も、縁覚《えんがく》も、菩薩行《ぼさつぎょう》をしようという心《こころ》を起《お》こせば、その瞬間《しゅんかん》からほんとうの仏《ほとけ》の弟子《でし》になれるわけで、仏《ほとけ》はけっしてそれらを他人扱《たにんあつか》いにしておられるわけではなく、声聞《しょうもん》をも、縁覚《えんがく》をも、真《しん》の「仏知見《ぶっちけん》（仏《ほとけ》の智慧《ちえ》）」へ引《ひ》き入《い》れようとして、そうおっしゃったのです。その証拠《しょうこ》には、次《つぎ》に、

六七・四「舎利弗よ、如来《にょらい》はただ一仏乗《いちぶつじょう》のゆえに、衆生《しゅじょう》のために法《ほう》をお説《と》きになるのです。ほんとうは、法《ほう》に二《に》乗《じょう》とか、三乗《さんじょう》とかいうものはない。ただ一乗《いちじょう》しかないのですよ。」

と、おっしゃっておられるのです。

一乗《いちじょう》というのは、結局《けっきょく》「みんな仏《ほとけ》になれるのだ」ということです。声聞《しょうもん》による悟《さと》りも、縁覚《えんがく》による悟《さと》りも、菩薩行《ぼさつぎょう》による悟《さと》りも、すべては「仏《ほとけ》」になるための悟《さと》りであって、もとはおんなじなのです。あ

る人《ひと》は声聞《しょうもん》の悟《さと》りを得《え》、ある人《ひと》は縁覚《えんがく》の悟《さと》りを得《え》る、それはどちらも「仏《ほとけ》の智慧《ちえ》」に入《はい》る門《もん》なのです。その門《もん》をはいった人《ひと》は、菩薩行《ぼさつぎょう》という玄関《げんかん》を通《とお》ってはじめて「仏《ほとけ》の智慧《ちえ》」という奥座敷《おくざしき》へはいることができる。だからといって、門《もん》や玄関《げんかん》が仏《ほとけ》のお住《す》まいの内《うち》でないということはない。みんな仏《ほとけ》のお邸《やしき》の内《うち》なのです。しかし、門《もん》のところにいたのでは雨《あめ》が降《ふ》ればしぶきがかかるだろうし、雪《ゆき》が降《ふ》れば寒《さむ》い思《おも》いをすることもあろう。だから、みんな奥座敷《おくざしき》へはいりなさい。東《ひがし》の門《もん》も、西《にし》の門《もん》も、玄関《げんかん》も、すべてみんなを奥座敷《おくざしき》へ入《い》れるためのものなんだよ——というのが、「一仏乗《いちぶつじょう》だけがあるので、二乗《にじょう》、三乗《さんじょう》の別《べつ》はない。あると見《み》せたのは『方便《ほうべん》』であって、ほんとうの目的《もくてき》はただひとつなのだ」という意味《いみ》なのです。

この根本《こんぽん》さえわかれば、そのあとに詳《くわ》しくお説《と》きになった長行《じょうごう》（説法《せっぽう》の本文《ほんもん》）も、偈《げ》（詩《し》の形《かたち》になった部分《ぶぶん》）も、自然《しぜん》とわかってくることと思《おも》いますので、そのごく大意《たいい》だけを述《の》べ、むずかしいことばや疑《ぎ》問《もん》を起《お》こすおそれのある要点《ようてん》だけを説明《せつめい》することにします。

前《まえ》に、述《の》べましたように、仏《ほとけ》がこの世《よ》に出現《しゅつげん》されるのは、ただ一《ひと》つの目的《もくてき》すなわち「衆生《しゅじょう》のすべてに『仏《ほとけ》の智慧《ちえ》』を得《え》させるため」、いいかえれば「衆生《しゅじょう》のすべてに『自分《じぶん》も仏《ほとけ》になれるのだ』という悟《さと》りを得《え》させるため」なのです。

そして、その教《おし》えも、ほんとうはただ一《ひと》つしかないのだが、衆生《しゅじょう》があまりにも強《つよ》く欲《よく》にとらわれているし、また五濁《ごじよく》の悪世《あくせ》においてはあまりにも人《ひと》びとが仏《ほとけ》から遠《とお》くはなれてしまうので、仏《ほとけ》は方便《ほうべん》として三つに分《わ》けてお説《と》きになるのだ、というのです。

六八・八 ここに「深心《じんしん》の所著《しよじやく》」ということばがありますが、これはまことに人間《にんげん》の心理《しんり》の奥《おく》をえぐり出《だ》したことばです。それは、表面《ひようめん》の心《こころ》からは迷《まよ》いが去《さ》ったようでも、いままでの習慣《しゆうかん》で、なにか機会《きかい》があったらまた迷《まよ》いがムクムクと湧《わ》きあがってくる可能性《かのうせい》というか、残《のこ》りかすというか、そういったものがコビリついているというのです。それを「習気《じつけ》」ともいいますが、たしかにわれわれにはそれがあります。たとえば、もう一切腹《いつさいはら》を立《た》てないと決心《けつしん》して、ずいぶん柔和《にゆうわ》な気持《きもち》になったと思《おも》っていても、ひとたび何《なに》か重大《じゆうだい》な侮辱《ぶじよく》でも与《あた》えられたらムラムラと腹《はら》が立《た》ってきそうな気分《きぶん》というものは、心《こころ》のどこかに残《のこ》っているものです。そのような奥底《おくそこ》にひそむ心《こころ》が「深心《じんしん》の所著《しよじやく》」であって、それまでぬぐい去《さ》られなければ、ほんとうに解脱《げだつ》したとはいえないのです。

また、そういうかくれた意識《いしき》が人間《にんげん》の健康《けんこう》にも大《おお》いに影響《えいきよう》しているわけでありまして、近代《きんだい》に至《いた》ってようやく心理学者《しんりがくしや》や医学者《いがくしや》がいいはじめたことを、釈尊《しやくそん》はちゃんと二千数百年《せんすうひやくねん》も前《まえ》にいっておられるのです。

五濁《ごじよく》の悪世《あくせ》

六八・一一 「五濁の悪世《あくせ》」ということばがありますが、この第《だい》一の劫濁《こうじよく》というのは、時代《じだい》が長《なが》くたったために起《お》こってくる悪《あく》です。世《よ》の中《なか》も、同《おな》じ状態《じようたい》が長《なが》くつづくと動脈硬化《どうみやくこうか》を起《お》こしていろいろな弊害《へいがい》が起《お》こる。だから、ときどき新鮮《しんせん》な空気《くうき》を吸《す》いこまなければならないのです。

第《だい》二の煩悩濁《ぼんのうじょく》というのは、字《じ》のとおり、煩悩《ぼんのう》（迷《まよ》い）のために人間《にんげん》みんながつまらない行《おこ》ないをするようになること。犯罪《はんざい》の横行《おうこう》はこのゆえです。

第《だい》三の衆生濁《しゅじょうじょく》というのは、人《ひと》びとの表面《ひょうめん》の性質《せいしつ》がちがうところから起《お》こってくる争《あらそ》いです。もともとはひとつの生命《いのち》で貫《つらぬ》かれているということを知《し》らず、表面《ひょうめん》の相違《そうい》にとらわれて、それぞれが自我《じが》を主張《しゅちょう》するために、対立《たいりつ》が起《お》こり、家庭《かてい》の中《なか》や社会《しゃかい》が不和《ふわ》になる状態《じょうたい》です。

第《だい》四の見濁《けんじょく》というのは、ものの見《み》かたがそれぞれちがうために起《お》こる世《よ》の中《なか》の乱《みだ》れです。みんな自己《じこ》本位《ほんい》の狭《せま》いものの見《み》かたをするために、くいちがいが起《お》こってくるのであって、みんなが仏《ほとけ》の教《おし》えのような正《ただ》しいものの見《み》かたをするようになれば、自然《しぜん》と争《あらそ》いのない平和《へいわ》な世界《せかい》ができるはずです。

第《だい》五の命濁《みょうじょく》というのは、人間《にんげん》の寿命《じゅみょう》が短《みじ》かくなるために、人《ひと》びとの考《かんが》えることなすことが、目前《もくぜん》の利《り》益《えき》や、すぐ効果《こうか》の現《あら》われるようなことばかりを追《お》って、コセコセしたものになり、そのために世《よ》の中《なか》にみにくいゴタゴタが絶《た》えず、ゆったりしたところのない状態《じょうたい》です。これも、みんなが人間《にんげん》の本質《ほんしつ》の永遠《えいえん》性《せい》ということに目《め》を覚《さ》ましさえすれば、必《かなら》ず救《すく》われることなのです。

こういう五濁《ごじょく》の悪世《あくせ》になると、あまりにも衆生《しゅじょう》の迷《まよ》いが深《ふか》くなっているので、一足飛《いっそくと》びに最高《さいこう》の教《おし》えを説《と》いても、とうてい理解《りかい》することはむずかしいのです。

だから、仏《ほとけ》は、「まず仏《ほとけ》の教《おし》えを聞《き》いて迷《まよ》いを去《さ》れ」という学習主義《がくしゅうしゅぎ》（声聞乗《しょうもんじょう》）、「聞《き》いて習《なら》っただけではなんにもならぬ、自分《じぶん》で体験《たいけん》して自分《じぶん》で悟《さと》るところがなければならぬ」という体験主義《たいけんしゅぎ》（縁覚乗《えんがくじょう》）、それに、「自分《じぶん》だけ救《すく》われてもほんとうに救《すく》われたことにはならぬ、他《た》を救《すく》う行動《こうどう》が自分《じぶん》をも救《すく》うのだ」という行動主義《こうどうしゅぎ》（菩薩乗《ぼさつじょう》）の三乗《さんじょう》に分《わ》けて、次第《しだい》に導《みちび》いていかれるのです。

そこで、これらの方便《ほうべん》を、方便《ほうべん》であると知《し》り、しかもそれがどんなに尊《とうと》いものであるかを知《し》ったとき、その方便《ほうべん》はそのまま真実《しんじつ》に通《つう》ずる大道《だいどう》になるわけです。

だから、はいるのはどんなところからはいってもよい。仏舎利《ぶっしゃり》を供養《くよう》することからでもいい、塔《とう》を建《た》てることからでもいい、野原《のはら》の中《なか》に土《つち》を積《つ》んで仏廟《ぶつみょう》を立《た》てることからでもいい、それどころか、子《こ》どもがいたずらに砂《すな》を集《あつ》めて仏塔《ぶっとう》に似《に》たものをつくることでさえも、仏《ほとけ》の道《みち》にはいる門《もん》である――とにかく、いいことはなんでもいいのだから、そこからはいってゆくことだ、そしてだんだんと功徳《くどく》を積《つ》んでいって、ついに大慈悲心《だいじひしん》を具《そな》えるようになり、ついに仏《ほとけ》となることができるのだ、と説《と》かれているのです。

ここで注意《ちゅうい》しなければならないことばは、「来世[七一・八]に仏道《ぶつどう》を成《じょう》ぜんと記《き》す」とあるその「来世《らいせ》」です。これは、けっして「死《し》んでから」という意味《いみ》ではありません。「だんだんと修行《しゅぎょう》を積《つ》んでゆけば、いつかは――」という意味《いみ》なのです。

「法華経《ほけきょう》」の教《おし》えは、「悟《さと》ればこの身《み》がすなわち仏《ほとけ》であり、この世《よ》がすなわち寂光土《じゃっこうど》である」という教《おし》えです。死《し》んでからでないと極楽《ごくらく》へは行《い》けないのではない、仏《ほとけ》はわれわれの心《こころ》の中《なか》にある、極楽《ごくらく》はわれわれの日常生活《にちじょうせいかつ》の中《なか》にあるという教《おし》えなのです。

七二・三 それから、「終《つい》に小乗《しようじよう》を以《もつ》て　衆生《しゆじよう》を済度《さいど》したまわず」という一句《いつく》があります。これをよく誤解《ごかい》して「とうとう小乗《しようじよう》の教《おし》えでは衆生《しゆじよう》をお救《すく》いにならなかった」と考《かんが》えて、またまた矛盾《むじゆん》を感《かん》じる人《ひと》がありますが、そうではなくて、「小乗《しようじよう》だけでは、最終的《さいしゆうてき》に衆生《しゆじよう》を済度《さいど》されるまでには至《いた》らなかったのだ」というのが真意《しんい》なのです。小乗《しようじよう》の教《おし》えでも、大《おお》いに衆生《しゆじよう》を救《すく》っていらっしゃるのですが、最終的《さいしゆうてき》な救《すく》い、最高《こう》の救《すく》いにまでは、小乗《しようじよう》の教《おし》えでは引《ひ》き上《あ》げてやれないのだという意味《いみ》なのです。

　こうして、最後《さいご》に仏《ほとけ》は、

八二・二―六 「舎利弗よ、もろもろの仏《ほとけ》の教《おし》えはこのようなものであって、数《かず》かぎりない方便《ほうべん》をもって、その人《ひと》その場合《ばあい》に応《おう》じた教《おし》えを説《と》かれるのです。だから、要《よう》はそれをくりかえしくりかえし習《なら》ってゆき、日常生活《にちじようせいかつ》の上《うえ》に照《て》らしあわせて考《かんが》え、そして実行《じつこう》してゆくことが肝心《かんじん》です。

　それをしないものは、『仏《ほとけ》はだんだんに教《おし》えを説《と》かれて、ついにはすべての人《ひと》を仏《ほとけ》と同《おな》じ境地《きようち》に導《みちび》き入《い》れてくださるのだ』という一大事《いちだいじ》を、完全《かんぜん》に悟《さと》ることはできないでしょう。あなたがたはそれを知《し》ったのです。そうだとすれば、もう心《こころ》の中《なか》にはなんの疑《うたが》いもなく、大《おお》きな歓喜《かんぎ》を覚《おぼ》えて、自分《じぶん》も仏《ほとけ》になることができるのだということを、自《みずか》ら悟《さと》ることでしょう。」

という、力強《ちからづよ》いおことばで、説法《せつぽう》を結《むす》ばれたのであります。

譬《ひ》喩《ゆ》品《ほん》第《だい》三

前《まえ》の説法《せっぽう》において舎利弗《しゃりほつ》は、「止《や》みなん、止《や》みなん、また説《と》くべからず」とおっしゃる釈尊《しゃくそん》に、三度《さんど》もくりかえしお願《ねが》いしたあげく、一仏乗《いちぶつじょう》の教《おし》えと方便《ほうべん》との関係《かんけい》をはっきり教《おし》えていただき、方便《ほうべん》を方便《ほうべん》としてありがたく思《おも》うところに、仏《ほとけ》の真実《しんじつ》の悟《さと》りに飛《と》びこむ門《もん》が開《ひら》けることを知《し》って、まったく踊《おど》りだ
八三・一―八四・四 したくなるほど喜《よろこ》びました。そして、立《た》ち上《あ》がって合掌《がっしょう》しながら、仏《ほとけ》に申《もう》しあげるには、

「ああ、ありがとうございます。いまはじめて目《め》が覚《さ》めました。わたくしはなんという至《いた》らぬ人間《にんげん》だったのでしょう。長《なが》い間《あいだ》仏《ほとけ》さまのおそばについて、ご説法《せっぽう》をうかがっておりましたが、ほかの菩薩《ぼさつ》たちは次々《つぎつぎ》に成仏《じょうぶつ》の保証《ほしょう》を得《え》られるのに、自分《じぶん》だけはいただけないので、『ああ、自分《じぶん》は仏《ほとけ》の智慧《ちえ》を見《み》いだすことができないままに終《お》わるのか』とたいへん心《こころ》を傷《いた》めておりました。ただひとりで、林《はやし》の中《なか》の木《き》の下《した》にすわったり、歩《ある》きまわったりしながら、『自分《じぶん》もあの菩薩《ぼさつ》たちと同《おな》じように、仏《ほとけ》さまの教《おし》えを聞《き》いていくらか悟《さと》るところがあると思《おも》っているのに、どうして、自分《じぶん》だけには小乗《しょうじょう》の教《おし》えばかりをお説《と》きになるのだろう』と悲《かな》しいような気《き》持《もち》になっていました。

しかし、これはわたくしの考《かんが》えちがいでございました。だんだんと教《おし》えをうかがっているうちには、必《かなら》ず『菩薩道《ぼさつどう》を励《はげ》んで仏《ほとけ》の悟《さと》りを得《え》る』という大乗《だいじょう》の教《おし》えにお導《みち》きになるはずなのに、あせったり、ひ

がんだような気持《きもち》になりましたのは、わたくしのまちがいでございました。

また、仏《ほとけ》さまは、相手《あいて》により場合《ばあい》によって、いろいろな方法《ほうほう》でお説《と》きになる、その方便《ほうべん》を方便《ほうべん》として理解《りかい》できずに、はじめて仏法《ぶっぽう》を聞《き》いていきなりそれで悟《さと》ったように思《おも》いこんでいたのでした。

それなのに、ほかの菩薩《ぼさつ》が成仏《じょうぶつ》の保証《ほしょう》をいただくのを見《み》ては、自分《じぶん》はだめだ、つまらない人間《にんげん》だと、おのれを責《せ》めつづけていたのです。

ところが、いまはじめてわかったのです。いまこそわたくしは仏《ほとけ》さまの子《こ》です。生《う》まれかわった人間《にんげん》です。仏《ほとけ》さまのお口《くち》から出《で》るこのうえもない教《おし》えによって、ものの見《み》かたがすっかり変《か》わりました。

そのうえ、仏《ほとけ》さまの教化《きょうけ》のおしごとに加《くわ》わることができました。ほんとうにありがとうございます。」

八四・五―八七・三 こう申しあげ、重《かさ》ねて偈《げ》を説《と》いて、いままでの至《いた》らなさを懺悔《さんげ》し、現在《げんざい》の心境《しんきょう》を残《のこ》るところなく申《もう》し開《ひら》きました。

八七・四―八八・六 すると、世尊《そん》は、たいへんご満足《まんぞく》になって、「舎利《しゃり》弗《ほつ》よ、よく悟《さと》ってくれました。あなたがその心持《こころもち》を長《なが》いあいだもちつづけ、かずかずの仏《ほとけ》の教《おし》えに感謝《かんしゃ》して、それに背《そむ》かない正《ただ》しい行《おこ》ないをつづけていくならば、かならず仏《ほとけ》の境地《きょうち》に達《たつ》することができますよ」とおっしゃって、仏《ほとけ》としての号《ごう》を華光如来《けこうにょらい》、仏《ほとけ》となる国《くに》の名《な》を離垢《りく》、その時代《じだい》の名《な》を大宝荘厳《だいほうしょうごん》と名《な》づけられたのです。

成仏《じょうぶつ》の保証《ほしょう》

こうして、仏《ほとけ》が「いつかはあなたも仏《ほとけ》になれる」という保証《ほしょう》をくださるのを「授記《じゅき》」といって、このあとにもたくさんそれが出《で》てきますが、ここで深《ふか》く心《こころ》にとめなければならないのは、それが「なにもしなくても仏《ほとけ》になれる」というような安易《あんい》な保証《ほしょう》ではないことです。

宗教《しゅうきょう》が堕落《だらく》しますと、ある一定《いってい》のことばを称《とな》えただけで天国《てんごく》や極楽《ごくらく》に生《う》まれかわるとか、そこまではまだいいのですが、あるお札《ふだ》のようなものを金《かね》を出《だ》して買《か》えば、どんなわるいことをしても天国《てんごく》や極楽《ごくらく》に救《すく》われるというようなことをやり出《だ》して、常識《じょうしき》ある人《ひと》びとに軽蔑《けいべつ》され、そっぽを向《む》かれてしまうのです。

ところが、ほんとうの仏《ほとけ》の救《すく》いというものは、そんな安易《あんい》なものではありません。教《おし》えを学《まな》ぶだけでなく、それを身《み》に行《おこ》ない、しかもそれによって他《た》を幸福《こうふく》にするところまでいって、はじめて救《すく》われるというのです。常識《じょうしき》ででも、理性《りせい》ででも、はっきり理解《りかい》できる教《おし》えなのです。

九〇・一〇—九一・四

さて、舎利弗が仏《ほとけ》になる保証《ほしょう》を与《あた》えられたのを見《み》ると、その説法会《せっぽうえ》につらなっていた大衆《たいしゅう》はこれまた踊《おど》りださんばかりに喜《よろこ》び、心《こころ》から仏《ほとけ》に供養《くよう》をいたします。天上界《てんじょうかい》に住《す》んでいる人《ひと》びとも、美《うつく》しい衣《ころも》をヒラヒラさせ、白《しろ》い蓮《はす》の花《はな》を降《ふ》らして供養《くよう》し、偈《げ》を説《と》いて、われわれも仏《ほとけ》になれることを信《しん》じますと申《もう》しあげるのでした。

なぜ天上界《てんじょうかい》の人《ひと》びとも仏《ほとけ》を供養《くよう》するのかといいますと、天地《てんち》の万物《ばんぶつ》すべて仏《ほとけ》の弟子《でし》だからです。いいかえれば、すべてのものは宇宙《うちゅう》の真理《しんり》によって生《い》かされているのですから、真理《しんり》に対《たい》しては、すべてのものが心《こころ》から帰依《きえ》し、讃歎《さんたん》せざるをえないのです。

天上界《てんじようかい》の人《ひと》びとといえば、普通《ふつう》のことばでいう極楽《ごくらく》に住《す》んでいる人間《にんげん》です。なんの苦労《くろう》もなく、心配《しんぱい》もなく、もう仏法《ぶつぽう》などを聞《き》く必要《ひつよう》はなさそうですけれども、そうではありません。

前《まえ》にも述《の》べましたように、いつも上《うえ》へ向《む》かって進《すす》むことが生《せい》あるもののほんとうのありかたでありますから、天上界《てんじようかい》の人《ひと》となっても、もっともっと上《うえ》の教《おし》えを聞《き》かないと、ほんとうの心《こころ》の喜《よろこ》びは感《かん》じられないのです。また、娑婆《しやば》にいる人《ひと》びとのために、いつもなにかいいことをしてやらなければ、ほんとうの心《こころ》の喜《よろこ》びは感《かん》じられないのです。

これが仏教《ぶつきよう》の思想《しそう》のたいへん深《ふか》いところであって、極楽《ごくらく》にいってしまえば、いつまでもノンキにブラブラしておられるなどというのは、きわめて浅《あさ》い段階《だんかい》の俗信《ぞくしん》に過《す》ぎないのです。

九二・三—九
そのとき、舎利弗《しやりほつ》が申《もう》しあげるには、

「世尊《せそん》、わたくしにはもう疑《うたが》いはありません。はっきりわかりました。そして、親《した》しく成仏《じようぶつ》の保証《ほしよう》をいただきました。けれども、ここにいるたくさんの修行者《しゆぎようしや》は、すでに煩悩《ぼんのう》を離《はな》れた人《ひと》びとですが、世尊《せそん》はいつも『わが教《おし》えは、世《よ》の中《なか》のいろいろな変化《へんか》にとらわれない心《こころ》を起《お》こさせ、苦《くる》しみや悩《なや》みを滅《めつ》する力《ちから》を与《あた》えるものだ』とおっしゃっておられましたので、この人《ひと》たちは『もう煩悩《ぼんのう》を離《はな》れたのだから、これで悟《さと》ったのだ』と思《おも》いこんでいたのです。

ところが、世尊《せそん》は、いまになって、『それだけでは、ほんとうの悟《さと》りではないぞ。衆生《しゆじよう》のためにつくそうという菩薩心《ぼさつしん》を起《お》こし、その行《おこ》ないをずっとつづけていかなければ、ほんとうの悟《さと》りには達《たつ》しられないのだ』とおっしゃいます。

前《まえ》にうかがったところと、だいぶちがいますので、みんなわけがわからない気持《きもち》になっております。どうぞ世尊《せそん》、この人《ひと》たちのために、そのわけをもうすこし詳《くわ》しく説《と》いて、疑《うたが》いの心《こころ》を取《と》り除《のぞ》いてはいただけませんでしょうか。」

と、お願《ねが》いいたします。

九二・九—九三・一
世尊は、それに対《たい》して、

「前《まえ》にもわたしは、『諸仏《しょぶつ》はいろいろな実例《じつれい》や、たとえや、理論《りろん》などを用《もち》い、その人《ひと》その場合《ばあい》に応《おう》じて法《ほう》を説《と》かれるので、浅《あさ》い教《おし》えや深《ふか》い教《おし》えがあるように見《み》えるけれども、その目的《もくてき》はただ一《ひと》つ、一切《いっさい》の人《ひと》びとを仏《ほとけ》の悟《さと》りに導《みちび》くためにほかならないのだ』と説《と》いてあげたではありませんか。つまり、仏《ほとけ》の説法《せっぽう》には、形式《けいしき》や内容《ないよう》にいろいろな違《ちが》いがあるように見《み》えるけれども、結局《けっきょく》は悟《さと》りを得《え》ようと望《のぞ》み、努力《どりょく》する人《ひと》びとを救《すく》うためのものであって、ゆきつく所《ところ》はおんなじなのです。

舎利弗《しゃりほつ》、それでは、ここでひとつ、たとえ話《ばなし》をしましょう。普通《ふつう》の頭《あたま》をもっているものなら、きっとこれによって、そのわけがわかることでしょう。」

こうおっしゃって、次《つぎ》のような話《はなし》をなさいました。

三車火宅《さんしゃかたく》のたとえ

九三・一—九五・八 ある国のある町《まち》に、大《おお》きな長者《ちょうじゃ》がおりました。だいぶ年《とし》をとっていましたが、たいへんな財《ざい》産《さん》を持《も》っていて、田畑《たはた》や、家《いえ》や、召使《めしつか》いも、たくさんありました。その家《いえ》は広大《こうだい》なものでしたけれども、門《もん》はただ一《ひと》つしかありませんでした。そこにはたくさんの人《ひと》びとが住《す》んでいましたが、その家《いえ》ときたら、土塀《どべい》はくずれ、壁《かべ》はおち、柱《はしら》の土台《どだい》は腐《くさ》り、梁《はり》や棟《むね》なども傾《かたむ》いて、いまにも落《お》ちてきそうなありさまでした。

その家《いえ》が、突然火事《とつぜんかじ》になったのです。火《ひ》はみるみる一面《いちめん》に燃《も》えひろがりました。ところが、家《いえ》の中《なか》には、長者《ちょうじゃ》にとってかわいくてならぬ子《こ》どもたちが大《おお》ぜいいたのです。長者《ちょうじゃ》は、家《いえ》の外《そと》にいたのですが、火事《かじ》だと知《し》って大急《おおいそ》ぎで引《ひ》き返《かえ》していってみると、子《こ》どもたちは夢中《むちゅう》になって遊《あそ》びたわむれているではありませんか。

火《ひ》に焼《や》かれそうになっているのに、それに気《き》もつかず、知《し》ろうともせず、驚《おどろ》きもしなければ、恐《おそ》れもしないのです。熱気《ねつき》が身《み》を焼《や》くほどせまってきそうなのに、家《いえ》の外《そと》へ出《で》ようという気《き》にもならない様子《ようす》です。あまり遊《あそ》びに夢中《むちゅう》になっているからなのです。

長者《ちょうじゃ》はそれを見《み》て、瞬間《しゅんかん》に考《かんが》えました。自分《じぶん》は、たいへん力《ちから》があるのだから、何《なに》か箱《はこ》か机《つくえ》のようなものの上《うえ》にのせて、一気《いっき》に外《そと》へ押《お》し出《だ》してやろうか。しかし、待《ま》てよ、ここには門《もん》が一《ひと》つしかないし、しかも狭《せま》い門《もん》だ。子《こ》どもたちは、この門《もん》から出《で》なければならないのだということさえ、知《し》ってはいない。遊《あそ》ぶことに執着《しゅうじゃく》してそれに気《き》をとられているから、途中《とちゅう》で落《お》ちて火《ひ》に焼《や》かれてしまうかもしれない。それよりも、火《ひ》は恐《おそ》ろしいものだという気持《きもち》を起《お》こさせるのが第一《だいいち》だ。「この家《いえ》は焼《や》けているのだから早《はや》く出《で》なさい」と、そう教《おし》えてやろう。

こう考《かんが》えた長者《ちょうじゃ》が、子《こ》どもたちかわいさの一念《いちねん》から、ことばをつくしてさとすのですが、子《こ》どもたちは、いくらあぶないといっても、そのことばを信《しん》じようともしなければ、驚《おどろ》きもしないのです。そして「火《ひ》」というものは何《なに》か、「家《いえ》」というものは何《なに》か、「失《うしな》う」というのはどんなことか、それさえも知《し》らないで、ただあっちへこっちへと走《はし》りまわって遊《あそ》んでいるだけなのです。ときどき父《ちち》の顔《かお》をチラリと見《み》るには見《み》るのですが、「おとうさんが何《なに》かいってらぁ」ぐらいで、いっこう本気《ほんき》になって聞《き》こうともしません。

そこで、父《ちち》は最後《さいご》に考《かんが》えました。現実《げんじつ》にこの家《いえ》は大火《たいか》に焼《や》かれているのだ。ほんとうに子《こ》どもたちを救《すく》い出《だ》さなければ、焼《や》け死《し》んでしまうのだ。しかし、出《で》なさいといくら教《おし》えても出《で》ないのだから、方便《ほうべん》をもって救《すく》ってやるよりほかはない。そうだ……子《こ》どもたちは、前《まえ》からおもちゃが大好《だいす》きだった。おもちゃのことをいったら、きっと心《こころ》をひかれるだろう。

そこで、父《ちち》は、大声《おおごえ》でさけびました。

「お前《まえ》たちの好《す》きな羊《ひつじ》の車《くるま》や、鹿《しか》の車《くるま》や、牛《うし》の車《くるま》が、門《もん》の外《そと》にあるぞ。欲《ほ》しいのをやるから、早《はや》く出《で》ていってとりなさい。なかなか手《て》にはいるような品物《しなもの》ではないから、いまもらわないと、あとで後悔《こうかい》するよ。さあ早《はや》くいって、それで遊《あそ》びなさい。」

すると子《こ》どもたちは、自分《じぶん》たちの大好《だいす》きなおもちゃのことが耳《みみ》にはいりましたので、それいけとばかりわれ先《さき》に走《はし》り出《だ》して、燃《も》えさかる火《ひ》の家《いえ》からのがれ出《で》ることができたのです。

父《ちち》の長者《ちょうじゃ》は、子《こ》どもたちがみんなそろって怪我《けが》もなく、四辻《よつつじ》の広場《ひろば》にすわって、嬉《うれ》しそうにしているのを見《み》て、やっと安心《あんしん》しました。子《こ》どもたちは、父《ちち》の姿《すがた》を見《み》ると、口々《くちぐち》に「おとうさん、さっきおっしゃった羊《ひつじ》の車《くるま》と、鹿《しか》の車《くるま》と、牛《うし》の車《くるま》をくださいよ」とせがみます。すると、父《ちち》の長者《ちょうじゃ》は、羊《ひつじ》や鹿《しか》や牛《うし》の車《くるま》どころか、もっと大《おお》きな、もっとすばらしい大白牛車《だいびゃくごしゃ》という車《くるま》を、みんなにおなじようにくださったのでした。

このたとえ話《ばなし》の真意《しんい》がどこにあるかは、すでに大体理解《だいたいりかい》されたことと思《おも》いますが、念《ねん》のため説明《せつめい》しますと、父《ちち》の長者《ちょうじゃ》はもちろん仏《ほとけ》です。くちはてた家《いえ》というのは、娑婆世界《しゃばせかい》や人間《にんげん》の心《こころ》の、危《あぶ》ない、あさましい姿《すがた》です。仏《ほとけ》は、むろんこのあさましい迷《まよ》いの外《そと》におられるのですが、いつでもその中《なか》にいる子《こ》どもたち（衆生《しゅじょう》）のことをお忘《わす》れになったことはありません。ここが、第《だい》一に意味《いみ》の深《ふか》いことです。

この娑婆《しゃば》の世界《せかい》がまことに危《あぶ》ない状態《じょうたい》であることは、くちはてた家《いえ》の描写《びょうしゃ》に如実《にょじつ》に現《あら》わされていますし、人間《にんげん》の心《こころ》のあさましさは、あとの偈文《げもん》の初《はじ》めのほうに生《い》き生《い》きと描《えが》かれています。もろもろの奇怪《きかい》な鳥《とり》やけものやわるい虫類《ちゅうるい》が横行《おうこう》し、大小便《だいしょうべん》の臭《にお》いが充満《じゅうまん》し、汚《きたな》いものが流《なが》れ、そのうえで、きつねやおおかみなどが、かみあい、死体《したい》をむさぼり食《く》い、餌《えさ》を争《あらそ》って走《はし》りまわっているかと思《おも》うと、鳩槃茶鬼《くはんだき》という鬼《おに》が、犬《いぬ》をいじめて喜《よろこ》んでいます。このへんのありさまは、まったく末世《まっせ》の人間世界《にんげんせかい》そのままの縮図《しゅくず》であり、文学《ぶんがく》としてもたいしたものだと驚《おどろ》くほかはありません。

そこへ火事《かじ》が起《お》こってきます。火事《かじ》とは、人生《じんせい》のあらゆる苦《くる》しみ、老《お》い、病《やまい》、死《し》などのことです。肉《にく》体《たい》の楽《たの》しみや、物質的《ぶっしつてき》な満足《まんぞく》だけに夢中《むちゅう》になっている人間《にんげん》は、そういう苦《くる》しみがいつかはおそってくることを、いや、もうそこまできかかっていることを知《し》らないのです。

それで、仏《ほとけ》は、その火《ひ》の中《なか》から衆生《しゅじょう》を連《つ》れだしてやろうとお考《かんが》えになるのですが、門《もん》はたった一《ひと》つしかなく、しかも狭《せま》い門《もん》であって、そこを抜《ぬ》け出《だ》すというのは容易《ようい》なことではない。すなわち、救《すく》われる道《みち》というものは、ただ一《ひと》つであり、しかも、なまやさしいことでは通《とお》れない「狭《せま》き門《もん》」であるというのです。

このことも非常《ひじょう》に大切《たいせつ》な意味《いみ》をもつもので、いいかえれば、真理《しんり》はただ一《ひと》つであり、いい加減《かげん》な、中《ちゅう》途《と》はんぱな気持《きもち》では、とうていそこまで到達《とうたつ》できるものではないという教《おし》えなのです。

次《つぎ》に仏《ほとけ》は、子《こ》どもたちを机《つくえ》や箱《はこ》にのせて、力《ちから》でもって一気《いっき》に外《そと》へ押《お》し出《だ》してやろうかとも思《おも》われます。このことは、第《だい》一段《だん》の解釈《かいしゃく》として、他力《たりき》で救《すく》ってやろうかと考《かんが》えられたと解《かい》することができます。しかし、他力《たりき》で押《お》し出《だ》してやろうとしても、衆生《しゅじょう》は肉体《にくたい》や物質《ぶっしつ》の喜《よろこ》びにうつつをぬかしているために、その救《すく》いの手《て》からこぼれ落《お》ちることが起《お》こりえます。本人《ほんにん》が悟《さと》らなければなんにもならないのです。だから、仏《ほとけ》の神力《じんりき》をわざとお用《もち》いにならなかったのです。

もう一歩《いっぽ》つっこんで考《かんが》えますと、次《つぎ》のように解釈《かいしゃく》されます。すなわち、衆生《しゅじょう》を一気《いっき》に仏《ほとけ》の悟《さと》りにもっていこうとしても、あまりに肉体《にくたい》や物質《ぶっしつ》の喜《よろこ》びにとらわれているから、仏《ほとけ》の教《おし》えがわからずに途中《とちゅう》で落《らく》後《ご》してしまう心配《しんぱい》があります。それで、まず「この世《よ》のみにくさ、恐《おそ》ろしさを知《し》る」という、いちばん初歩《しょほ》の段階《だんかい》から導《みちび》いていこうとされたわけです。

ところが、仏《ほとけ》のその心《こころ》づかいにもかかわらず、衆生《しゅじょう》はときどき父《ちち》の顔《かお》（仏《ほとけ》の教《おし》え）をチラリチラリとは見《み》るのですけれど、その教《おし》えが自分《じぶん》の人生《じんせい》とどんな関係《かんけい》にあるものかということを、考《かんが》えてみようともせず、心《こころ》から仏《ほとけ》の教《おし》えを聞《き》こうともしないのです。これはわれわれがよく経験《けいけん》することで、まったく凡夫《ぼんぷ》の心理《しんり》がまざまざと映《うつ》し出《だ》されています。

そこで、仏《ほとけ》はいよいよ最後《さいご》の手段《しゅだん》として、羊《ひつじ》の車《くるま》（声聞乗《しょうもんじょう》）、鹿《しか》の車《くるま》（縁覚乗《えんがくじょう》）、牛《うし》の車《くるま》（菩薩乗《ぼさつじょう》）を示《しめ》されます。そこではじめて、衆生《しゅじょう》は仏《ほとけ》の教《おし》えに心《こころ》を引《ひ》かれるのです。そして仏《ほとけ》が「それぞれ性《しょう》に合《あ》った教《おし》えを選《えら》びなさい。どれでもいいのですよ」とおっしゃるので、欲《ほ》しいものを胸《むね》に描《えが》きながら走《はし》ってゆきます。

「胸《むね》に描《えが》いた」ということは、すでにその人《ひと》があるいは声聞《しょうもん》の境地《きょうち》に、あるいは縁覚《えんがく》の境地《きょうち》に、あるいは菩薩《ぼさつ》の境地《きょうち》にはいったということを意味《いみ》しています。また「走《はし》って出《で》た」ということは、すでにいくらか努力《どりょく》した、いくらか修行《しゅぎょう》したということを意味《いみ》しているのです。だからこそ、みんなそろって心《こころ》の迷《まよ》いを去《さ》り、あさましい火《ひ》の家《いえ》から一応《いちおう》のがれ出《で》ることができたのです。

しかし、本人《ほんにん》たちは、まだ自分《じぶん》が救《すく》われたなどとは思《おも》っておりません。胸《むね》に描《えが》いていた目的《もくてき》の乗《の》り物《もの》(声聞《しょうもん》の悟《さと》り、縁覚《えんがく》の悟《さと》り、菩薩《ぼさつ》の悟《さと》り)を現実《げんじつ》に得《え》ようという願《ねが》いでいっぱいなのです。それで、仏《ほとけ》にむかっておねだりします。ということは、すなわち、その願《ねが》いに対《たい》して一心《いっしん》をこめたということを意味《いみ》しています。

すると、思《おも》いがけなくも、そういう段階《だんかい》を突《つ》き抜《ぬ》けたむこうに、最高《さいこう》の教《おし》え、実大乗《じつだいじょう》(一仏乗《いちぶつじょう》——大《だい》白牛車《びゃくごしゃ》)の悟《さと》りが、燦然《さんぜん》と輝《かがや》いているのが見《み》えてきたのです。

仏《ほとけ》は、実《じつ》はそれをみんなに与《あた》えようと思《おも》っておられるのですから、ここまでやってきたものには、惜《お》しげもなく、しかも平等《びょうどう》(等一《とういつ》)に、だれにもおんなじものをくださったのです。なんというれしいことでしょう。「仏《ほとけ》の悟《さと》り」を「平等《びょうどう》」に得《え》られる——これこそ、「法華経《ほけきょう》」の大精神《だいせいしん》にほかならないのです。

この物語《ものがたり》を終《お》わられた世尊《せそん》は、そのたとえに含《ふく》まれた意味《いみ》をねんごろにお説《と》きになったあとで、偈文《げもん》をもって重《かさ》ねて同《おな》じ意味《いみ》をちがったことばでお説《と》きになっておられます。その中《なか》に、とくに大切《たいせつ》な要点《ようてん》がありますので、詳《くわ》しく説明《せつめい》したいと思《おも》います。それは、

一〇七・三—一〇

舎利弗に告ぐ　我《われ》も亦是《またかく》の如《ごと》し　衆聖《しゅしょう》の中《なか》の尊《そん》　世間《せけん》の父《ちち》なり　一切衆生《いっさいしゅじょう》は　皆是《みなこ》れ吾《わ》が子《こ》なり

深《ふか》く世楽《せらく》に著《じゃく》して　慧心《えしん》あることなし　三界《さんがい》は安《やす》きことなし　猶《な》お火宅《かたく》の如《ごと》し　衆苦充満《しゅくじゅうまん》して　甚《はなは》だ

怖畏《ふい》すべし　常《つね》に生《しょう》・老《ろう》・病《びょう》・死《し》の憂患《うげん》あり　是《か》の如《ごと》き等《ら》の火《ひ》　熾然《しねん》として息《や》まず　如来《にょらい》は已《すで》に　三《さん》界《がい》の火宅《かたく》を離《はな》れて　寂然《じゃくねん》として閑居《げんこ》し　林野《りんや》に安処《あんじょ》せり　今此《いまこ》の三界《さんがい》は　皆是《みなこ》れ我《わ》が有《う》なり　其《そ》の中《なか》の衆生《しゅじょう》は　悉《ことごと》く是《こ》れ吾《わ》が子《こ》なり　而《しか》も今此《いまこ》の処《ところ》は　諸《もろもろ》の患難《げんなん》多《おお》し　唯我一人《ただわれいちにん》のみ　能《よ》く救護《くご》を為《な》す

この大意《たいい》を述《の》べますと、

「舎利弗《しゃりほつ》よ、わたしもいまの物語《ものがたり》の長者《ちょうじゃ》とおなじ立場《たちば》なのです。多《おお》くの悟《さと》ったものの中《なか》のいちばん上《うえ》のものであって、世間《せけん》の父《ちち》なのです。一切《いっさい》の衆生《しゅじょう》はみなかわいいわが子《こ》です。その子《こ》どもたちが世間《せけん》の楽《たの》しみに執着《しゅうじゃく》して、ものごとのほんとうの姿《すがた》を悟《さと》る智慧《ちえ》がないので、それを救《すく》ってあげようとしているのです。

まことに、この世界《せかい》というものは、凡夫《ぼんぷ》にとってはすこしも安《やす》らかなところがありません。ちょうど火《ひ》のついた家《いえ》のようなもので、いろいろな苦《くる》しみに満《み》ち満《み》ちていて、恐《おそ》ろしいかぎりです。人生《じんせい》のいろいろな苦《くる》しみ、年《とし》をとる苦《くる》しみ、病《やまい》の苦《くる》しみ、死《し》の苦《くる》しみなど、もろもろの心配《しんぱい》やわずらいごとが火《ひ》のように燃《も》えさかっていて、やむことがありません。

わたしは、ずっとむかしからこの迷《まよ》いの世界《せかい》を離《はな》れ、世《よ》の中《なか》のわずらいごとに影響《えいきょう》されることのない境地《きょうち》に落《お》ちついているのですが、しかし、この三界《さんがい》のことは片時《かたとき》も忘《わす》れることはできないのです。

なぜならば、この三界《さんがい》はみんなわたしのものだからです。その中《なか》にいる衆生《しゅじょう》はすべてわたしの子《こ》だからです。しかも、この三界《さんがい》にはもろもろの苦《くる》しみ悩《なや》みが満《み》ち満《み》ちているのです。どうして、わたしがこの苦《く》の世界《せかい》に飛《と》びこんでいって、わが子《こ》を救《すく》わずにいられましょう。しかも、みんなを救《すく》うことのできるのは、たった一人《ひとり》、わたししかいないのですよ。」

三界《さんがい》はわが有《う》
衆生《しゅじょう》はわが子《こ》

この宇宙《うちゅう》は全部《ぜんぶ》わたしのものだ、万物《ばんぶつ》はすべてわたしの子《こ》だ、そしてみんなを救《すく》うことのできるのはわたし一人《ひとり》だ——なんという大自信《だいじしん》に満《み》ちたお言葉《ことば》でしょう。なんという大慈《だいじ》悲《ひ》に満《み》ちあふれたお言葉《ことば》でしょう。

しかし、これが、実在《じつざい》の釈尊《しゃくそん》お一人《ひとり》だけのことでないのはもちろんです。「わたし」というのは、つまり「仏《ほとけ》」ということ、「仏《ほとけ》」とは「真理《しんり》を悟《さと》ったもの」なのですから、「真理《しんり》を悟《さと》ったものにとっては、全宇宙《ぜんうちゅう》がその人《ひと》のものだ」という大宣言《だいせんげん》なのです。

釈尊《しゃくそん》には遠《とお》く及《およ》ばぬわれわれでさえも、静《しず》かに目《め》をつぶり、心《こころ》を澄《す》まして、「全宇宙《ぜんうちゅう》は自分《じぶん》のものだ」と念《ねん》ずれば、なんともいえないひろびろとした、のびのびとした心持《こころもち》になってくるではありませんか。

ちかごろ火星《かせい》に土地《とち》を買《か》うというようなことが行《おこ》なわれていますが、冗談半分《じょうだんはんぶん》にしても、人間《にんげん》の心《こころ》を広《ひろ》くするためにはたいへんけっこうなことだと思《おも》います。実際《じっさい》、われわれが何億光年《なんおくこうねん》も遠《とお》くにある星《ほし》のことを心《こころ》に思《おも》えば、一瞬《いっしゅん》にしてその星《ほし》がわれわれの心《こころ》の中《なか》に飛《と》びこんできます。自分《じぶん》のものになります。何万年前《なんまんねんまえ》のこと、何万年後《なんまんねんのち》のことを心《こころ》に思《おも》えば、たちまちその世界《せかい》がわれわれの心《こころ》の所有《しょゆう》になりまのです。時間《じかん》と空間《くうかん》（ときところ）を超越《ちょうえつ》して、どこまでもひろがることのできるのが、われわれの心《こころ》なのです。

まして、仏《ほとけ》と同《おな》じように、ほんとうに宇宙《うちゅう》の真理《しんり》を悟《さと》り、仏《ほとけ》と一体《いったい》になることができれば、まったくこの世《よ》はわがものということになります。「自分《じぶん》のもの」という所有権《しょゆうけん》を主張《しゅちょう》するのではありません。逆《ぎゃく》に、自分《じぶん》が宇宙全体《うちゅうぜんたい》に溶《と》けこんでしまったと感《かん》ずることなのです。つまり「無我《むが》」になるのです。小《ちい》さな「我《わ》れ」をすてるのです。そして、全体《ぜんたい》に生《い》かされている「我《わ》れ」を発見《はっけん》するのです。

すると、「我《わ》れ」はみるみる宇宙全体《うちゅうぜんたい》にひろがってゆきます。「無我《むが》」こそ「宇宙《うちゅう》はわがもの」に通《つう》ずるただ一《ひと》つの道《みち》なのです。そうなると、われわれの心《こころ》はまことに自由自在《じゆうじざい》です。何《なに》ものにもとらわれず、思《おも》うようにふるまっても、することなすことがすべて人《ひと》を生《い》かす行為《こうい》になってしまうのです。それこそ、仏《ほとけ》の境地《きょうち》にほかならないのです。

そこまで一足飛《いっそくと》びには行《い》けないにしても、その真似《まね》ごとでもいいからやらなければなりません。真似《まね》ごと（方便《ほうべん》）からでもはいらなければ、ほんものには達《たっ》しられないのです。お経《きょう》を読《よ》むのも、説法《せっぽう》を聞《き》くのも、静《しず》かに考《かんが》えるのも、人《ひと》のためにつくすのも、すべて「我《が》」を捨《す》てて全体《ぜんたい》に溶《と》けこむための修行《しゅぎょう》だといってもいいでしょう。これが、「和《わ》」の精神《せいしん》です。たとえ一日《いちにち》に一時間《いちじかん》でもいい、こういう修行《しゅぎょう》をつづけてゆけば、一歩《いっぽ》一歩《いっぽ》、わずかずつでも仏《ほとけ》に近《ちか》づいていけるのです。そして、いつかは仏《ほとけ》になれるのです。それを思《おも》えば、ほんとうに大歓喜《だいかんぎ》が心《こころ》の底《そこ》から湧《わ》いてくるではありませんか。

とうてい自分《じぶん》は仏《ほとけ》などにはなれない——などという卑屈《ひくつ》な心《こころ》は、いますぐ捨《す》てることです。なぜそんな卑屈《ひくつ》な心《こころ》を捨《す》てなければならないか。それは、次《つぎ》の「信解品《しんげほん》」を読《よ》むと、よくなっとくできると思《おも》います。

二〇・三―一一五・一〇
なお、このあとに、この「法華経《ほけきよう》」を人《ひと》に説《と》くときの心得《こころえ》と、この教《おし》えに背《そむ》くものがどんな報《むく》いを受《う》けるかが説《と》かれてあります。その中《なか》で、誤解《ごかい》しやすいのは、「妄《みだ》りに宣伝《せんでん》すること勿《なか》れ」ということばでしょう。これは、「むやみに説《と》くな」というのではなく、「まちがった説《と》きかたをするな、仏《ほとけ》のお心《こころ》によく合《あ》った説《と》きかたをせよ」という意味《いみ》です。

十四謗法《ほうぼう》と仏罰《ぶつばつ》

また、「次《つぎ》のような心《こころ》をもった人間《にんげん》には『法華経《ほけきよう》』を説《と》いてはいけない」といって、このお経《きよう》の精神《せいしん》にそむく欠点《けつてん》や考《かんが》えちがいが十四カ条《じよう》にわたってあげてありますが、これも、「そんな人間《にんげん》は相手《あいて》にするな」という意味《いみ》ではなく、「まず、そういう欠点《けつてん》や考《かんが》えちがいを除《のぞ》いてやってから、『法華経《ほけきよう》』を説《と》いてやらないと、効果《こうか》がないばかりか、かえって逆効果《ぎやくこうか》になることもあるから、気《き》をつけなさい」というのが、真意《しんい》なのです。

その十四カ条《じよう》をあげますと、
第《だい》一に「憍慢《きようまん》（わかってもいないのに、わかったと思《おも》いこむこと）」、
第《だい》二に「懈怠《けだい》（怠《なま》けたり、余計《よけい》なことに心《こころ》を奪《うば》われていたりすること）」、

第《だい》三に「計我《けいが》（何《なに》ごとも自己中心《じこちゅうしん》に考《かんが》えること）」、
第《だい》四に「浅識《せんしき》（ものごとの表面《ひょうめん》だけを見《み》て、根本《こんぽん》をつかもうとする心《こころ》がけがないこと）」、
第《だい》五に「著欲《じゃくよく》（肉体《にくたい》と物質《ぶっしつ》の欲《よく》にとらわれていること）」、
第《だい》六に「不解《ふげ》（なんでも自己流《じこりゅう》に解釈《かいしゃく》して、大切《たいせつ》な点《てん》を理解《りかい》しないこと）」、
第《だい》七に「不信《ふしん》（そんなことはありえないなどと、あさはかな考《かんが》えからこのお経《きょう》を信《しん》じないこと）」、
第《だい》八に「顰蹙《ひんしゅく》（この教《おし》えに対《たい》して顔《かお》をしかめる、すなわち反感《はんかん》を表《あら》わすこと）」、
第《だい》九に「疑惑《ぎわく》（このお経《きょう》の真実《しんじつ》を疑《うたが》い、ためらう心《こころ》を起《お》こすこと）」、
第《だい》十に「誹謗《ひぼう》（このお経《きょう》の悪口《わるくち》をいうこと）」、
第《だい》十一から第《だい》十四までは「このお経《きょう》を読《よ》んだり、書《か》いたり、持《たも》ったりしている人《ひと》に対《たい》して、軽善《きょうぜん》（善《よ》いことなのに軽蔑《けいべつ》する）、憎善《ぞうぜん》（善《よ》いことなのに憎《にく》らしく思《おも》う）、嫉善《しつぜん》（善《よ》いことなのに、それに対《たい》してねたみ心《ごころ》を起《お》こす）、恨善《こんぜん》（善《よ》いことなのにそれに対《たい》して恨《うら》み心《ごころ》を起《お》こす）」の四つです。

これが十四の謗法《ほうぼう》です。また、この謗法《ほうぼう》に対《たい》する報《むく》いが、次《つぎ》にいろいろとあげられてありますが、ここでぜひ心《こころ》しなければならないことは、これらの報《むく》いというものは、仏《ほとけ》が罰《ばつ》として与《あた》えられるのでは絶《ぜっ》対《たい》にありません。

仏《ほとけ》は人《ひと》を罰《ばつ》するような、すなわち人間《にんげん》と相対的《そうたいてき》な関係《かんけい》にあるものではないのです。また、仏《ほとけ》とは、「万物《ばんぶつ》を生《い》かしている真理《しんり》」でありますから、人《ひと》を地獄《じごく》におとしたり、動物《どうぶつ》にしてしまったりするよう

な「慈悲心《じひしん》に逆行《ぎやつこう》する作用《さよう》」をされるはずがないのです。

それでは、何《なに》がそんな罰《ばつ》を与《あた》えるのか。いうまでもなく、自分自身《じぶんじしん》です。自分自身《じぶんじしん》の迷《まよ》いです。迷《まよ》いはよく黒雲《くろくも》にたとえられますが、たしかに自分《じぶん》で自分《じぶん》の仏性《ぶつしよう》をおおいかくしている黒雲《くろくも》なのです。仏性《ぶつしよう》の光《ひかり》がおおいかくされているために、そこには暗黒《あんこく》が生《しよう》ずる。さまざまな悪《わる》い状態《じようたい》が起《お》こってくる。これが、みずから自分《じぶん》に与《あた》えた罰《ばつ》なのです。

そこで、もしこの迷《まよ》いの黒雲《くろくも》を吹《ふ》き払《はら》えば、いつでも仏性《ぶつしよう》は輝《かがや》きだしてくるのです。だから、けっして仏《ほとけ》を恐《おそ》れてはいけません。仏《ほとけ》は、いつ、いかなるときでも、われわれ衆生《しゆじよう》を「生《い》かしてくださる方《かた》」だということを、しっかり心《こころ》に理解《りかい》し、信《しん》じていなければならないのです。

信解品第四《しんげほんだいし》

「信《しん》」と「解《げ》」の意味《いみ》

「信《しん》」というのは、感情《かんじょう》のはたらきです。「解《げ》」というのは理性《りせい》のはたらきです。信仰《しんこう》とか宗教《しゅうきょう》というものはりくつではない、信《しん》じなければいけないとよくいいますが、なんにもわからずにただ信《しん》ずるというのは、たいへん危険《きけん》なことです。もしそれがつまらない教《おし》えだったり、わるい教《おし》えだったりしたら、自分自身《じぶんじしん》をそこなうばかりでなく、家族《かぞく》の人《ひと》びとや世《よ》の中《なか》にまで、ひどい害悪《がいあく》を流《なが》す結果《けっか》になります。

また、よい教《おし》えであっても、わけもわからずにただ信《しん》じこんでいたのでは、なにかのきっかけで、その信仰《しんこう》がガラガラとくずれてしまうことが起《お》こりやすいのです。たとえば、りくつもわからずに、ある教《おし》えを信《しん》ずれば病気《びょうき》が治《なお》る、環境《かんきょう》もよくなると信《しん》じこんでいたとします。たしかに病気《びょうき》は治《なお》った。ありがたいと思《おも》っているうちに、またそれが再発《さいはつ》した。おや、この教《おし》えはほんとうではなかったのかなという疑《うたが》いが心《こころ》にきざしてきた。そこへもってきて、子《こ》どもが入学試験《にゅうがくしけん》に落第《らくだい》した。すると、とたんに、いままでだれがなんといっても捨《す》てようとしなかったほどの固《かた》い信仰《しんこう》が、たちまちヘナヘナとくずれていってしまった。こんなことは、よくあることです。

これは、ほんとうは「堅《かた》い信仰《しんこう》」ではなかったのです。「がんこな信仰《しんこう》」に過《す》ぎなかったのです。だから、真《しん》の宗教《しゅうきょう》はかならず「りくつでもわかる」ものでなくてはならないのです。その「りくつでわかる」ことを「解《げ》」というのです。

宗教《しゅうきょう》を理性《りせい》だけで割《わ》りきるのも、これまた「偏《かたよ》った信仰《しんこう》」です。あるところまでは達《たっ》するけれども、そこから先《さき》へ踏《ふ》みこんではいけないからです。この本《ほん》のはじめのほうで、分数《ぶんすう》の話《はなし》を書《か》きましたが、はじめて三分《ぶん》の一という分数《ぶんすう》をならったとき、なんだかばかにされたような感《かん》じがした、しかし分数《ぶんすう》というものがたいへん気《き》に入《い》って、「三分《ぶん》の一というものをひとつの数《すう》と思《おも》おうと努力《どりょく》した」とあります。この「気《き》に入《い》った」ことが「信《しん》」であり、それをひとつの数《すう》と「思《おも》おうと努力《どりょく》した」ことは、「信《しん》」を堅《かた》くしようとした努力《どりょく》なのです。

ほんとうの宗教《しゅうきょう》はまことに奥深《おくぶか》いもので、たとえば「仏《ほとけ》というものは宇宙《うちゅう》の真理《しんり》である」ということは、一応《いちおう》は頭《あたま》で理解《りかい》できても、さあその宇宙《うちゅう》の真理《しんり》というものはどんなものかということを深《ふか》く追求《ついきゅう》していくと、限《かぎ》りなく奥深《おくぶか》いものがあります。いつまでいっても、まだ奥《おく》がある感《かん》じがします。すなわち1を3で割《わ》ると、0.3333……と、何十桁《なんじゅっけた》まで割《わ》っていっても割《わ》り切《き》れず、いつまでもほんとうの答《こたえ》とのあいだに小《ちい》さなミゾが残《のこ》る。非常《ひじょう》に小《ちい》さいミゾであるけれど、どうしても飛《と》び越《こ》えられない感《かん》じである。これが「神秘《しんぴ》」です。いままでに人間《にんげん》が得《え》たりくつではどうしても達《たっ》しられないところです。

名《な》は忘《わす》れましたが、ある高名《こうめい》な科学者《かがくしゃ》が、「現代《げんだい》における科学的宇宙《かがくてきうちゅう》は、思想史《しそうし》にいまだかつてなかったほど神秘《しんぴ》である」といっています。原始《げんし》人《じん》が太陽《たいよう》や月《つき》や火山《かざん》や暴風《ぼうふう》に神秘《しんぴ》を感《かん》じたよりも、またそれから現代《げんだい》にいたるまでのあらゆる時代《じだい》の人間《にんげん》が、いろいろな思想《しそう》や信仰《しんこう》などによって神秘《しんぴ》というものを感《かん》じつづけてきた、そのいずれの時代《じだい》に感《かん》じられてきた神秘《しんぴ》よりも、いまの科学《かがく》の目《め》で見《み》た宇宙《うちゅう》のほうがずっと神秘《しんぴ》だというのです。つまり、科学《かがく》が進《すす》めば進《すす》むほど、科学《かがく》の目《め》で見《み》た宇宙《うちゅう》というものはますます神秘《しんぴ》になっていくものらしいのです。その神秘《しんぴ》を、あくまでも「りくつ」で追求《ついきゅう》していこうというのが科学《かがく》の使命《しめい》であって、それはそれとしてたいへんりっぱなことです。

ところが、宗教《しゅうきょう》の信仰《しんこう》においては、その神秘《しんぴ》の世界《せかい》にスッとはいりこんでしまうのです。「三分《ぶん》の一」という分数《ぶんすう》をならって、「たいへん気《き》に入《い》った」というその心境《しんきょう》です。もうこうなると、「りくつ」ではありません。「三分《ぶん》の一」というのは、はたして数《すう》なのか——などとりくつで追究《ついきゅう》していっても、それ以上《いじょう》はもうしかたのないことで、「三分《ぶん》の一」というのはひとつの数《すう》であると信《しん》じこむよりほかはないのです。とにかく、実際《じっさい》に紙《かみ》を三つに折《お》るとピッタリ合《あ》うのだから、心《こころ》は満足《まんぞく》するのです。それと同《おな》じように、宗教《しゅうきょう》の信仰《しんこう》というものは「これが人間《にんげん》のほんとうのすがただ」と教《おし》えられたのがスッと心《こころ》にはいってきて、それによって心《こころ》がほんとうに安《やす》らぎを得《え》るはたらきなのであって、これがいわゆる「信《しん》」なのです。

しかも、りくつからばかり割《わ》り切《き》っていこうとしている人《ひと》の信仰《しんこう》には「力《ちから》」がありません。頭《あたま》だけで「わかった、悟《さと》った」と思《おも》っているだけで、それが行《おこ》ないとなって現《あら》われてこないのです。いまのことばでいえば、エネルギー（力《ちから》）にならないのです。他人《たにん》を引《ひ》き上《あ》げるエネルギーにならないのです。

ところが、「信《しん》」には力《ちから》があります。エネルギーがあります。学問《がくもん》のない人《ひと》でも、社会的地位《しゃかいてきちい》の低《ひく》い人《ひと》でも、「信《しん》」さえあればどんどんほかの人《ひと》を救《すく》い、引《ひ》き上《あ》げていくのです。

けれども、根本《こんぽん》の教《おし》えがよくなくて、そのよくない教《おし》えを「信《しん》」じこんでいると、前《まえ》にも述《の》べましたように、そのエネルギーは周囲《しゅうい》の人《ひと》びとや世《よ》の中《なか》にとんでもない影響《えいきょう》を与《あた》える結果《けっか》になります。だから、どうしても「解《げ》」がともなわなければなりません。

結局《けっきょく》、「信《しん》」と「解《げ》」と両方《りょうほう》を兼《か》ね備《そな》えなければ、ほんとうの信仰《しんこう》とはいえないわけです。仏《ほとけ》の教《おし》えというものは、「理性《りせい》」で「理解《りかい》」することのできる教《おし》えです。あたまから「ただ信《しん》ぜよ」というものではありません。ですから、よく説法《せっぽう》を聞《き》き、お経《きょう》も深《ふか》く読《よ》んで、理解《りかい》することです。その「解《げ》」が進《すす》むと、自然《しぜん》に「信《しん》」が生《う》まれてくるものです。

また、心《こころ》の素直《すなお》な人《ひと》は、「解《げ》」はほとんど進《すす》んでいないのに、「これはほんとうの教《おし》えだよ」といわれただけで、ただちに「信《しん》」を起《お》こすものです。「法華経《ほけきょう》」の教《おし》えであるかぎり、それでもいいのです。そして、ありがたいと一心《いっしん》に思《おも》いながら、だんだんと教《おし》えの内容《ないよう》を聞《き》いたり、読《よ》んだりしていくうちに、「解《げ》」も進《すす》んでいくのです。

つまり「解《げ》」からはいってもよし、「信《しん》」からはいってもよし、しかし必《かなら》ずその両方《りょうほう》を兼《か》ね備《そな》えるようにならないと、ほんとうの力《ちから》のある信仰《しんこう》にはならないというわけです。

そういう予備知識《よびちしき》をもって、「信解品《しんげほん》」の本文《ほんもん》にはいることにしましょう。

一二六・一―一二七・五　さきに声聞の比丘《びく》舎利弗《しゃりほつ》が仏《ほとけ》になれる保証《ほしょう》を与《あた》えられ、また世尊《せそん》が「三車火宅《さんしゃかたく》」のたとえをもってそのわけをわかりやすくお説《と》きになりましたので、法座《ほうざ》の中《なか》にあった慧命須菩提《えみょうしゅぼだい》・摩訶迦旃延《まかかせんねん》・摩訶迦葉《まかかしょう》・摩訶《まか》目犍連《もつけんれん》という声聞《しょうもん》の比丘《びく》たちは、ますます「法《ほう》」のありがたさがわかってきて、うれしくてうれしくてたまりません。

それで、うやうやしく世尊《せそん》を礼拝《らいはい》してから申《もう》しあげるには、

「わたくしたちは、お弟子《でし》の中《なか》では先輩格《せんぱいかく》のほうで、年《とし》もずいぶんとってしまっております。世《よ》の中《なか》の苦《くる》しみやわずらいからは離《はな》れることができましたので、もうこれ以上努力《いじょうどりょく》することもないと思《おも》って、それから先《さき》へ進《すす》んでほんとうの悟《さと》りを求《もと》めようとはいたしませんでした。

世尊《せそん》はずっと前《まえ》から久《ひさ》しく説法《せっぽう》をおつづけになっておられますが、実《じつ》はわたくしたちは、説法《せっぽう》の座《ざ》にいながら、ときには身体《からだ》がだるくなって、もうこれ以上《いじょう》聞《き》く必要《ひつよう》もないという気持《きもち》で、ただ『ものはみな平等《びょうどう》（空《くう》）であるから、すべてをあくまでも平等《びょうどう》に見《み》てゆき（無相《むそう》）、あくまで平等《びょうどう》に扱《あつか》ってゆかねばならぬ（無作《むさ》）』ということばかりを考《かんが》えておりました。

平等《びょうどう》ということの上《うわ》っ面《つら》だけにとらわれて、仏《ほとけ》さまのおっしゃるように『大慈大悲《だいじだいひ》の心《こころ》をもって相手《あいて》をよく見通《みとお》し、相手《あいて》によって自由自在《じゆうじざい》にちがった説《と》きかたをして、その人《ひと》の本性《ほんしょう》を発揮《はっき》させ、結局《けっきょく》は人《ひと》びとを平等《びょうどう》に救《すく》って世《よ》の中《なか》を清《きよ》らかにするという菩薩《ぼさつ》の法《ほう》』を、喜《よろこ》んで求《もと》めることをしなかったのです。ほんとうに、考《かんが》えがいたらずに、申《もう》しわけないことでございました。

ところが、いま仏《ほとけ》さまがわたしどもとおなじ声聞仲間《しょうもんなかま》の舎利弗《しゃりほつ》に『おまえもほんとうの悟《さと》りが得《え》られるぞ』という保証《ほしょう》をくださいましたので、こんなに嬉《うれ》しいことはございません。こういうありがたい教《おし》えをうかがおうとは思《おも》いもかけませんでした。かぎりない珍《めずら》しい宝《たから》が、欲《ほ》しいとは思《おも》わないのに、手《て》の中《なか》にころがりこんだようなものでございます。

世尊《せそん》、世尊《せそん》のお説《と》きになった教《おし》えを、わたくしどもはこのように受《う》け取《と》ったのですが、それをたとえ話《ばなし》によって申《もう》しあげてみますので、どうぞお聞《き》きくださいませ。」

こういって、次《つぎ》のような話《はなし》をはじめます。

長者窮子《ちょうじゃぐうじ》のたとえ

二七・五―一二三・九

幼いときに父の家《いえ》から逃《に》げ出《だ》して、長《なが》い間他国《あいだたこく》で貧乏暮《びんぼうぐ》らしをし、もはや五十歳《さい》になってしまった人《ひと》がありました。年《とし》とってから、ますます貧乏《びんぼう》になって、あちこちと走《はし》りまわっては生活《せいかつ》のかてを求《もと》めていました。そうして放浪《ほうろう》していくうちに、足《あし》はひとりでに本国《ほんごく》のほうへ向《む》かっていったのです。

その父《ちち》も、ひとり子《ご》を失《うしな》ってたいへん悲《かな》しみ、国《くに》じゅうを探《さが》しあるきましたが、とうとうみつからないので、しかたなくある町《まち》にとどまり、そこに住《す》みついていました。どれだけあるかわからないほどの財産家《ざいさんか》で、りっぱな邸《やしき》に住《す》み、召使《めしつか》いもたくさんおりました。

その子《こ》は、方々《ほうぼう》をさすらいあるいたあげく、ついにその町《まち》へやってきて、父《ちち》の邸《やしき》とも知《し》らず、その門《もん》前《ぜん》にたたずんだのです。

一方《いっぽう》、父《ちち》としては、一日《いちにち》も子《こ》のことが忘《わす》れられません。だれにも明《あ》かしたことはありませんが、いつも「わたしもずいぶん年《とし》をとってしまった。たくさんの財産《ざいさん》はあるのだけれど、わたしが死《し》んでしまったら、これもチリヂリになってしまうだろう。ああ、あの子《こ》にこの財産《ざいさん》をゆずったら、どんなに心《こころ》が落《お》ち着《つ》くことだろう」と思《おも》いつづけていました。

そのときに、息子《むすこ》は、転々《てんてん》とあちこちの人《ひと》に雇《やと》われて働《はたら》いていましたが、今日《きょう》はここで雇《やと》ってもらおうかなと思《おも》って立《た》ちどまったのが、偶然《ぐうぜん》にも父《ちち》の家《いえ》だったのです。

門《もん》のそばにたたずんで、はるかに中《なか》の様子《ようす》を見《み》ると、たいへんりっぱな人《ひと》が獅子《しし》を彫刻《ちょうこく》した椅子《いす》にすわっており、たくさんのりっぱな人《ひと》たちが、まわりにうやうやしくかしずいています。あたりの様子《ようす》も、なんともいえないほど、美《うつく》しく荘厳《そうごん》で、自然《しぜん》と頭《あたま》が下《さ》がるようです。

息子《むすこ》は、びっくりすると同時《どうじ》に、恐《おそ》ろしくなってしまいました。あの人《ひと》はきっと王《おう》さまか、王《おう》さまとおなじような人《ひと》にちがいない。とても自分《じぶん》のようなものが雇《やと》ってもらえるようなうちではない。やはり自分《じぶん》にふさわしいところにいって働《はたら》いたほうがいい。こんなところに長居《ながい》をしていれば、ひっつかまえられて、ひどいめにあわされるかもしれない——こう考《かんが》えましたので、やにわに走《はし》りだしたのです。

ところが、父《ちち》のほうでは、遠《とお》くからその男《おとこ》を見《み》て、一目《ひとめ》で自分《じぶん》の子《こ》であることがわかったのです。ああ、長《なが》いあいだ待《ま》っていた子《こ》が自分《じぶん》のほうから帰《かえ》ってきた、これで財産全部《ざいさんぜんぶ》がゆずれるのだ——と喜《よろこ》んでいると、やにわに息子《むすこ》が走《はし》りだしたので、おどろいて、そばにいた召使《めしつか》いに、あの男《おとこ》を連《つ》れてこいと命《めい》じます。

使《つか》いのものは走《はし》っていって、つかまえます。息子《むすこ》はおどろいて、「わたしは何《なに》もわるいことはしておりません。どうしてつかまえるのですか」と大声《おおごえ》でわめき立《た》てます。使《つか》いのものは、主人《しゅじん》の命令《めいれい》ですから、有無《うむ》をいわさず引《ひ》っ立《た》ててゆきます。

息子《むすこ》は思《おも》いました。自分《じぶん》はなんにもわるいことをしていないのに、つかまえられた。これは、きっと殺《ころ》されるにちがいない——こう思《おも》ったとたん、恐《おそ》ろしさのあまり、気《き》を失《うしな》って地《じ》べたに倒《たお》れてしまいました。

これを遠《とお》くから見《み》ていた父《ちち》は、使《つか》いのものにむかって、「その男《おとこ》を雇《やと》うことはやめよう。むりに連《つ》れてくることはない。顔《かお》に水《みず》をかけて目《め》をさまさせてやりなさい。何《なに》も話《はな》してはいけないよ」といったのです。なぜかといえば、父《ちち》はその子《こ》の心《こころ》が卑屈《ひくつ》になりきっていて、とうてい自分《じぶん》のようなものには近寄《ちかよ》ることのできないという気持《きもち》をもっていることを知《し》ったからです。

そして、子《こ》であることははっきり知《し》っていても、しばらくは他人《たにん》に明《あ》かさず、別《べつ》の手段《しゅだん》でだんだん自分《じぶん》のそばへ引《ひ》きつけようと考《かんが》えたのです。

使《つか》いのものが、水《みず》をかけて目《め》をさまさせ、「放《はな》してやるから、すきなところへ行《い》け」といいますと、息子《むすこ》は喜《よろこ》んで、ペコペコしながら去《さ》っていきました。そして、貧《まず》しい町《まち》へ行《い》って、そこで衣食《いしょく》の道《みち》を求《もと》めました。

そこで、父《ちち》の長者《ちょうじゃ》は、なんとかしてその子《こ》を近《ちか》くへひきつけたいと思《おも》い、顔《かお》かたちもみなりもみすぼらしい二人《ふたり》の使《つか》いを、そのもとにやります。長者《ちょうじゃ》は、「いい仕事場《しごとば》があるぞ、賃金《ちんぎん》が倍《ばい》ももらえるぞといって連《つ》れてこい。何《なん》の仕事《しごと》かときいたら、便所《べんじょ》やどぶの掃除《そうじ》だ。自分《じぶん》らもいっしょに仕事《しごと》をする仲間《なかま》だといいなさい」といいつけました。

息子《むすこ》は、ちょうど相応《そうおう》な仕事《しごと》だと思《おも》い、安心《あんしん》してやってきて、まず賃金《ちんぎん》を受《う》け取《と》ってから、便所掃除《べんじょそうじ》などをはじめました。それを見《み》て、父《ちち》は「ああ、あれがわが子《こ》か」とかわいそうでもあり、信《しん》じられないような気《き》にもなるのでした。

それからしばらくたって、父《ちち》が窓《まど》から子《こ》の姿《すがた》をのぞいてみると、すっかり痩《や》せ衰《おとろ》え、汚《きたな》いものにまみれて働《はたら》いているのです。

それを見《み》た父《ちち》は、ふびんさに堪《た》えかねて、自分《じぶん》も垢《あか》じみた汚《きたな》い着物《きもの》に着《き》がえ、身体《からだ》もわざと泥《どろ》や埃《ほこり》で汚《きたな》くし、手《て》に糞《あくた》をとるいれものをもち、みんなの仲間入《なかまい》りをしました。

そして、いっしょに働《はたら》いているものに、「しっかり働《はたら》けよ」とか、「怠《なま》けるな」などと話《はな》しかけたりして、次第《しだい》に息子《むすこ》の警戒心《けいかいしん》を取《と》り去《さ》り、そしてようやくそばに近《ちか》づくことができたのです。

父《ちち》は子《こ》にむかって、

「おまえはかわいそうな男《おとこ》だそうだな。食《く》うにこまっているというじゃないか。これからは大丈夫《だいじょうぶ》だよ。いつもここへきて働《はたら》けばいいんだ。いいか。ほかへ行《い》っちゃいけないよ。賃金《ちんぎん》も上《あ》げてやろうし、いろんな所帯道具《しょたいどうぐ》でも、米《こめ》でも、塩《しお》でも、味噌《みそ》でも、なんでも使《つか》っていい。年《とし》とった下男《げなん》もいるから、おまえの手助《てだす》けにつけてやってもいい。だから、安心《あんしん》してここにいるんだよ。

わたしはなんだかおまえのおやじみたいな気《き》がするんだ。わたしはすっかり年《とし》をとっているし、おまえはまだ若《わか》いからだろうなぁ。おまえはこれからの人間《にんげん》だから、仕事《しごと》をするのに、人《ひと》を欺《だま》したり、怠《なま》けたり、怒《おこ》ったり、恨《うら》んだりしてはいけないよ。ほかの雇《やと》い人《にん》の場合《ばあい》とちがって、おまえがそんなわるいことをしたら、わたしはほんとうに悲《かな》しくなるよ。いいか。これからさき、おまえをほんとの子《こ》のように思《おも》うからね。」

こういって、長者《ちょうじゃ》はその子《こ》に名前《なまえ》をつけてやり、仮《かり》の子《こ》にしてしまいます。しかし、息子《むすこ》はその待遇《たいぐう》を嬉《うれ》しくは思《おも》うのですが、それでもまだ、自分《じぶん》は賤《いや》しい人間《にんげん》だ、と思《おも》いこんでいるのです。ですから、それから二十年《ねん》のあいだは、父《ちち》はやっぱり汚《きたな》い所《ところ》の掃除《そうじ》をつづけさせていたのです。

二十年《ねん》が過《す》ぎると、なんといってもその家《いえ》に対《たい》する心安《こころやす》さができてきて、出入《でい》りするのにもオドオドしなくなりました。しかし、卑屈《ひくつ》な本心《ほんしん》はやっぱり変《か》わっていません。

そのうちに、父《ちち》の長者《ちょうじゃ》は病気《びょうき》にかかり、死期《しき》が近《ちか》づいてきたのを悟《さと》りましたので、無限《むげん》の宝《たから》のはいっている蔵《くら》の支配《しはい》を、一切《いっさい》その子《こ》に任《まか》せます。しかし、息子《むすこ》のほうでは、そんなに信任《しんにん》を受《う》けても、やっぱりまだ卑屈《ひくつ》な考《かんが》えが心《こころ》のどこかに残《のこ》っていたのです。

それからしばらくたつと、さすがに息子《むすこ》も、その大《おお》きな邸《やしき》や財産《ざいさん》のすべてに通《つう》じてきました。この家《いえ》のことぐらい自分《じぶん》で取《と》りしきってやれるという気持《きもち》になりました。そして、いままでオドオドしていた自分《じぶん》の心《こころ》を恥《は》ずかしく思《おも》うようになりました。

それを知《し》った父《ちち》は、ようやくほんとうに安心《あんしん》しました。そして、いよいよ臨終《りんじゅう》というときに親族一《しんぞくいち》同《どう》、国王《こくおう》、大臣《だいじん》、武士《ぶし》、居士《こじ》（一家《いっか》の主人《しゅじん》）などに集《あつ》まってもらいました。そして、みんなの前《まえ》で、実《じつ》はこれはわたしのほんとうの子《こ》なのですと、そのいわれを話《はな》し、わたしの財産《ざいさん》はすべてこの子《こ》のものです、と宣言《せんげん》したのです。

これを聞《き》いた息子《むすこ》は、「わたしは、こんな財宝《ざいほう》を求《もと》める心《こころ》はすこしもなかった。それなのに、この大《おお》きな宝《たから》の蔵《くら》がひとりでに自分《じぶん》のものになってしまったのだ。」と、いまだかつて覚《おぼ》えたことのない大《おお》きな喜《よろこ》びを感《かん》じたのでした。

これが「法華経《ほけきょう》」七諭《しちゆ》の中《なか》の「長者窮子《ちょうじゃぐうじ》のたとえ」です。四人《にん》の声聞《しょうもん》は、この話《はなし》を語《かた》り終《お》わると、世尊《せそん》にむかって、この大富長者《だいふちょうじゃ》はすなわち仏《ほとけ》さまであり、この子《こ》どもはわたくしたちです――といって、自分《じぶん》たちが小《ちい》さな悟《さと》りに満足《まんぞく》していたのを、いろいろと心《こころ》を用《もち》いて大乗《だいじょう》の教《おし》えまで導《みちび》いてくださった仏《ほとけ》の慈悲《じひ》と方便力《ほうべんりき》を、そのたとえ話《ばなし》に一々《いちいち》あてはめて申《もう》し上《あ》げます。

そして、迦葉《かしよう》が重《かさ》ねてそれを偈《げ》につくって申《もう》しあげ、この品《ほん》が終《お》わるわけです。

むろん、わたしどもから見《み》れば、この窮子《ぐうじ》は一切衆生《いっさいしゅじょう》ですが、ここでは一応《いちおう》それがこの四人《にん》の声聞《しょうもん》の人《ひと》たちと見《み》て（それでも、いつもその声聞《しょうもん》の人《ひと》びとがわれわれ凡夫《ぼんぷ》の姿《すがた》だと考《かんが》えてひきくらべながら）、たとえを実際《じっさい》にあてはめていってみましょう。

大長者《だいちょうじゃ》（仏《ほとけ》）が父《ちち》であることも知《し》らず、そのふところから逃《に》げだして、人生《じんせい》の苦《くる》しみの中《なか》をさすらい歩《ある》いている窮子《ぐうじ》は、むろん世《よ》の衆生《しゅじょう》の姿《すがた》です。そして、この段階《だんかい》においては、四人《にん》の大声聞《だいしょうもん》たちも、われわれと変《か》わることのない凡夫《ぼんぷ》だったわけです。

しかし、親子《おやこ》の血《ち》は争《あらそ》われないもので、自分《じぶん》が仏性《ぶっしょう》をもっていることはつゆ知《し》らず苦界《くがい》をさすらい歩《ある》いてはいても、いつしか仏《ほとけ》のおられるところへ近《ちか》づいていくのです。

これも、われわれ凡夫《ぼんぷ》も同様《どうよう》であって、この「ひとりでに近《ちか》づいていく」ところに、いうにいわれぬ尊《とうと》さがあると思《おも》います。現在《げんざい》の世《よ》の中《なか》はまったく五濁《ごじょく》の悪世《あくせ》ですけれど、このくだりを読《よ》むと、わたしたちの胸《むね》には人間《にんげん》に対《たい》する希望《きぼう》がほのぼのと湧《わ》いてきて、じつに明《あか》るい気持《きもち》になります。

衆生《しゅじょう》は仏《ほとけ》の門《もん》の前《まえ》に立《た》っても、仏《ほとけ》が自分《じぶん》の父《ちち》であるとは知《し》らないのですが、仏《ほとけ》は、あれはわが子《こ》だとちゃんと知《し》っておられるということも、意味《いみ》の深《ふか》いことです。仏《ほとけ》はいつもわれわれのそばにおられる。真理《しんり》はどこにも満《み》ち満《み》ちている。そしてわれわれが仏《ほとけ》を見《み》いだすことを待《ま》っておられるのです。心《こころ》のスイッチさえいれればいいというのは、このことです。

仏《ほとけ》は衆生《しゆじよう》を悟《さと》り（真理《しんり》）へ引《ひ》き入《い》れようとされるのですが、衆生《しゆじよう》の心《こころ》にとっては、その教《おし》えの程度《ていど》があまり高《たか》いので、とてもとても自分《じぶん》ふぜいの近寄《ちかよ》れるものではないという卑屈《ひくつ》な考《かんが》えから、かえって背《せ》を向《む》けて去《さ》ってしまいます。

そこで仏《ほとけ》は、方便《ほうべん》を使《つか》って、衆生《しゆじよう》とおなじような姿《すがた》はしているが、それよりすこしはましな二人《ふたり》の人間《にんげん》（仏《ほとけ》のおやしきの下働《したばたら》きで、とにかく心《こころ》の安定《あんてい》を得《え》ているもの、すなわち声聞《しようもん》と縁覚《えんがく》）を使《つか》いに出《だ》して、こんな人《ひと》とならば仲間《なかま》になれようという心《こころ》を起《お》こさせました。

そして、「糞《あくた》を除《のぞ》く」仕事《しごと》をさせられたというのは、小乗《しようじよう》の修行《しゆぎよう》によって煩悩《ぼんのう》を除《のぞ》くようにと導《みちび》かれたわけです。

このへんから、だんだんこのたとえは、一般衆生《いつぱんしゆじよう》の姿《すがた》というよりも、四人《にん》の大声聞《だいしようもん》の修行《しゆぎよう》の過程《かてい》にピッタリあてはまるたとえになっていますから、そのつもりで考《かんが》えてゆきましょう。

こうして次第《しだい》に仏《ほとけ》の教《おし》えに親《した》しませてから、おまえをわたしの子《こ》にしようといって、仏《ほとけ》のほんとうの教《おし》えに引《ひ》き上《あ》げてやろうとされるのですが、子《こ》どものほうでは、やっぱり自分《じぶん》とは関係《かんけい》のない、段《だん》ちがいの教《おし》えだと思《おも》いこみ、仏《ほとけ》との間《あいだ》に一線《いつせん》を引《ひ》いてしまっているのです。それで、二十年《ねん》あまりも小乗《しようじよう》の教《おし》えをコツコツと行《ぎよう》じつづけたわけです。

このへんになると、もうちょっと凡人《ぼんじん》では真似《まね》のできないところで、とにかくそういう長《なが》い間飽《あいだあ》きもせず、怠《おこた》りもせず、怒《おこ》りもせず、仲間《なかま》とけんかもせず、せっせと「糞《あくた》を除《のぞ》いて」いたというのは、さすがに須菩提《しゅぼだい》、迦旃延《かせんねん》、迦葉《かしょう》、目犍連《もっけんれん》というような大弟子《だいでし》だけのことはあります。こうして、ようやく心《こころ》の自由自在《じゆうじざい》を得《え》、仏《ほとけ》の教《おし》えにも広《ひろ》く通《つう》ずるようになってきたのです。

そこで仏《ほとけ》は、自分《じぶん》の教《おし》えの蔵《くら》を開《あ》けっ放《ぱな》しにして、さあおまえのしたいようにしなさい——といわれた。自分《じぶん》の実子《じっし》なのですから、取《と》りたいものがあったら、いくらでもとっていいという謎《なぞ》なんですが、まだまだ自分《じぶん》は使用人《しようにん》だと思《おも》っている。卑屈《ひくつ》な精神《せいしん》が抜《ぬ》けきらない。だから、支配人《しはいにん》（仏《ほとけ》の弟子《でし》）としてはまちがいのない、りっぱな勤《つと》めぶり（仏《ほとけ》の代《か》わりに説法《せっぽう》などをしてもじつにりっぱであった）なのですけれど、その財宝《ざいほう》がみんな自分《じぶん》のものであることなど知《し》ろうともしないのです。やっぱり二乗根性《にじょうこんじょう》が抜《ぬ》けきらないで、これで充分《じゅうぶん》だと思《おも》っていたのです。

しかし、いよいよ仏《ほとけ》が入滅《にゅうめつ》される直前《ちょくぜん》に「法華経《ほけきょう》」を説《と》かれて、「仏《ほとけ》と衆生《しゅじょう》は親子《おやこ》であるぞ。一切衆生《いっさいしゅじょう》が仏《ほとけ》になれるのだぞ」という大宣言《だいせんげん》をされるにおよんで、はじめて「ああ、そうだったか」とおどろき、かつ思《おも》いもしなかった財宝《ざいほう》（仏《ほとけ》の悟《さと》り）が確実《かくじつ》に自分《じぶん》のものになるのだということがわかって、大歓喜《だいかんぎ》したわけです。

これが、この四人《にん》の大声聞《だいしょうもん》の長《なが》い修行《しゅぎょう》の過程《かてい》であり、また、それをじっと見守《みまも》って次第《しだい》に引《ひ》き上《あ》げてこられた仏《ほとけ》の慈悲《じひ》と方便力《ほうべんりき》の姿《すがた》です。ところが、わたしたちは幸《さいわ》いにも最初《さいしょ》から「法華経《ほけきょう》」に会《あ》うことができたのです。だから、このようなまわりみちをしないでも、ただちに仏《ほとけ》のふところへ飛《と》びこむことができるのです。しかし、そのためにはいろいろな心《こころ》がけが必要《ひつよう》です。その心《こころ》がけも、この「信解品《しんげほん》」

の中《なか》から、いろいろくみとることができます。

高《たか》い姿勢《しせい》と低《ひく》い姿勢《しせい》

まず「卑屈《ひくつ》な精神《せいしん》をなげうつ」ということです。「自分《じぶん》などとてもだめだ」と考《かんが》えることは、自分《じぶん》の仏性《ぶっしょう》を否定《ひてい》することです。したがって、仏《ほとけ》を否定《ひてい》することです。仏《ほとけ》に対《たい》する侮《ぶ》辱《じょく》です。

心《こころ》をのびのびともちましょう。「自分《じぶん》も仏《ほとけ》になれるのだ」、「自分《じぶん》はこの宇宙《うちゅう》と一体《いったい》なのだ」ということを、いつも自分《じぶん》にいいきかせましょう。口《くち》に出《だ》してとなえると、なおいいのです。ある一定《いってい》の時間《じかん》、それを一心《いっしん》にくりかえして、ほかのことを考《かんが》えないでいると、それがつまり三昧《さんまい》にはいったことです。だから、自信《じしん》が出《で》てきます。その自信《じしん》はだんだん成長《せいちょう》して大自信《だいじしん》になります。

こうして育《そだ》てられた自信《じしん》は、けっして増上慢《ぞうじょうまん》ではありません。増上慢《ぞうじょうまん》というのは、悟《さと》りもしないのに悟《さと》ったと「思《おも》う」ことです。人間《にんげん》の小《ちい》さな計《はか》らい心《ごころ》で「思《おも》う」ことです。

ところが、ほんとうに悟《さと》ったときは、悟《さと》ったということが自分《じぶん》ではなかなかわからないものです。自《じ》分《ぶん》でわかるようになるのは、ずっと上《うえ》の段階《だんかい》（いわゆる「解脱知見《げだつちけん》」に上《あ》がった人《ひと》のこと）で、たいていの場合《ばあい》、いつの間《ま》にか悟《さと》っているのが普通《ふつう》です。

なんとなく心《こころ》が明《あか》るくなってきた。のびのびしてきた。ひろびろとしてきた。目《め》の前《まえ》に起《お》こるちっぽけなことに怒《おこ》ったり、ビクビクしなくなってきた。なんでも自分《じぶん》の思《おも》うようになるような気持《きもち》になってきた。こうして自分《じぶん》では気《き》がつかなくても「なんとなくそんな気持《きもち》になってきた」ときは、第一段《だいだん》の悟《さと》りを得《え》ているわけです。

ですから、「自分《じぶん》は仏《ほとけ》になれるのだ」「自分《じぶん》はこの宇宙《うちゆう》と一体《いったい》なのだ」と心《こころ》に念《ねん》じて、なんとなくそんな気《き》になってくるのは、けっして増上慢《ぞうじようまん》ではないのです。

教《おし》えを聞《き》くときや、人《ひと》に教《おし》えを伝《つた》えるときは、できるだけ低《ひく》い姿勢《しせい》をとらなければなりません。心《こころ》の姿勢《しせい》も、形《かたち》に現《あら》われた姿勢《しせい》も、へりくだったものでなくてはなりません。しかし、自分《じぶん》の心《こころ》の中《なか》に真理《しんり》を思《おも》うときは、どんなに高《たか》い姿勢《しせい》をとってもいいのです。

「自分《じぶん》は仏《ほとけ》の子《こ》である。だから宇宙《うちゆう》の相続者《そうぞくしや》である。宇宙《うちゆう》そのものが自分《じぶん》である。だから、宇宙《うちゆう》は自分《じぶん》の思《おも》うとおりになるのである」こういう大《だい》それたようなことを心《こころ》に思《おも》っても、ちっともさしつかえないのです。いや、そうすることが仏《ほとけ》のふところへまっしぐらに溶《と》けこんでゆく近道《ちかみち》であり、そうして溶《と》けこんできてくれることが、仏《ほとけ》の本懐《ほんかい》なのです。

第二《だい》に、「法華経《ほけきよう》」に対《たい》する「信《しん》」と「解《げ》」の両方《りようほう》をしっかりと身《み》にたもつこと。これがなくては、確実《かくじつ》に仏《ほとけ》へ溶《と》けこんではいけません。ややもすれば、わき道《みち》へそれたり、先《さき》のない袋小路《ふくろこうじ》へ迷《まよ》いこんでしまったりします。

もし、そんなことになったら、また改《あらた》めて「法華経《ほけきよう》」を読《よ》み直《なお》してみることです。すると、必《かなら》ず出口《でぐち》がみつかります。なぜなら、「法華経《ほけきよう》」には、あらゆる状態《じようたい》の人間《にんげん》に応《おう》じた教《おし》えが揃《そろ》っていますから、読《よ》んでいるうちに、どこかでハッと目《め》が覚《さ》めるのです。そこが袋小路《ふくろこうじ》の出口《でぐち》なのです。

第三《だい》に、幸《さいわ》い「法華経《ほけきょう》」に出会《であ》って、それをよく「解《げ》」し、「信《しん》」じえた人《ひと》は、まっしぐらに仏《ほとけ》のふところに飛《と》びこんでいけるのですが、五濁《ごじょく》の悪世《あくせ》である現代《げんだい》においては、世《よ》の中《なか》は「窮子《ぐうじ》」に満《み》ち満《み》ちています。一人《ひとり》でもこれらの「窮子《ぐうじ》」を救《すく》わなければ、「法華経《ほけきょう》」の精神《せいしん》を身《み》に行《おこ》なったとはいえません。

その「窮子《ぐうじ》」を救《すく》い導《みちび》くには、やはりこの「信解品《しんげほん》」に示《しめ》された方便《ほうべん》の精神《せいしん》をよくかみわけるほかにはないのです。そして仏《ほとけ》の方便《ほうべん》の真似《まね》ごとをしなければならないのです。なんでも、真似《まね》ごとがホンモノにはいる近道《ちかみち》だということは、忘《わす》れてはなりません。

第四《だい》に、「信《しん》」「解《げ》」に至《いた》るためのたいへんいい方法《ほうほう》が、この品自体《ほんじたい》に示《しめ》されていることです。

四人《にん》の声聞《しょうもん》たちは、世尊《せそん》の「譬諭品《ひゆほん》」の説法《せっぽう》をうかがってそれがよくわかったのですが、ただわかったと心《こころ》で思《おも》うだけでなく、それをまた別《べつ》のたとえにして世尊《せそん》に申《もう》しあげています。

こうして、教《おし》えをただ受動的《じゅどうてき》に「受《う》け取《と》る」だけでなく、悟《さと》りえたことを能動的《のうどうてき》に「発表《はっぴょう》」してみることは、自《みずか》らの「解《げ》」を深《ふか》め、「信《しん》」を高《たか》める非常《ひじょう》にいい道《みち》なのです。

そればかりでなく、他人《たにん》の「解《げ》」を深《ふか》め、「信《しん》」を高《たか》める功徳《くどく》さえあるのです。自分《じぶん》の信仰《しんこう》の体験《たいけん》を人《ひと》に語《かた》ることの大切《たいせつ》なことが、この品《ほん》の言外《げんがい》に示《しめ》されていることを見逃《みのが》してはなりません。

薬《やく》草《そう》諭《ゆ》品《ほん》第《だい》五

前《まえ》の「信解品第四《しんげほんだいし》」で、四人《にん》の大声聞《だいしょうもん》たちが長者窮子《ちょうじゃぐうじ》のたとえ話《ばなし》によって、仏《ほとけ》の大慈悲《だいじひ》による方便力《ほうべんりき》をたたえ、仏《ほとけ》はそうした方便《ほうべん》によって、衆生《しゅじょう》の機根《きこん》や悟《さと》りの程度《ていど》に応《おう》じていろいろにお説《と》きになるけれども、その根本《こんぽん》はいつも一仏乗《いちぶつじょう》であり、その目的《もくてき》も一仏乗《いちぶつじょう》であることがよく解《わか》りましたと、自分《じぶん》たちの「信《しん》」と「解《げ》」を発表《はっぴょう》しますと、世尊《せそん》は、次《つぎ》のようにおっしゃいました。

一三四・一―三
「よろしい、ほんとうによろしい。迦葉《かしょう》よ、あなたはよく仏《ほとけ》の真実《しんじつ》を説《と》きました。あなたのいうとおりです。けれども、仏《ほとけ》にはもっともっと大《おお》きい、とても語《かた》りつくせないほどの功徳《くどく》があるのです。

一三四・三―五
迦葉よ、よく聞《き》きなさい。仏《ほとけ》は法《ほう》の王《おう》です。すなわち、あらゆるものごとの真実《しんじつ》のすがたを知《し》りつくしておられるのです。だから、仏《ほとけ》の説《と》かれるところは一《ひと》つとして真実《しんじつ》の道《みち》に通《つう》じないものはありません。一切《いっさい》のものごとについて、智《ち》によってその相違《そうい》を知《し》り分《わ》け、相手《あいて》により、場合《ばあい》によって、それに応《おう》じた説《と》きかたで教《おし》えられるのです。その教《おし》えは、すべてのものを仏《ほとけ》の悟《さと》りにまで導《みちび》かれるのです。

一三四・六―八
仏はすべてのものごとのゆきつくところをちゃんと見《み》きわめておられ、また一切衆生《いっさいしゅじょう》の心《こころ》の奥《おく》の動《うご》きをよく知《し》っておられます。仏《ほとけ》の目《め》はどんなものでも見《み》とおしなのです。また仏《ほとけ》は、世《よ》の中《なか》のあらゆるものごとの真相《しんそう》をはっきりと見《み》きわめておられます。そして、仏《ほとけ》が一切《いっさい》のものの相違《そうい》の面《めん》も知《し》り分《わ》けておられるし（智《ち》）、また一切《いっさい》のものの平等《びょうどう》な面《めん》も知《し》り分《わ》けておられること（慧《え》）を、衆生《しゅじょう》に対《たい》してお示《しめ》しになるのです。」

こう前《まえ》おきして、次《つぎ》の薬草《やくそう》のたとえをお説《と》きになります。

一三四・一〇―一三五・四
「迦葉よ、たとえていえば、この世界《せかい》じゅうの山《やま》や、川《かわ》や、谷間《たにま》や、土地《とち》にはえている小《ち》さな木《き》や、大《おお》きな木《き》や、やぶや、林《はやし》や、いろいろな薬草《やくそう》などは、種類《しゅるい》がさまざまで、名前《なまえ》も形《かたち》もそれぞれにちがっています。こうして、草木《くさき》が生《お》いしげっている上空《じょうくう》に、密雲《みつうん》がいっぱいひろがって世界《せかい》じゅうをおおい、そして、いっしょに、どこもおなじように雨《あめ》を降《ふ》らせたとしましょう。

すると、どの草《くさ》、どの木《き》、どのやぶや林《はやし》、どの薬草《やくそう》にも、平等《びょうどう》に雨《あめ》は降《ふ》りそそぎます。小《ち》さな根《ね》、茎《くき》、枝《えだ》、葉《は》も、中《ちゅう》ぐらいの根《ね》、茎《くき》、枝《えだ》、葉《は》も、大《おお》きな根《ね》、茎《くき》、枝《えだ》、葉《は》も、それぞれ平等《びょうどう》に雨《あめ》のうるおいを受《う》けて、生《い》き生《い》きとしてくるのです。

ところが、よく考《かんが》えてみると、降《ふ》るほうは平等《びょうどう》に降《ふ》りそそいでいても、受《う》けるほうは、草木《くさき》の大小《だいしょう》や種類《しゅるい》によって受《う》けとりかたがちがいます。量《りょう》もちがえば、質《しつ》もちがいます。しかし、結局《けっきょく》はそれぞれの草木《くさき》の性質《せいしつ》に応《おう》じて、それにふさわしい生長《せいちょう》をとげることができて、思《おも》い思《おも》いの美《うつく》しい花《はな》を開《ひら》き、思《おも》い思《おも》いの美《うつく》しい実《み》を結《むす》ぶのです。

ひとつの地《ち》からはえたものでも、ひとつの雲《くも》から降《ふ》った雨《あめ》の恵《めぐ》みを受《う》けたものでも、草木《くさき》にはこんな相違《そうい》があることを知《し》らなければなりません。」

念《ねん》のために、ここのところのたとえを説明《せつめい》しますと、根《ね》、茎《くき》、枝《えだ》、葉《は》というのは、「信《しん》」、「戒《かい》」、「定《じょう》」、「慧《え》」を示《しめ》しておられるのです。草木《くさき》にとっていちばん大切《たいせつ》なのは根《ね》です。これがなくては、茎《くき》も、枝葉《えだは》も出《で》ません。それが「信《しん》」です。「信《しん》」があってはじめて「戒《かい》」も守《まも》れます。「戒《かい》」を守《まも》るから「定《じょう》」の境地《きょうち》にはいってゆくこともでき、「慧《え》」を得《え》ることができるのです。

また逆《ぎゃく》に、いくら根《ね》が丈夫《じょうぶ》でも、枝葉《えだは》が落《お》ちたり、茎《くき》が切《き》られたりしたら、ついには根《ね》も死《し》んでしまうように「慧《え》」がなかったら「信《しん》」も腐《くさ》った「信《しん》」になってしまいます。つまり、信仰《しんこう》というものは「信《しん》」から起《お》こり、「戒《かい》」「定《じょう》」を通《とお》って「慧《え》」に達《たっ》するものだけれども、この四つのものは、いつもしっかりつながって共存《きょうぞん》していなければならないもので、どれひとつが欠《か》けても完全《かんぜん》ではない、すくすくと成長《せいちょう》してはいかないものだということを、ここからくみとらねばなりません。

もろもろの木《き》に、大小《だいしょう》、上中下《じょうちゅうげ》の相違《そうい》があるというのは、むろん人間《にんげん》にはさまざまな機根《きこん》の違《ちが》いのあることを示《しめ》してあるのです。

しかし、ここではっきりしなければならないことは、大《おお》きい木《き》がかならずしも小《ちい》さい木《き》より上等《じょうとう》だとはいえないし、小《ちい》さな草《くさ》がかならずしも大《おお》きい草《くさ》に劣《おと》るとはいえないということです。杉《すぎ》には杉《すぎ》の役目《やくめ》があり、黄楊《つげ》には黄楊《つげ》の役目《やくめ》があります。小《ちい》さなすみれも美《うつく》しければ、大《おお》きなすすきもまた風情《ふぜい》があります。

それと同《おな》じように、人間《にんげん》の表面《ひょうめん》に現《あら》われた頭脳《ずのう》や、才能《さいのう》や、性格《せいかく》や、体力《たいりょく》などにはいろいろな差《さ》があるようでも、それぞれの性分《しょうぶん》に応《おう》じ、才能《さいのう》に応《おう》じて、自分《じぶん》のもっている力《ちから》をせいいっぱいに発揮《はっき》すれば、すべてが美《うつく》しく、すべてが尊《とうと》いのです。これが、仏《ほとけ》のいわれる平等《びょうどう》なのです。

しかし、「法《ほう》を受《う》ける」ということになると、話《はなし》はちがいます。「自分《じぶん》はこれぐらいの機根《きこん》しかないから」と卑屈《ひくつ》になってはいけないことは、前《まえ》の「信解品《しんげほん》」でとっくり教《おし》えられているはずです。

そういう小《ち》さい計《はか》らい心《ごころ》は一切投《いっさいな》げすてて、ただ、一心《いっしん》に法《ほう》を聞《き》けばいいのです。そうすれば、かならずそれだけのお陰《かげ》のあることも、ここに述《の》べられているのです。

すなわち、いろいろな草木《くさき》がひとつの地面《じめん》からはえ、ひとつの雲《くも》から降《ふ》った雨《あめ》を受《う》けても、それぞれの分《ぶん》に応《おう》じた育《そだ》ちかたをするということは、仏《ほとけ》の教《おし》えはひとつであるけれども、それを聞《き》く人《ひと》の性分《しょうぶん》や頭脳《ずのう》や、育《そだ》った環境《かんきょう》などによって、受《う》けとりかたがちがうということです。

しかし、もし浅《あさ》くしか受《う》けとれなかったにしても、あるいは一部分《いちぶぶん》しか受《う》け取《と》れなかったにしても、それはけっしてムダではないのです。それだけでも、かならず法《ほう》の功徳《くどく》はあります。

ただ、そこで満足《まんぞく》しさえしなければいいのです。もっと深《ふか》くわかりたい、もっと上《うえ》へ行《い》きたいと、いつも念《ねん》じ願《ねが》う心《こころ》をもつのです。そうすれば、その浅《あさ》い「信解《しんげ》」が階段《かいだん》の一段《いちだん》になって、その上《うえ》の段《だん》の「信解《しんげ》」に上《あ》がれます。こうしてひとつひとつ階段《かいだん》をのぼっていけば、かならず最高《さいこう》の境地《きょうち》に至《いた》れるものなのです。このことは、この品《ほん》のあとのほうを読《よ》めば、よくわかるはずです。

ですから、「仏《ほとけ》の教《おし》えはひとつでも、人間《にんげん》によって『信解《しんげ》』の程度《ていど》にちがいがある」とここで述《の》べられているのを、この場《ば》だけで決定的《けっていてき》に受《う》け取《と》ってはいけないのです。

ある木《き》は雨《あめ》をたくさん受《う》ける。ある草《くさ》はすこししか受《う》けない。ある木《き》は一年《ねん》で生長《せいちょう》するが、ある木《き》は何年《なんねん》もかかる。ある木《き》は一年《ねん》で実《み》を結《むす》ぶが、ある木《き》は七、八年《ねん》もたたねば実《み》を結《むす》ばない。ところが、七、八年《ねん》もたたねば実《み》を結《むす》ばない木《き》が、一年《ねん》で実《み》を結《むす》ぶ木《き》をみて、「ああ、おれはダメだ、おれには実《み》が結《むす》べそうもない」などと考《かんが》えるのは、まことにおかしいことではありませんか。

あるいは「あの木《き》は一年《ねん》で実《み》を結《むす》んだ。おれは一年《ねん》でやっと枝葉《えだは》が出《で》たばかりだ。だが、受《う》けた雨《あめ》はおんなじ雨《あめ》なんだから、これでいいのだ。これがおれのせいいっぱいのところなんだ」と満足《まんぞく》してしまうのも、おかしいことではありませんか。

七、八年《ねん》かかる木《き》は、あせらず、あきらめず、他《た》をうらやまず、コツコツと学《まな》び、修行《しゅぎょう》していけばよいのです。そうしていくうちに、かならず花《はな》が咲《さ》き、実《み》を結《むす》ぶときがくるのです。一年《ねん》で結《むす》んだ実《み》もおいしい実《み》なら、八年《ねん》かかった実《み》もおいしい実《み》です。どちらもおなじ「仏《ほとけ》の悟《さと》り」なのです。

ここのところの教《おし》えは、こういうふうに受《う》け取《と》らねばならないのです。

さて、世尊《せそん》はそこで、あらためて「迦葉《かしょう》よ、まさに知《し》るべし」と力《ちから》をこめておっしゃって、ここにたとえられた「仏《ほとけ》の教《おし》えと衆生《しゅじょう》の悟《さと》りの関係《かんけい》」を、さらに詳《くわ》しくお説《と》きになります。その大意《たいい》を説明《せつめい》いたしますと——

一三五・五—七 仏がこの世《よ》に出現《しゅつげん》されたのは、ちょうど大雲《だいうん》が起《お》こるようなものでした。そして、仏《ほとけ》が、だれにでも受《う》け入《い》れられるような教《おし》えをもって、人間《にんげん》だけでなく生《せい》あるすべてのものを導《みちび》かれるのは、大雲《だいうん》が世界《せかい》じゅうを覆《おお》うさまに似《に》ていました。

仏《ほとけ》の十号《じゅうごう》　そこで仏《ほとけ》は、衆生《しゅじょう》にむかって、まず「わたしはこういうものだ」と十《とお》のことばで説明《せつめい》しておられます。これは仏《ほとけ》（如来《にょらい》）の十号《じゅうごう》といって、全部《ぜんぶ》仏《ほとけ》をさすのですが、それぞれに仏《ほとけ》の徳《とく》と力《ちから》を表《あら》わしていますので、簡単《かんたん》に説明《せつめい》しておきましょう。

如来《にょらい》とは「真如《しんにょ》から来《き》た人《ひと》」という意味《いみ》で仏《ほとけ》のことです。その仏《ほとけ》をたたえる応供《おうぐ》とは、「人間界《にんげんかい》や天《てん》上界《じょうかい》のものの供養《くよう》に応《おう》ずる価値《かち》のある人《ひと》」、正徧知《しょうへんち》とは、「智慧《ちえ》が正《ただ》しく、あまねくゆきわたっている人《ひと》」、明行足《みょうぎょうそく》とは「知識《ちしき》と実行《じっこう》が両方《りょうほう》とも完全《かんぜん》にそろっている人《ひと》」、善逝《ぜんぜい》とは「いろいろなものごとにとらわれない人《ひと》」、世間解《せけんげ》とは「どんな人《ひと》の境遇《きょうぐう》をも理解《りかい》することのできる人《ひと》」、無上士《むじょうじ》とは「最高《さいこう》の人《ひと》」、調御丈夫《じょうごじょうぶ》とは「人《ひと》の心《こころ》を支配《しはい》するのにあやまつことのない人《ひと》」、天人師《てんにんし》とは「天上界《てんじょうかい》のものも、人間界《にんげんかい》のものも、あらゆる生《せい》あるものを導《みちび》く人《ひと》」、仏《ぶつ》とは「悟《さと》った人《ひと》」、世尊《せそん》とは「世《よ》の中《なか》でもっとも尊《とうと》い人《ひと》」——この十《とお》の徳《とく》と力《ちから》を兼《か》ね具《そな》えた人《ひと》を仏《ほとけ》というわけです。

一三五・九—一〇 仏はこういう完全《かんぜん》な徳《とく》と力《ちから》を具《そな》えておられますから、まだ境遇《きょうぐう》の変化《へんか》に心《こころ》を動《うご》かさない境地《きょうち》にまで達《たつ》していない人《ひと》を、その境地《きょうち》にまで導《みちび》いてくださり、迷《まよ》いはどうして起《お》こるか、それをどうして取《と》り除《のぞ》くかという「理《り》」の解《わか》らないものにはそれを解《わか》らせてくださり、心《こころ》の迷《まよ》いはなくなってもほんとうにその境地《きょうち》に安《やす》んじていないものにはそこに落《お》ち着《つ》かせてくださり、まだほんとうの悟《さと》りを得《え》ないものには、それを悟《さと》らせてくださる――というのです。

一三五・一〇―一二 そして、仏は、目《め》の前《まえ》のことはもちろん、過去《かこ》のこともはっきりと見《み》きわめ、未来《みらい》のこともちゃんと見《み》とおしておられるのです。すなわち、仏《ほとけ》とは、すべてのものを徹底的《てっていてき》に知《し》った方《かた》、すべてのものごとのほんとうの姿《すがた》を見《み》きわめている方《かた》です。また、真実《しんじつ》の道《みち》を知《し》っている方《かた》（知道者《ちどうしゃ》）であり、その道《みち》を衆生《しゅじょう》に知《し》らせてそこへ導《みちび》いてくださる方《かた》（開道者《かいどうしゃ》）でもあり、またその道《みち》を説《と》いてくださる方《かた》（説道者《せつどうしゃ》）でもあります。

身口意《しんくい》の三業《さんごう》

この知道《ちどう》、開道《かいどう》、説道《せつどう》ということは、「法華経《ほけきょう》」の修行者《しゅぎょうしゃ》にとってはどれひとつ欠《か》くことのできないものとされている大切《たいせつ》なことです。「意《い》（こころ）」をもって道《みち》を「知《し》」り、「身《しん》」をもって道《みち》を「開《ひら》」き、「口《く》」をもって道《みち》を「説《と》」く、これを「身口意《しんくい》」の三業《さんごう》といって、仏《ほとけ》のおん足跡《あしあと》をふんでゆく法華経行者《ほけきょうぎょうじゃ》の、日々《にちにち》の行動《こうどう》の規範《きはん》となっているのです。

こういう完全《かんぜん》な徳《とく》と力《ちから》を具《そな》えられた仏《ほとけ》が、あらゆる生《せい》あるものにむかって、仏《ほとけ》の教《おし》えを聞《き》くためにみんな集《あつ》まるように――と呼《よ》びかけられましたので、数《かず》かぎりない衆生《しゅじょう》が、仏《ほとけ》のみもとに集《あつ》まってきました。

仏《ほとけ》は、その人《ひと》びとの性質《せいしつ》、能力《のうりょく》をすっかり見《み》とおしておられますから、このものは教《おし》えを聞《き》きわける能力《のうりょく》が鋭《するど》い、このものは鈍《にぶ》い、このものは教《おし》えの本筋《ほんすじ》に心《こころ》を集中《しゅうちゅう》して修行《しゅぎょう》する、このものは怠《おこた》ったりわき道《みち》へそれたりする――というようなことを、よく見分《みわ》けられました。

そしてそれぞれの力《ちから》の堪《た》えるところにしたがって、それぞれにふさわしい教《おし》えをお説《と》きになりましたので、その教《おし》えを聞《き》いたものは、みんなほんとうの心《こころ》の幸福《こうふく》を得《え》ることができました。

そればかりでなく、この法《ほう》をよく理解《りかい》し、信《しん》じ、実行《じっこう》したものは「現世安穏《げんぜあんのん》にして後《のち》に善処《ぜんしょ》に生《しょう》じ、道《どう》を以《もっ》て楽《らく》を受《う》け、亦法《またほう》を聞《き》く」ことができたのです。

現世安穏《げんぜあんのん》

ここのところは、非常《ひじょう》に大切《たいせつ》なことです。「現世安穏《げんぜあんのん》にして」というのは、「この世《よ》においても安《やす》らかな生活《せいかつ》ができる」ということです。これを、むかしは単純《たんじゅん》に「病気《びょうき》も治《なお》れば、生活《せいかつ》にもこまらなくなる」ぐらいに解釈《かいしゃく》していました。それは、真実《しんじつ》の法《ほう》はわからないけれども、ただそう信《しん》じていたのです。

ところが、あとになって、現世《げんぜ》で幸福《こうふく》になることを信仰家《しんこうか》の堕落《だらく》と考《かんが》えたのでしょうか、現代《げんだい》の科学《かがく》を浅《あさ》く解釈《かいしゃく》して、心《こころ》と身体《からだ》を別々《べつべつ》なものに考《かんが》えなければ常識家《じょうしきか》に冷笑《れいしょう》されるのを恐《おそ》れたのでしょうか、とにかく、「安穏《あんのん》」というのは心《こころ》だけの問題《もんだい》であって、「どんなに苦《くる》しい目《め》にあっていてもそれに左右《さゆう》されない心《こころ》」をいうのだという説《せつ》が一般《いっぱん》になりました。

けれども、それもまた誤《あやま》りです。心《こころ》が解《と》き放《はな》たれれば、たいていの病気《びょうき》が治《なお》ることは、現代《げんだい》の最《もっと》も新《あたら》しい医学《いがく》といわれる「心身医学《しんしんいがく》」でも説明《せつめい》されていますし、心《こころ》が自由自在《じゆうじざい》になれば、生活《せいかつ》のありかたも変《か》わってきますから、実際《じつさい》の生活《せいかつ》が楽《らく》になってくることにすこしも不思議《ふしぎ》はないのです。

ただ、徹頭徹尾《てつとうてつび》「現世利益《げんぜりやく》のため」に信仰《しんこう》するということには、いろいろな弊害《へいがい》がともないますし、またそのような信仰態度《しんこうたいど》では心《こころ》の自由《じゆう》を得《え》られるはずもありませんから、まず「心《こころ》」だけの問題《もんだい》と考《かんが》えるのは一応《いちおう》よいことです。

しかし、「心《こころ》」が「安穏《あんのん》」になったために、生活《せいかつ》も「安穏《あんのん》」になったのを、仏《ほとけ》の教《おし》えとなんの関係《かんけい》もないと考《かんが》えるのは、たいへん片意地《かたいじ》な考《かん》えかたであって、仏《ほとけ》の力《ちから》に対《たい》する冒瀆《ぼうとく》であると思《おも》います。もっとわれわれは、教《おし》えを素直《すなお》に受《う》け取《と》るべきだと思《おも》います。

「後《のち》に善処《ぜんしよ》に生《しよう》じ、道《どう》を以《もつ》て楽《らく》を受《う》け、亦法《またほう》を聞《き》く」というのもたいへんいいことばです。われわれが現在《げんざい》「法華経《ほけきよう》」に会《あ》えたのは、前世《ぜんせ》でこの法《ほう》を修行《しゆぎよう》したからです。したがって、現世《げんぜ》の寿命《じゆみよう》を終《お》わっても、境遇《きようぐう》に左右《さゆう》されない心《こころ》さえ得《え》ておれば、われわれは「善処《ぜんしよ》に生《しよう》じ」、すなわち次《つぎ》の世《よ》において安穏《あんのん》な生《い》きかたができ、そこでまた修行《しゆぎよう》を行《おこ》なうことによって仏法《ぶつぽう》のレールにのって生《い》きてゆけるから「楽《らく》」を受《う》けるのです。

仏《ほとけ》の教《おし》えが「死後《しご》の往生《おうじよう》」ばかりに曲《ま》げられていましたので、その反動《はんどう》として、「現世《げんぜ》における人間《にんげん》の心《こころ》の問題《もんだい》」だけに限《かぎ》られる傾向《けいこう》が強《つよ》くなってきました。しかし、これも誤《あやま》りであって、仏《ほとけ》の教《おし》えというものはそんな小《ち》さなものではありません。過去《かこ》も現在《げんざい》も未来《みらい》もひっくるめた、人間《にんげん》としての生《い》き方《かた》を説《と》き、その修行《しゆぎよう》のありかたを説《と》いたものだということを、忘《わす》れてはならないのです。

こういうふうに、法《ほう》を徹底《てってい》して聞《き》けば、心《こころ》のさわりやさまたげになるものが次第《しだい》に離《はな》れてゆきますから、いろいろな教《おし》えの中《なか》から自分《じぶん》の能力《のうりょく》で理解《りかい》できる教《おし》えをひとりでに選《えら》んで、それによって仏道《ぶつどう》に入《はい》ることができるのです。それは、ちょうど大雲《だいうん》が一切《いっさい》の草木《くさき》に雨《あめ》を降《ふ》らせれば、草木《くさき》のほうではその種《しゅ》類《るい》や性質《せいしつ》に応《おう》じて、充分《じゅうぶん》にうるおいを受《う》け取《と》り、それぞれの個性《こせい》を生《い》かしながら生長《せいちょう》するのとおんなじなのです。

次《つぎ》に「如来《にょらい》の説法《せっぽう》は一相一味《いっそういちみ》なり。所謂《いわゆる》、解脱相《げだつそう》・離相《りそう》・滅相《めっそう》なり。究竟《くきょう》して一切種智《いっさいしゅち》に至《いた》る」とあります。仏《ほとけ》の教《おし》えは根本《こんぽん》はおんなじだが、これを分析《ぶんせき》していえば、三つに分《わ》かれるというのです。

「解脱相《げだつそう》」というのは、心《こころ》がものごとの変化《へんか》に左右《さゆう》されなくなった状態《じょうたい》です。それは、ものごとを平等《びょうどう》に見《み》ることができるために、甲《こう》が消《き》えて乙《おつ》が現《あら》われても、心《こころ》が動《どう》じないのです。

ところが、自分《じぶん》は平等《びょうどう》にものを見《み》ることができるという観念《かんねん》にとらわれてしまうと、差別《さべつ》のある現象《げんしょう》界《かい》すなわち世間《せけん》を超越《ちょうえつ》した気持《きもち》になり、世間《せけん》の苦《くる》しみ悩《なや》んでいる人《ひと》たちに対《たい》する愛情《あいじょう》がなくなってしまいます。それではいけないのであって、こういった独善的《どくぜんてき》な気持《きもち》を離《はな》れて、苦《くる》しみ悩《なや》んでいる人《ひと》は救《すく》わねばならぬという心《こころ》を起《お》こすことを「離相《りそう》」というのです。

自他一体《じたいったい》　また「滅相《めっそう》」というのは、「自他《じた》の別《べつ》を滅《めっ》す」ということで、自分《じぶん》も他人《たにん》も、もっと進《すす》んで天地《てんち》万物《ばんぶつ》も一体《いったい》であると感《かん》ずることです。悩《なや》み苦《くる》しんでいる人《ひと》を「救《すく》わねばならぬ」と考《かんが》えるうちはまだ自他一体《じたいったい》ではない。自然《しぜん》に手《て》が出《で》て、自然《しぜん》に抱《だ》きとってやらずにはおれなくなる気持《きもち》、これが自他一体《じたいったい》の境地《きょうち》です。

汚《きたな》い話《はなし》をするようですが、つばが口《くち》の中《なか》にあるときは、ちっとも汚《きたな》いとは思《おも》わない。自分《じぶん》と一体《いったい》だからです。しかし、いったん外《そと》へ吐《は》き出《だ》すと、もう汚《きたな》いものに感《かん》じられてしまう。一体感《いったいかん》が失《うしな》われたからです。しかし、ほんとうに愛情《あいじょう》ある人《ひと》はこの一体感《いったいかん》が強《つよ》いもので、わたしはこんな人《ひと》のことを聞《き》き知《し》っています。肺病《はいびょう》の末期《まっき》で痰《たん》を吐《は》く力《ちから》さえなくなった奥《おく》さんを、ご主人《しゅじん》が口《くち》うつしにその痰《たん》をとってやったのです。光明皇后《こうみょうこうごう》が患者《かんじゃ》の膿汁《のうじゅう》を口《くち》で吸《す》いとってやられた話《はなし》なども、自他一体《じたいったい》の愛情《あいじょう》の極致《きょくち》を伝《つた》えるものでしょう。もちろん一足飛《いっそくと》びにそこまでは達《たっ》しられませんが、わたしたちの日常生活《にちじょうせいかつ》において、他《た》人《にん》の苦《くる》しみを見《み》ては自分《じぶん》の苦《くる》しみと感《かん》じてそれを救《すく》ってあげずにはおられない心《こころ》が自然《しぜん》に起《お》こり、他人《たにん》の喜《よろこ》びを見《み》ては自分《じぶん》の喜《よろこ》びとして共《とも》に喜《よろこ》ぶという境地《きょうち》にお互《たが》いが達《たっ》したら、世《よ》の中《なか》はどんなに住《す》みよく、明《あか》るく、平和《へいわ》になることでしょう。

このように、「解脱相《げだつそう》」、「離相《りそう》」、「滅相《めっそう》」と順次《じゅんじ》に高《たか》い境地《きょうち》へ導《みちび》いてくださるのが仏《ほとけ》の説法《せっぽう》であって、ついに「一切種智《いっさいしゅち》に至《いた》る」とあります。ものごとの平等相《びょうどうそう》（空《くう》）を見《み》る智慧《ちえ》と、ものごとの差別相《さべつそう》（有《う》）を見分《みわ》ける智慧《ちえ》、この両方《りょうほう》を卒業《そつぎょう》してその両方《りょうほう》を生《い》かす統合的《とうごうてき》な智慧《ちえ》を「一切種智《いっさいしゅち》」というのです。

こうして、衆生《しゅじょう》が仏《ほとけ》の教《おし》えを聞《き》いて受持《じゅじ》し、読誦《どくじゅ》し、そのとおり身《み》に行《おこ》なえば、かならず功徳《くどく》があるのですが、その功徳《くどく》は自分《じぶん》ではわからない。仏《ほとけ》のみが知《し》っておられるのだ。ちょうど、草木《くさき》が自分《じぶん》の性《せい》質《しっ》を知《し》っていないのとおんなじだ、とあります。

これも、非常《ひじょう》に味《あじ》わうべき教《おし》えであって、まず現世利益《げんぜりやく》のあることが、ここにも断言《だんげん》してあります。しかも、その現世利益《げんぜりやく》は、自分《じぶん》ではわからない、仏《ほとけ》のみが知《し》っているのだというのです。

それはどういうことかといえば、この教《おし》えを信《しん》じ、実行《じっこう》したために、何《なに》か変化《へんか》が起《お》こった。それは、娑婆《しゃば》の人間《にんげん》としての自分《じぶん》にとっては、気《き》に入《い》らぬ変化《へんか》かもしれない。しかし、大《おお》きな目《め》で見《み》れば、それがその人《ひと》が仏法《ぶっぽう》のレールの上《うえ》にのったことであって、そのときは気《き》に入《い》らぬ変化《へんか》のように見《み》えても、素《す》直《なお》にそれに従《したが》えば、かならずそのこと自体《じたい》が幸福《こうふく》になるのです。

あるがままの姿《すがた》を

イソップ物語《ものがたり》の烏《からす》は、自分《じぶん》の色《いろ》の黒《くろ》いのをいやがって白《しろ》くなろうとしたために、水《みず》におぼれました。はりねずみが、もし自分《じぶん》の身体《からだ》にいっぱい生《は》えている針《はり》が気《き》に入《い》らずに抜《ぬ》いてしまったら、たちまち山猫《やまねこ》などに食《た》べられてしまうでしょう。花《はな》は紅《くれない》、柳《やなぎ》は緑《みどり》、あるがままの姿《すがた》をあるがままに受《う》け入《い》れられるところに、真《しん》の解脱《げだつ》があるわけです。

すなわち、仏《ほとけ》の目《め》から見《み》れば、一相一味《いっそういちみ》だというのです。花《はな》は紅《くれない》、柳《やなぎ》は緑《みどり》というちがいはあっても、もともとはおんなじものである。太郎《たろう》と次郎《じろう》はちがった人間《にんげん》であっても、もともとはおんなじものである。いまの科学《かがく》の表現《ひょうげん》を借《か》りれば、赤《あか》い花《はな》だって電子《でんし》と陽子《ようし》と中性子《ちゅうせいし》などの素粒子《そりゅうし》からできている、柳《やなぎ》の緑《みどり》の葉《は》だって電子《でんし》と陽子《ようし》と中性子《ちゅうせいし》などの素粒子《そりゅうし》からできている、もともとはおんなじだというのです。それが「終《つい》に空《くう》に帰《き》す」というわけです。「空《くう》」というのは「平等《びょうどう》」ということですから、すべてものは平等《びようどう》だというわけです。

すべては平等《びようどう》だが、しかし現象《げんしよう》として現《あら》われるのに、あるいは赤《あか》い花《はな》となり、あるいは緑《みどり》の葉《は》となり、あるいは手先《てさき》の器用《きよう》な太郎《たろう》となり、あるいは頭《あたま》のよく切《き》れる次郎《じろう》となる、すなわちそれぞれの個性《こせい》を生《しよう》じているところが、これまた仏《ほとけ》の微妙《びみよう》なはからいなのですから、とにかくわれわれは、仏《ほとけ》の教《おし》えによってあるがままの自分《じぶん》というものをせいいっぱいに発現《はつげん》できれば、それがひいては他人《たにん》をも生《い》かすことになり、「自他一体《じたいつたい》」「四海帰妙《しかいきみよう》」の境地《きようち》に達《たつ》せられるわけです。


さて世尊《せそん》は、最後《さいご》に、すべての教《おし》えはついに「一切衆生《いつさいしゆじよう》を平等《びようどう》に仏《ほとけ》の境地《きようち》に入《はい》らせる」ことに帰着《きちやく》するのではあるが、仏《ほとけ》はいきなりそれを説《と》くことはされない、なぜなら衆生《しゆじよう》の心欲《しんよく》をよく見分《みわ》けていらっしゃるからだ——と説《と》かれ、しかし迦葉《かしよう》がこの点《てん》を会得《えとく》してくれたことは、めったにない大《たい》した理解力《りかいりよく》である、と結《むす》ばれます。

そして、偈《げ》によって重《かさ》ねて同《おな》じような意味《いみ》のことを説《と》かれましたが、そのいちばん最後《さいご》に、

「わたしの本心《ほんしん》を明《あ》かせば、あなたがた声聞《しようもん》の衆《しゆう》は、まだほんとうに悟《さと》りにはいったとはいえません。しかし、あなたがたの修行《しゆぎよう》は、そのまま菩薩《ぼさつ》の道《みち》につながっているのです。しっかり修行《しゆぎよう》を積《つ》んでいけば、みんなかならず成仏《じようぶつ》しますすよ。」

と、強《つよ》く、強《つよ》く、お励《はげ》ましになったのです。

授記品第六《じゅきほんだい》

授記《じゅき》

「授記《じゅき》」というのは、一一五頁《ページ》にも述《の》べましたように、「あなたはたしかに仏《ほとけ》になれる」という保証《ほしょう》（記莂《きべつ》）を、仏《ほとけ》さまから授《さず》けられることです。これには、微妙《びみょう》かつ重大《じゅうだい》な三つの意《い》味《み》が含《ふく》まれていますから、まずそれをよく理解《りかい》しなければなりません。

第《だい》一に、釈尊《しゃくそん》は、「あなたは仏《ほとけ》である」とおっしゃらないで、「仏《ほとけ》になれる」とおっしゃっておられることです。もとより仏《ほとけ》さまの目《め》から見《み》れば「一切衆生悉有仏性《いっさいしゅじょうしつうぶっしょう》」で、だれでも仏《ほとけ》になれることにまちがいないのですが、それをただ「あなたは仏《ほとけ》なんだよ」とおっしゃったのでは、大《おお》きな誤解《ごかい》を招《まね》きます。凡夫《ぼんぷ》は、ややもすればそれを安易《あんい》に受《う》け取《と》って、迷《まよ》いだらけの自分《じぶん》そのままが仏《ほとけ》なのかと思《おも》い上《あ》がったり、エスカレーターにでも乗《の》ったように、なんにもしないで仏《ほとけ》になれると考《かんが》えたりしがちだからです。

そこで、かならず「今後《こんご》こういう行《おこ》ないをつづければ……」という条件《じょうけん》がつけられるのです。記莂《きべつ》はよく入学許可書《にゅうがくきょかしょ》にたとえられますが、たしかにそうです。卒業証書《そつぎょうしょうしょ》ではなくて、入学許可書《にゅうがくきょかしょ》です。「仏《ほとけ》になるという最高《さいこう》の大学《だいがく》に、あなたは合格《ごうかく》しました。ここで、何年間《なんねんかん》こんな勉強《べんきょう》をすれば、かならず卒《そつ》業《ぎょう》して仏《ほとけ》になれます」という保証《ほしょう》です。だから、今後《こんご》はなおいっそう修行《しゅぎょう》し、努力《どりょく》しなければならないのです。

しかし、仏《ほとけ》になれるという大学《だいがく》に入学《にゅうがく》を許可《きょか》されたということは、なんという嬉《うれ》しい、ありがたいことでしょう。「譬諭品第《ひゆほんだい》三」で、舎利弗《しゃりほつ》が声聞《しょうもん》として第《だい》一番《ばん》にこれをいただいたとき、その説法会《せっぽうえ》につらなっていた大衆《たいしゅう》までが踊《おど》りださんばかりに喜《よろこ》んだのも無理《むり》はありません。

それは、そのまま後世《こうせい》のわれわれの心持《こころもち》なのです。あとの「五百弟子受記品第八《ごひゃくでしじゅきほんだい》」や「授学無学人記品第九《じゅがくむがくにんきほんだい》」へ読《よ》み進《すす》むと解《わか》ってまいりますが、われわれもその大学《だいがく》への入学《にゅうがく》が許可《きょか》されているのです。東大《とうだい》その他《た》の一流大学《いちりゅうだいがく》にはいれなかったからといって、けっして卑下《ひげ》することはありません。心《こころ》から「法華経《ほけきょう》」を信《しん》じ、「法華経《ほけきょう》」の精神《せいしん》を身《み》に行《おこ》なうものは、この宇宙《うちゅう》における最高《さいこう》の大学《だいがく》である「仏《ほとけ》になれる大学《だいがく》」に入学《にゅうがく》を許可《きょか》されているのです。これを思《おも》えば、なんという肩身《かたみ》の広《ひろ》さでしょう。なんという生《い》き甲斐《がい》のある人生《じんせい》でしょう。

かといって、けっしてその気持《きもち》を自己満足《じこまんぞく》に終《お》わらせてはなりません。自分《じぶん》だけの喜《よろこ》びにしてしまっては、意味《いみ》がありません。これが第《だい》二の大切《たいせつ》な点《てん》です。この品《ほん》の本文《ほんもん》を読《よ》んでゆくと、一四六・五 目連《もくれん》・須菩提《しゅぼだい》・迦旃延《かせんねん》が、「大雄猛世尊《だいおうみょうせそん》　常《つね》に世間《せけん》を安《やす》んぜんと欲《ほっ》す　願《ねが》わくは我等《われら》に記《き》を賜《たま》え……云々《うんぬん》」と申《もう》しあげています。その真意《しんい》はどこにあるかといいますと、「仏《ほとけ》さまはいつも世《よ》の中《なか》の人《ひと》びとを安《やす》らかにしてやろうとお考《かんが》えになっていらっしゃいます。わたくしどもも仏《ほとけ》になって世《よ》の中《なか》の人《ひと》を安《やす》らかにすることが望《のぞ》みでございます。どうぞ、おまえたちも仏《ほとけ》になれるぞと、お声《こえ》をかけていただきとうございます」というお願《ねが》いなのです。

自分《じぶん》だけが救《すく》われて仏《ほとけ》になりたい、自分《じぶん》だけが仏《ほとけ》になって安《やす》らかな心境《しんきょう》になりたいというのではありません。最終《さいしゅう》の目的《もくてき》は、世《よ》の中《なか》の人《ひと》びとを幸福《こうふく》にすることにあるのです。ここが非常《ひじょう》に大切《たいせつ》なところであって、多《おお》くの仏弟子《ぶつでし》たちが必死《ひっし》になって成仏《じょうぶつ》の保証《ほしょう》を願《ねが》っている真意《しんい》が「他人《たにん》を幸福《こうふく》にすることのできる自由自在《じゆうじざい》の力《ちから》を得《え》たい」という点《てん》にあることを理解《りかい》しなければ、なんとなく自分《じぶん》の悟《さと》りや安心《あんじん》のためにおねだりしているかのような誤《あやま》った感《かん》じを受《う》けるおそれがありますので、あらかじめ説明《せつめい》した次第《しだい》です。

第《だい》三の要点《ようてん》は——仏弟子《ぶつでし》たちは、釈尊《しゃくそん》のこれまでの説法《せっぽう》によって自分《じぶん》たちも仏《ほとけ》になれるということはよく解《わか》っているはずなのに、なぜ名指《なざ》しをして「おまえはたしかに仏《ほとけ》になれるぞ」といってもらいたいのか、それが不思議《ふしぎ》だと考《かんが》える人《ひと》もあると思《おも》います。

実《じつ》は、そこが学問《がくもん》と信仰《しんこう》のちがうところなのです。「仏教《ぶっきょう》は理性《りせい》で解《わか》ることのできる教《おし》えである」と前《まえ》に申《もう》しました。たしかにそうです。しかし、学問《がくもん》のほうは理性《りせい》で解《わか》ればそれでいいのに対《たい》して、宗《しゅう》教《きょう》というものは、解《わか》っただけではまだまだ意義《いぎ》が浅《あさ》いのです。解《わか》ったことが、心《こころ》の感激《かんげき》とならなければならないのです。感激《かんげき》となって、はじめてそこに「信《しん》」が生《う》まれるのです。「信《しん》」が生《う》まれると、それを人《ひと》のため、世《よ》のために及《およ》ぼさなければいられない気持《きもち》が、自然《しぜん》に起《お》こってまいります。

このように、「解《わか》った」ことが「人《ひと》のため世《よ》のためにつくす行動《こうどう》」にまで展開《てんかい》して、はじめて信仰《しんこう》といい、宗教《しゅうきょう》といえるのです。だから、ほんとうの信仰《しんこう》には「力《ちから》」があります。「力《ちから》」が必要《ひつよう》でもあるのです。では、その「力《ちから》」のもとである「感激《かんげき》」はどこから湧《わ》いてくるのでしょう。感激《かんげき》はりくつから湧《わ》くものではありません。魂《たましい》と魂《たましい》の触《ふ》れあいからこそ湧《わ》くのです。偉大《いだい》な人格《じんかく》に触《ふ》れ、その尊《とうと》い言葉《ことば》を魂《たましい》に聞《き》くことができたとき、われわれの胸《むね》は燃《も》えあがるのです。よし、命《いのち》を投《な》げ出《だ》しても、この道一《みちひと》筋《すじ》に生《い》きよう！　という烈々《れつれつ》たる決定《けつじょう》が生《しょう》じるのです。迹仏《しゃくぶつ》である釈尊《しゃくそん》の偉大《いだい》さはここにあります。宇《う》宙《ちゅう》の真理《しんり》も、われわれ人間《にんげん》の理想《りそう》の姿《すがた》として仰《あお》ぎ慕《した》ってやまない釈尊《しゃくそん》のお言葉《ことば》としてうかがったときに、たんなる「理解《りかい》」を超《こ》えた大《おお》きな力《ちから》となって、われわれを起《た》ちあがらせるのです。

仏弟子《ぶつでし》たちが、釈尊《しゃくそん》のお口《くち》から「おまえも仏《ほとけ》になれるぞ」という一言《ひとこと》を聞《き》きたいと熱望《ねつぼう》してやまないわけは、ここにあるのです。その一言《ひとこと》を聞《き》くことが、百千万人《ひゃくせんまんにん》の応援《おうえん》にもまさる励《はげ》ましなのです。――ただ一言《ひとこと》おっしゃってください、そうすれば命《いのち》でもなんでも投《な》げ出《だ》して、どこまでもみ教《おし》えのとおり進《すす》みます。あとを振《ふ》り向《む》きもしません。怠《おこた》りもしません。ですから、どうぞ、ただ一言《ひとこと》――とお釈迦《しゃか》さまに甘《あま》えているのです。

こうして、赤子《あかご》のように無心《むしん》に甘《あま》えられるところに、ほんとうの信仰《しんこう》があるのです。このことは、わたくしどもの信仰生活《しんこうせいかつ》のいい手本《てほん》だと思《おも》いますから、しっかりと胸《むね》に刻《きざ》んでおいていただきたいと思《おも》います。ただ本《ほん》を読《よ》んだり、話《はなし》を聞《き》いたりして、なんとなく仏《ほとけ》の教《おし》えが解《わか》ったというだけでは、まだまだ浅《あさ》いのです。それを教《おし》えてくださったお釈迦《しゃか》さまの大慈悲《だいじひ》の懐《ふところ》へまっしぐらに飛《と》び込《こ》んでいくような感《かん》動《どう》と申《もう》しますか、感激《かんげき》と申《もう》しますか、それがなければ、「解《わか》ったこと」が自分《じぶん》を救《すく》い、人《ひと》を救《すく》う「力《ちから》」

となってはこないのです。わたくしどもが本尊《ほんぞん》を礼拝《らいはい》したり、お題目《だいもく》を唱《とな》えたりするのは、けっして偶像《ぐうぞう》を拝《おが》むのでもなければ、呪文《じゅもん》を唱《とな》えるのでもありません。師《し》とも親《おや》とも仰《あお》ぎ慕《した》ってやまないお釈迦《しゃか》さまのみ心《こころ》へ、そして、それを通《とお》して久遠実成《くおんじつじょう》の本仏《ほんぶつ》の大《おお》きな救《すく》いの懐《ふところ》の中《なか》へ、じかに溶《と》け入《い》っていくためにほかならないのです。

以上《いじょう》の三つの点《てん》をじゅうぶんに心《こころ》において、「授記品《じゅきほん》」の本文《ほんもん》を読《よ》んでいくと、その教《おし》えがすみからすみまでよく解《わか》ることと思《おも》います。では、本文《ほんもん》にはいりましょう。

一四三・一—七
「薬草諭品《やくそうゆほん》」の偈《げ》を説《と》き終《お》わられた世尊《せそん》は、一同《いちどう》にむかっておっしゃいました。

「わたしの弟子《でし》のこの迦葉《かしょう》は（仏《ほとけ》の教《おし》えがはっきりと解《わか》り、ますます菩薩行《ぼさつぎょう》を積《つ》んで世《よ》の人《ひと》のためになろうという固《かた》い決定《けつじょう》をしているから）、これからさきたくさんの仏《ほとけ》にお仕《つか》えし、その教《おし》えを世《よ》にひろめることができるでしょう。そして、最後《さいご》に仏《ほとけ》となることができましょう。仏《ほとけ》としての名《な》は光明如来《こうみょうにょらい》・応供《おうぐ》・正徧知《しょうへんち》・明行足《みょうぎょうそく》・善逝《ぜんぜい》・世間解《せけんげ》・無上士《むじょうじ》・調御丈夫《じょうごじょうぶ》・天人師《てんにんし》・仏《ぶつ》・世尊《せそん》と呼《よ》ばれ、その国《くに》を光徳《こうとく》といい、その時代《じだい》を大荘厳《だいしょうごん》といいます。仏《ほとけ》の寿命《じゅみょう》は十二万年《まんねん》で、その滅後《めつご》も二十万年《まんねん》もの長《なが》いあいだその教《おし》えが正《ただ》しく伝《つた》わり、つぎに形《かたち》だけではあるが教《おし》えの残《のこ》る期間《きかん》が二十万年《まんねん》にも及《およ》ぶでしょう。」

さきに迦葉《かしょう》が「長者窮子《ちょうじゃぐうじ》の譬《たと》え」を引《ひ》いて仏《ほとけ》の教《おし》えに対《たい》する感激《かんげき》と感謝《かんしゃ》の心《こころ》を申《もう》しあげたことによって、世尊《せそん》は、迦葉《かしょう》がすっかり仏《ほとけ》の教《おし》えを悟《さと》り、その信仰《しんこう》が深《ふか》く、志《こころざし》も固《かた》いことを見透《みとお》されたわけです。

それは「薬草諭品第五《やくそうゆほんだい》」の最初《さいしょ》に、「善哉善哉《ぜんざいぜんざい》、迦葉《かしよう》、善《よ》く如来《にょらい》の真実《しんじつ》の功徳《くどく》を説《と》く、誠《まこと》に所言《しょごん》の如《ごと》し」とおほめになったことでもわかります。

仏《ほとけ》は、成仏《じようぶつ》の保証《ほしよう》を与《あた》えられるときは、仏《ほとけ》としての称号《しようごう》と、仏《ほとけ》として生《しよう》ずる国土《こくど》と、その時代《じだい》を指定《してい》されますが、迦葉《かしよう》には光明如来《こうみようにょらい》という名《な》を授《さず》けられました。その「如来《にょらい》」と「応供《おうぐ》」以下《いか》の九つを合《あ》わせた十《とお》の名前《なまえ》は「仏《ほとけ》の十号《じゆうごう》」といって、一五三頁《ページ》に詳《くわ》しく説明《せつめい》したとおり、完全《かんぜん》な徳《とく》と力《ちから》を具《そな》えていることを表《あら》わすもので、迦葉《かしよう》は修行次第《しゆぎようしだい》で釈尊《しやくそん》と同格《どうかく》の仏《ほとけ》になれることを説明《せつめい》されたのです。つまり、真《しん》理《り》をほんとうに悟《さと》れば、ご自分《じぶん》と同格《どうかく》の仏《ほとけ》となれることを明《あき》らかにされたわけで、どんなに釈尊《しやくそん》が真理《しんり》を尊《とうと》ばれたお方《かた》であるかが、このことでもよくうかがわれます。

つぎに釈尊《しやくそん》は、

一四三・七—一四四・三「その光徳という国《くに》は、国土《こくど》が非常《ひじよう》に美《うつく》しくて、いろいろな汚《けが》れや醜《みにく》いものがなく、人《ひと》の大小便《だいしようべん》も巧《たく》みに処理《しより》されます。道《みち》は平《たい》らで、凸凹《でこぼこ》や穴《あな》などがなく、地面《じめん》は瑠璃《るり》で舗装《ほそう》されていて、りっぱな並木《なみき》が立《た》ちならび、黄金《おうごん》の縄《なわ》で道《みち》の境界《きようかい》を縁《ふち》どり、いろいろの美《うつく》しい花《はな》が天《てん》から降《ふ》ってきて、どこもかしこも清《きよ》らかです。そして、その国《くに》には、仏《ほとけ》の教《おし》えを実行《じつこう》する菩薩《ぼさつ》が無数《むすう》におり、また仏《ほとけ》の教《おし》えを求《もと》める人《ひと》も無《む》数《すう》にいます。魔事《まじ》すなわち仏《ほとけ》の教《おし》えを妨《さまた》げるようなことも起《お》こらず、魔《ま》やその仲間《なかま》がいても、この国《くに》ではかえって仏《ほとけ》の教《おし》えを護《まも》る役目《やくめ》をするのです。」

これは、世《よ》の中《なか》の理想的《りそうてき》な姿《すがた》をお述《の》べになったのですが、その前半《ぜんぱん》を読《よ》んでいると、どうやらいまの文明国《ぶんめいこく》の美《うつく》しい都会《とかい》にそっくりなように思《おも》えてきます。ところが、後半《こうはん》にいたると、反対《はんたい》に、現在《げんざい》の世《せ》界《かい》がまるっきりその逆《ぎゃく》であることをつくづく思《おも》い知《し》らされるのです。物質面《ぶっしつめん》だけが理想《りそう》に近《ちか》く進歩《しんぽ》しているのに対《たい》して、精神面《せいしんめん》はあいかわらず遅々《ちち》として進《すす》んでいない。そして、そのことが現代社会《げんだいしゃかい》の最大《さいだい》欠陥《けっかん》であることを、鏡《かがみ》に映《うつ》すように見《み》せられます。

それを思《おも》うにつけても、お互《たが》いが手《て》を取《と》り合《あ》って「法華経《ほけきょう》」の精神《せいしん》を一人《ひとり》でも多《おお》くの人《ひと》にひろめ、仏《ほとけ》のお示《しめ》しになった理想国《りそうこく》を一年《ねん》でも早《はや》くこの世《よ》に実現《じつげん》しようという決定《けつじょう》を、いよいよ固《かた》くせざるをえないではありませんか。

魔《ま》および魔事《まじ》

なお、ここで見過《みす》ごしてならないのは[一四四・二―三]「魔事《まじ》あることなけん。魔及《まおよ》び魔民《まみん》ありと雖《いえど》も皆《みな》仏法《ぶっぽう》を護《まも》らん」という一句《いっく》です。魔《ま》というのは、正《ただ》しい道《みち》のじゃまをするものすべてをひっくるめてこう呼《よ》びます。

魔民《まみん》というのは、その家来《けらい》たちです。なかなか大《たい》した力《ちから》をもっていて、正《ただ》しい道《みち》を悟《さと》ろうとすれば、入《い》れかわり立《た》ちかわり現《あら》われて、誘惑《ゆうわく》したり、考《かんが》えを混乱《こんらん》させようとしたりしますし、正《ただ》しい道《みち》を行《おこ》なおうとすれば、徒党《ととう》を組《く》んで妨害《ぼうがい》や脅迫《きょうはく》をしにやってきます。

釈尊《しゃくそん》が成道《じょうどう》される前《まえ》、仏陀伽耶《ぶっだがや》で瞑想《めいそう》にふけっておられるところにやってきて、さまざまな妨害《ぼうがい》をこころみたのも、魔《ま》の一族郎党《いちぞくろうとう》だったのです。ところが、これが凡夫《ぼんぷ》だったらたちまちそれに負《ま》けてしまったことでしょうが、釈尊《しゃくそん》は、その誘惑《ゆうわく》や妨害《ぼうがい》や脅迫《きょうはく》にうち勝《か》たれたからこそ、その悟《さと》りは確固不動《かっこふどう》のものとなったので、結果的《けっかてき》に見《み》れば、釈尊《しゃくそん》の真《しん》の悟《さと》りを助《たす》ける力《ちから》となったともいえましょう。

この「魔《ま》」というものには、二通《ふたとお》りあります。第《だい》一は「身内《しんない》の魔《ま》」であって、われわれの正《ただ》しい心《こころ》をかき乱《みだ》そうとする本能《ほんのう》の衝動《しょうどう》や邪《よこしま》な思《おも》いです。第《だい》二は「身外《しんがい》の魔《ま》」で、外部《がいぶ》から加《くわ》わる誘惑《ゆうわく》や圧力《あつりょく》などです。

光徳《こうとく》という国《くに》のような理想国《りそうこく》においては、すべての人間《にんげん》がほんとうに仏《ほとけ》の教《おし》えを実行《じっこう》し、あるいは、心《こころ》から仏《ほとけ》の教《おし》えを求《もと》める人《ひと》たちばかりです。こういう人《ひと》たちにとっては、かりにときどき「身内《しんない》の魔《ま》」すなわち邪《よこしま》な思《おも》いや本能《ほんのう》の衝動《しょうどう》の誘惑《ゆうわく》があっても、それがかえって道《みち》を求《もと》める志《こころざし》を強《つよ》くするはたらきをするのです。そして、結果《けっか》としては仏法《ぶっぽう》を護《まも》るということになります。だから、魔《ま》や魔民《まみん》はあっても、魔事《まじ》はなくなるわけです。

また、第《だい》二の「身外《しんがい》の魔《ま》」とは、仏法《ぶっぽう》を身《み》に行《おこ》なう人《ひと》あるいはそれをひろめようとする人《ひと》に対《たい》して、誘惑《ゆうわく》・非難《ひなん》・妨害《ぼうがい》・脅迫《きょうはく》を加《くわ》えようとする人《ひと》たちの行動《こうどう》や言論《げんろん》の力《ちから》です。ところが、「悪《あく》に強《つよ》きは善《ぜん》にも強《つよ》い」という言葉《ことば》もあるように、光徳《こうとく》というような理想社会《りそうしゃかい》になりますと、こういう人《ひと》たちがガラリと変《か》わって、その強《つよ》い力《ちから》を仏法《ぶっぽう》を護《まも》ることに用《もち》いるようになるのです。まことに「一切衆生《いっさいしゅじょう》　悉《ことごと》く仏性《ぶっしょう》あり」で、鬼《おに》のように恐《おそ》ろしい人《ひと》たちでも、ひとたび仏性《ぶっしょう》が目覚《めざ》めれば、弱々《よわよわ》しい善人《ぜんにん》などにはできないような大《おお》きな働《はたら》きをするのです。これは、わたくしどもの周囲《しゅうい》にもたくさんの実例《じつれい》のあることです。

とにかく「魔《ま》」というものは、「身内《しんない》」「身外《しんがい》」どちらの「魔《ま》」でも、迷《まよ》いの中《なか》に生《い》きているときはマイナスの力《ちから》であるけれども、正《ただ》しい道《みち》を悟《さと》ればそれがたちまちプラスの大《おお》きな力《ちから》となることを教《おし》えられたものです。ですから、これを遠《とお》い世界《せかい》にある理想国《りそうこく》のことと考《かんが》えないで、わたくしどもの信仰生活《しんこうせいかつ》における心《こころ》の中《なか》の問題《もんだい》、またわたくしどもが住《す》んでいるこの実社会《じっしゃかい》の問題《もんだい》と考《かんが》えて、すこしでも多《おお》くの「魔《ま》」を教化《きょうけ》して「魔事《まじ》」をなくし、かえって「魔《ま》」をプラスの力《ちから》に変《か》えるように努《つと》めねばなりません。

どうしたらそれができるか。いうまでもなく、正《ただ》しい仏《ほとけ》の教《おし》えを求《もと》め、信《しん》じ、実行《じっこう》するという一筋道《ひとすじみち》しかないのです。むかしから「まじない」というものがありますが、あれは「魔事無《まじな》い」から起《お》こったもので、仏法《ぶっぽう》の力《ちから》をもって、正《ただ》しい道《みち》の障《さわ》りとなるようなものごとを払《はら》いのける修法《しゅほう》をいったのです。それがだんだんと形式的《けいしきてき》になり、また病気《びょうき》を治《なお》すというような狭《せま》い目的《もくてき》だけに用《もち》いられるようになって、いつしか迷信《めいしん》のようになってしまいました。しかし、ほんとうの「まじない」は、正《ただ》しい仏《ほとけ》の教《おし》えを正《ただ》しく信《しん》じ、実行《じっこう》していくことなのです。そうすると、必《かなら》ず「魔事《まじ》」はなくなるのです。われわれの心《こころ》や身体《からだ》にこびりついていた「魔事《まじ》」が、朝日《あさひ》の前《まえ》の靄《もや》のように消《き》え失《う》せて、自分《じぶん》の本質《ほんしつ》が輝《かがや》き出《だ》してくるのです。

一四四・三―一四五・五 さて、世尊は重ねてその意味《いみ》を偈《げ》にお説《と》きになり、迦葉《かしょう》への授記《じゅき》が終《お》わります。

一四五・六―一四六・六 そのとき大目犍連《れん》・須菩提《しゅぼだい》・摩訶迦旃延《まかかせんねん》らは、みんな感激《かんげき》のあまり身《み》を慄《ふる》わせながら一心《いっしん》に合掌《がっしょう》し、まじろぎもしないで仏《ほとけ》さまを仰《あお》ぎ見《み》ていましたが、やがて声《こえ》を同《おな》じうしてこう申《もう》しあげたのです。

「大《おお》きな勇気《ゆうき》をもってあらゆる悪《あく》をうち払《はら》いたもう世尊《せそん》、一切《いっさい》の人間《にんげん》を教《おし》え導《みちび》く力《ちから》をお具《そな》えになった仏《ほとけ》さま、どうぞわたくしどもをあわれとおぼしめして、お声《こえ》をおかけくださいませ。どうぞ、わたくしどもがこれからもますます修行《しゅぎょう》に精進《しょうじん》できますよう、励《はげ》ましのお言葉《ことば》をおかけくださいませ。もし、わたくしどもが心《こころ》の奥深《おくふか》く決定《けつじょう》しておりますことをお察《さっ》しくださいまして、おまえも仏《ほとけ》になれるぞと一言《ひとこと》おっしゃってくださいますれば、ちょうど身《み》に甘露《かんろ》がそそがれて身熱《しんねつ》がとれ、すがすがしい気持《きもち》になるのと同《おな》じように、ほんとうにありがたいことに存《ぞん》じます。

わたくしどもはいま、たとえて申《もう》せば、食《た》べもののない国《くに》から腹《はら》ペコペコでやってまいりまして、いきなり王様《おうさま》のたいへんなごちそうの膳《ぜん》に向《む》かったような気持《きもち》でございます。あんまりりっぱなごちそうですので、食《た》べていいのかわるいのか、オドオドするばかりで手《て》を出《だ》すことができません。もし王様《おうさま》が、食《た》べていいのだと一言《ひとこと》おっしゃれば、安心《あんしん》して食《た》べられます。それと同《おな》じように、わたくしどもは、自分《じぶん》だけが迷《まよ》いや悩《なや》みから離《はな》れればいいという考《かんが》えのまちがいであったことに気《き》がつき、この上《うえ》もない仏《ほとけ》の智慧《ちえ》が解《わか》ってきたのですが、どうしたらその無上《むじょう》の智慧《ちえ》を具《そな》えることができるのか、それをはっきりつかむことができません。

わたくしどももいつかは仏《ほとけ》になれるという仏《ほとけ》さまの教《おし》えをうかがいながらも、果《はた》して自分《じぶん》が仏《ほとけ》になれるのかしらと、なんとなくビクビクした気持《きもち》でおります。それはちょうど、大王《だいおう》のごちそうが目《め》の前《まえ》にありながら食《た》べられないのと同《おな》じ気持《きもち》でございます。もし仏《ほとけ》さまから『おまえも仏《ほとけ》になれるぞ』と、たった一言《ひとこと》おっしゃっていただけたら、わたくしどもの心《こころ》は安《やす》らかになることでしょう。仏《ほとけ》さまは、いつも世《よ》の中《なか》の人《ひと》びとを安《やす》らかにしてやろうとお考《かんが》えになっていらっしゃいます。どうぞ、わたくしどもにも成仏《じょうぶつ》の保証《ほしょう》をお授《さず》けくださいませ。そうしますれば、大王《だいおう》の許《ゆる》しを得《え》てごちそうを食《た》べるのと同《おな》じように、一心不乱《いっしんふらん》に菩薩《ぼさつ》の道《みち》を励《はげ》み、そして世《よ》のため人《ひと》のために尽《つく》すことができます。どうぞお願《ねが》いいたします。」

一四六・七―一四八・七 世尊は、もとより大弟子《だいでし》たちの志《こころざし》の固《かた》いことを見透《みとお》していらっしゃいますから、即座《そくざ》に須菩提《しゅぼだい》の願《ねが》いをおきき入《い》れになって、成仏《じょうぶつ》の保証《ほしょう》をお与《あた》えになり、仏《ほとけ》としての名《な》を名相如来《みょうそうにょらい》、その時代《じだい》を有宝《うほう》、国《くに》を、宝生《ほうしょう》と名《な》づけられました。

一四八・八―一五〇・四 つぎに、大（摩訶《か》）迦旃延《かせんねん》にも記莂《きべつ》を授《さず》けられ、仏《ほとけ》としての名《な》を閻浮那提金光如来《えんぶなだいこんこうにょらい》と名《な》づけられました。

一五〇・四―一五二・三 また、大目犍連に対《たい》しても授記《じゅき》せられ、名《な》を多摩羅跋栴檀香如来《たまらばっせんだんこうにょらい》、時代《じだい》を喜満《きまん》、国《くに》を意楽《いらく》と名《な》づけられました。

ここまで読《よ》んできたみなさんの大部分《だいぶぶん》は、これが遠《とお》い遠《とお》いむかしのインドの、しかもご在世《ざいせ》のお釈迦《しゃか》さまと、そのお弟子《でし》のうちでもすぐれた大弟子《だいでし》たちの間《あいだ》の出来事《できごと》ですから、自分《じぶん》とはたいへんかけはなれたことのように感《かん》じておられるでしょう。ところが、実《じつ》はそうではないのです。なぜならば、最後《さいご》の偈《げ》の終《お》わりの三行《ぎょう》を読《よ》んでみると、世尊《せそん》はこう宣言《せんげん》しておられるのです。

一五二・三―五
「わたしのおおぜいの弟子《でし》たちの中《なか》には、高《たか》い徳《とく》を具《そな》え、まわりの人《ひと》びとに対《たい》する大《おお》きな感化力《かんかりょく》をもった人《ひと》が五百人《ひゃくにん》ほどいますが、この人《ひと》たちにもきっと授記《じゅき》しましょう。みんな、だんだんと修行《しゅぎょう》を積《つ》んでいって仏《ほとけ》になれる人《ひと》ばかりです。これには、わたしとあなたがたと過去《かこ》の世《よ》からつづいた因縁《いんねん》があるからです。いま、その話《はなし》をしますから、しっかり聞《き》きなさい。」

と、おっしゃって、つぎの「化城諭《けじょうゆ》品第《ほんだい》七」の説法《せっぽう》に移《うつ》られるのですが、この宿世《しゅくせ》の因縁《いんねん》というのは、けっして釈尊《しゃくそん》と五百人《ひゃくにん》の弟子《でし》の間《あいだ》だけの因縁《いんねん》でなく、無限《むげん》の過去《かこ》から永遠《えいえん》の未来《みらい》までつづく、すべての仏《ほとけ》とその弟子《でし》たちの因縁《いんねん》にほかならないのです。

なぜならば、仏《ほとけ》の教《おし》えをほんとうに解《わか》った人《ひと》は、かならずそれを人《ひと》に伝《つた》え、人《ひと》を救《すく》わずにはおられなくなります。そして、その行《おこ》ないを長《なが》くつづけることによって、自分《じぶん》も仏《ほとけ》になれるのです。ところが、救《すく》われたその人《ひと》がこんどは他《ほか》の人《ひと》びとに仏《ほとけ》の教《おし》えを伝《つた》え、人《ひと》びとを救《すく》う行《おこ》ないをつづけていくことによって自分《じぶん》が仏《ほとけ》になるのです。こうして、無限《むげん》の過去《かこ》から現在《げんざい》までに無数《むすう》の仏《ほとけ》が生《う》まれ、それが無数《むすう》の仏《ほとけ》を生《う》み、その教化《きょうけ》のリレーは絶《た》えることなくつづいているのです。これが宿世《しゅくせ》の因縁《いんねん》なのです。

われわれも、幸《さいわ》いにして「法華経《ほけきょう》」に会《あ》うことができました。ということは、われわれにも修行次第《しゅぎょうしだい》で仏《ほとけ》になれるという保証《ほしょう》が与《あた》えられたことを意味《いみ》するのです。迹仏《しゃくぶつ》としての釈尊《しゃくそん》は二千数百年前《せんすうひゃくねんまえ》に入滅《にゅうめつ》されたのですが、久遠実成《くおんじつじょう》の本仏釈迦牟尼世尊《ほんぶつしゃかむにせそん》は永遠《えいえん》にわれわれと共《とも》にいてくださるのであります。そして、「法華経《ほけきょう》」を通《つう》じてわれわれにも成仏《じょうぶつ》の保証《ほしょう》を授《さず》けてくださるのです。「授記《じゅき》」ということは、このように受取《うけと》らなければならないのです。

くりかえしが大切《たいせつ》

なお、この解説《かいせつ》では、紙数《しすう》の都合上省《つごうじょうはぶ》かせていただきましたが、——それでこそ、なおさら念《ねん》のためにもうし添《そ》えておきたいのですが、——迦葉《かしょう》への授記《じゅき》のときに、光徳《こうとく》という理想国《りそうこく》土《ど》の美《うつく》しいありさまが述《の》べられ、そのあとの偈《げ》においてもそれがくりかえされています。また、すこしずつは違《ちが》いますが、須菩提《しゅぼだい》や目連《もくれん》や迦旃延《かせんねん》への授記《じゅき》のときにも、おなじようなことがくりかえされています。

お経《きょう》を読誦《どくじゅ》するとき、そういうところを、ここは前《まえ》とおなじようなことが書《か》いてあるな——などと考《かんが》えて、けっしておろそかに読《よ》んではなりません。「くりかえす」ということが、宗教生活《しゅうきょうせいかつ》の修行《しゅぎょう》においては非常《ひじょう》に大切《たいせつ》な意味《いみ》をもっているからです。

これは心理学《しんりがく》のうえでも証明《しょうめい》されていることで、たとえば、子《こ》どもたちに桃太郎《ももたろう》の話《はなし》をしてやるとき、「桃太郎《ももたろう》が鬼《おに》が島《しま》へ行《い》こうとテクテク歩《ある》いていると、一匹《いっぴき》のイヌが出《で》てきました。イヌは『桃太郎《ももたろう》さん、桃太郎《ももたろう》さん、おこしにつけたそれはなんですか』とききました。桃太郎《ももたろう》は、『これは日本一《にっぽんいち》のキビダンゴだよ』といいました。イヌは『わたしにも一《ひと》つくださいな』といいました。『いや、これは、これから鬼《おに》が島《しま》に鬼退治《おにたいじ》に行《い》く、そのおべんとうだから、あげられないんだ。おまえもいっしょについてくるならあげるよ』といいますと、イヌは『行《い》きますとも、行《い》きますとも。どこまでもあなたといっしょに行《い》きます』といって、キビダンゴをもらってパクパクとおいしそうに食《た》べました……」というふうに話《はなし》をし、こんどはサルが出《で》てきたら、また同《おな》じように、「そのサルも『桃太郎《ももたろう》さん、桃太郎《ももたろう》さん、おこしにつけたそれはなんですか』とききました。桃太郎《ももたろう》は『これは日本一《にっぽんいち》のキビダンゴだよ』といいました……」といったぐあいに、おんなじことをくりかえさないと、子《こ》どもたちはおもしろがりません。それを、はしょってしまって、「サルも、イヌと同《おな》じようにしてダンゴをもらい、キジも同《おな》じようにしてダンゴをもらい……」というぐあいに話《はなし》をしたら、味《あじ》も素《そ》っ気《け》もなくなって、いままで目《め》を輝《かがや》かせてきいていた子《こ》どもたちは、たちまちわき見《み》をしたり、寝《ね》ころがったりし始《はじ》めるものです。

くりかえすことは感銘《かんめい》を深《ふか》くすることです。それも、「心《こころ》をこめて」くりかえさなければなりません。ためしに、この「授記品《じゅきほん》」を心《こころ》をこめて読誦《どくじゅ》してごらんなさい。仏《ほとけ》の十号《じゅうごう》によって象徴《しょうちょう》される人間《にんげん》の理《り》想《そう》の姿《すがた》や、美《うつく》しい国土《こくど》の光景《こうけい》によって象徴《しょうちょう》される人間社会《にんげんしゃかい》の理想《りそう》の姿《すがた》が、なんどもくりかえされることによって、心《こころ》の奥《おく》に深《ふか》く深《ふか》く沁《し》みとおっていくのを感《かん》じられるでしょう。

商売上《しょうばいじょう》の書類《しょるい》とか役所《やくしょ》の報告書《ほうこくしょ》のようなものだったら、「右《みぎ》に同《おな》じ」「上《うえ》に同《おな》じ」ですむでしょう。いや、それでなくては、忙《いそが》しいいまの世《よ》の中《なか》には通用《つうよう》しません。しかし、いやしくも修行《しゅぎょう》ということになると、そういう骨惜《ほねお》しみは絶対《ぜったい》に許《ゆる》されないのです。音楽《おんがく》を習《なら》う人《ひと》でも、野球《やきゅう》の練習《れんしゅう》をする人《ひと》でも、おんなじことを何十回《なんかい》も、何百回《なんかい》も、心《こころ》をこめてくりかえさなければ上達《じょうたつ》しないのです。だから、お題目《だいもく》を唱《とな》えるにしても、りくつのうえでは、心《こころ》をこめさえすれば一回《かい》でもよさそうなものですが、やはり三回《かい》ないし十回《かい》はくりかえさないと、ほんとうに帰依《きえ》の心《こころ》が奥深《おくふか》く沁《し》みわたらないのです。ただし、くりかえしが大切《たいせつ》だからといって、何千回《なんぜんかい》、何万回《なんまんかい》とくりかえしますと、よほど超人的《ちょうじんてき》な人《ひと》でないかぎり、気持《きもち》がだれたり雑念《ざつねん》がはいりこんだりして、知《し》らず知《し》らずのうちに口先《くちさき》だけで唱《とな》えるようになってしまいます。それでは、かえって形式主義《けいしきしゅぎ》のわるいところ（すなわち、ただ唱《とな》えさえすればそれで救《すく》われるというような安易《あんい》な心持《こころも》ち）が出《で》てくるのです。

　あくまでも、修行《しゅぎょう》というものは、１「よいことを」、２「心《こころ》をこめて」、３「くりかえす」、この三要《よう》素《そ》が揃《そろ》わないとほんものではないことを、悟《さと》らなければなりません。

化《け》城諭《じょうゆ》品《ほん》第《だい》七

仏《ほとけ》が教《おし》えをお説《と》きになるときは、「法説《ほっせつ》」といって理論的《りろんてき》にお説《と》きになるときもあり、それがよく呑《の》みこめないとお考《かんが》えになったら「譬説《ひせつ》」といって譬《たと》え話《ばなし》によって解《わか》りやすくお話《はな》しになり、それでもまだ仏《ほとけ》の本意《ほんい》を会得《えとく》できないようだったら「因縁説《いんねんせつ》」といって過去《かこ》の事実《じじつ》を例《れい》にあげてお説《と》きになるのです。「法華経《ほけきょう》」は、この三つの説《と》きかたによって、どんな人《ひと》にも解《わか》るようにお教《おし》えになった、いたれりつくせりの説法《せっぽう》の記録《きろく》でありまして、このお経《きょう》の尊《とうと》さの一《ひと》つはこういうところにもあるのです。

この「化城諭品《けじょうゆほん》」は、もちろん「因縁説《いんねんせつ》」であって、遠《とお》い遠《とお》い過去《かこ》から現在《げんざい》にいたるまでの仏《ほとけ》と仏弟《ぶつで》子《し》の関係《かんけい》から説《と》きいだされているのです。

「授記品第六《じゅきほんだい》」の説法《せっぽう》の最後《さいご》に、世尊《せそん》は「これから、わたしとあなたがたの宿世《しゅくせ》の因縁《いんねん》を説《と》いてきかせましょう。しっかり聞《き》くのですよ」とおっしゃいました。

一五三・一―九 そう前置きして、世尊《せそん》は、新《あたら》しい説法《せっぽう》をお始《はじ》めになります。

「遠《とお》い遠《とお》い昔《むかし》、大通智勝如来《だいつうちしょうにょらい》という仏《ほとけ》さまがおいでになりました。その国《くに》を好成《こうじょう》といい、その時代《じだい》を大《だい》相《そう》といいました。その仏《ほとけ》さまが入滅《にゅうめつ》されてからいままでどれだけの年月《ねんげつ》が経《た》ったか、それはとうてい言《い》い表《あら》わすことのできないほどの長《なが》い長《なが》い年月《ねんげつ》です。たとえていいますと、この世界全体《せかいぜんたい》の土《つち》を砕《くだ》いて、ごく細《こま》かな墨《すみ》の粉《こな》のようにするとしましょう。それを持《も》って東《ひがし》へ向《む》かって行《い》き、千《せん》の国《くに》を通《とお》り過《す》ぎたらその粉《こな》の一《ひと》つを落《お》とします。それからまた出発《しゅっぱつ》して千《せん》の国《くに》を通《とお》り過《す》ぎたら、また粉《こな》の一《ひと》つを落《お》とします。こうして、千《せん》の国《くに》ごとに一《ひと》つずつ落《お》としていって、その粉《こな》が全部《ぜんぶ》なくなるまで行《い》ったら、いったいどれほどの国土《こくど》を通《とお》ったか、その数《かず》がわかりますか。数学《すうがく》の先生《せんせい》たちでも、その計算《けいさん》ができますか。」

こうお聞《き》きになりました。もちろん、この千《せん》の国土《こくど》というのは、いまの言葉《ことば》でいえば宇宙《うちゅう》のあらゆる天体《てんたい》のことであって、地球《ちきゅう》をすりつぶした粉《こな》の一《ひと》つを一《ひと》つの星《ほし》におき、それから千《せん》の星《ほし》を通《とお》り過《す》ぎたらもう一《ひと》つの粉《こな》をおく——というわけです。尋《たず》ねられた比丘《びく》たちは、いっせいにためいきをついて、それはとうていわかるものではございませんとお答《こた》えします。世尊《せそん》は、おうなずきになって、お話《はなし》をおつづけになります。

一五三・九—一五四・二
「それでは、その粉《こな》を落《お》とした国《くに》（星《ほし》）と落《お》とさなかった国《くに》（星《ほし》）とを残《のこ》らずいっしょにして、それを砕《くだ》いて粉《こな》にしたとしましょう。その粉《こな》の一《ひと》つを一劫《いっこう》（非常《ひじょう》に長《なが》い年月《ねんげつ》を表《あら》わす単位《たんい》で、十万年《まんねん》と考《かんが》えればいい）として、その宇宙全体《うちゅうぜんたい》をすりつぶした粉《こな》の数《かず》ほどの年月《ねんげつ》といえば、いったいどれぐらいだと思《おも》いますか。大通智勝如来《だいつうちしょうにょらい》が入滅《にゅうめつ》されてからいままでの年月《ねんげつ》は、その数《すう》よりももっと長《なが》い年月《ねんげつ》なのです。わたしは、如来《にょらい》の智力《ちりき》によって、そういう久遠《くおん》のむかしを、今日《こんにち》のように見《み》ることができるのです。」

この、土《つち》をすりつぶした粉《こな》を星《ほし》に一《ひと》つずつ置《お》く譬《たと》えは、弟子《でし》たちに永遠《えいえん》とか無限《むげん》とかいう考《かんが》えをまざまざと実感《じっかん》させるためにおっしゃったのです。

現在《げんざい》のわれわれにしても、有限《ゆうげん》のものを目安《めやす》にしないと、無限《むげん》とか永遠《えいえん》とかいうものが、なかなかピンときません。一点《いってん》の雲《くも》もない昼間《ひるま》の青空《あおぞら》を見上《みあ》げながら、この空《そら》は無限《むげん》だなと考《かんが》えてみても、無限《むげん》ということの見当《けんとう》がつかないのです。ところが、高《たか》い所《ところ》に雲《くも》が浮《う》かんでいると、それによって、青空《あおぞら》の果《は》てしなさがなんとなく感《かん》じられます。まして、夜《よる》の星空《ほしぞら》を見上《みあ》げて——あのたくさんの星《ほし》は、一秒間《びょうかん》に地球《ちきゅう》を七回《ななまわ》り半《はん》も走《はし》る光《ひかり》が一年《ねん》かかって達《たっ》する距離《きょり》を一光年《こうねん》という、その何百倍《なんびゃくばい》も何千倍《なんぜんばい》もむこうにあるのだ、何万光年《なんまんこうねん》というむこうにも、いや何億光年《なんおくこうねん》という遠《とお》いところにも星《ほし》があり、その先《さき》にもまだ何《なに》かがあるのだ——と考《かんが》えると無限《むげん》ということが実感《じっかん》をもってヒシヒシと胸《むね》に迫《せま》ってくるのを覚《おぼ》えます。

釈尊《しゃくそん》のお導《みちび》きの方法《ほうほう》もそれと同《おな》じでありまして、その合理的《ごうりてき》な、深《ふか》い智慧《ちえ》にもとづいた教《おし》えかたには、いくら感歎《かんたん》しても感歎《かんたん》しきれないものがあります。

今日《きょう》の意味《いみ》

また、「仏《ほとけ》はこういう限《かぎ》りない過去《かこ》のことを今日《こんにち》のことのように見《み》ることができる」ということは、せんじつめれば、人間《にんげん》の成仏《じょうぶつ》のための修行《しゅぎょう》が無限《むげん》であることを暗示《あんじ》しておられるのです。そして、すべての人間《にんげん》が、自分《じぶん》の成仏《じょうぶつ》のための修行《しゅぎょう》は限《かぎ》りない過去《かこ》から果《は》てしない未来《みらい》までつづくものであるということをしっかりとつかみ、「今日《きょう》」というものはポツンと離《はな》れて「今日《きょう》」だけがあるのではない、限《かぎ》りない過去《かこ》から果《は》てしない未来《みらい》へつづいている修行《しゅぎょう》の川《かわ》の一《ひと》つの瀬《せ》あるいは一《ひと》つの淵《ふち》が「今日《きょう》」なのであるということを悟《さと》れ——と暗《あん》に教《おし》えてくださっているのです。

したがって、もし今日《きょう》のわが身《み》わが心《こころ》を濁《にご》すようなことがあれば、限《かぎ》りなくつづく修行《しゅぎょう》の流《なが》れの下流《かりゅう》にどんな悪影響《あくえいきょう》があるか、また今日《きょう》のわが身《み》わが心《こころ》を清《きよ》らかに澄《す》ますことができれば、下流《かりゅう》の流《なが》れはどう変化《へんか》するかということを、よくよく考《かんが》えてみなければならないのです。世尊《せそん》が、「久遠《くおん》を観《み》ること猶《な》お今日《こんにち》の如《ごと》し」とおおせられて、つぎに遠《とお》い過去《かこ》の因縁《いんねん》をお説《と》きになるのも、こういう深《ふか》いお心《こころ》から発《はっ》していることを理解《りかい》したうえで、読《よ》み進《すす》んでいかなければなりません。

世尊《せそん》は、以上《いじょう》にお述《の》べになったことを重《かさ》ねて偈《げ》によってお説《と》きになり、さて言葉《ことば》を改《あらた》めて説《と》きつづけられます。

「一五五・一―四 この大通智《ち》勝仏《しょうぶつ》の寿命《じゅみょう》は五百《ひゃく》四十万億那《まんのくな》由他《ゆた》劫《こう》でありましたが、その仏《ほとけ》は、最初道場《さいしょどうじょう》におすわりになり、おそってくるさまざまな魔軍《まぐん》にうち勝《か》って、もうすこしで最高《さいこう》の悟《さと》りを得《え》ようというところまで達《たっ》しられたのに、その一歩《いっぽ》のところがなかなかむずかしかったのです。それで、そのまま十万年《まんねん》ぐらいじっとおすわりになって、修行《しゅぎょう》をおつづけになりました。しかし、それでもまだ悟《さと》りは現《あら》われませんでした。」

「一五五・四―一一 ところが、忉利天《とうりてん》という天上界《てんじょうかい》でもいちばん上《うえ》にいる天人《てんにん》たちが、前々《まえまえ》から大通智勝仏《だいつうちしょうぶつ》のために菩提《ぼだい》樹《じゅ》の下《もと》に師子《しし》の座《ざ》をつくっており、それは高《たか》さ一由旬《ゆじゅん》という高《たか》いものでしたが、天人《てんにん》たちは仏《ほとけ》さまに、どうぞこの座《ざ》においてお悟《さと》りを得《え》てくださいと申《もう》しあげましたので、はじめて仏《ほとけ》はその座《ざ》におつきになりました。天上界《てんじょうかい》の天人《てんにん》たちは、そのまわりに美《うつく》しい花《はな》を降《ふ》らし、それが高《たか》く降《ふ》りつもれば、香《かお》り高《たか》い風《かぜ》を吹《ふ》かせてしぼんだ花《はな》を吹《ふ》きはらい、また新《あたら》しい花《はな》を降《ふ》らします。こうして、十万年《まんねん》のあいだ仏《ほとけ》を供《く》養《よう》しつづけたのです。また、四天王《てんのう》（仏教《ぶっきょう》の四守護神《しゅごじん》で、持国天《じこくてん》・増長天《ぞうちょうてん》・広目天《こうもくてん》・毘沙門天《びしゃもんてん》）の部下《ぶか》の天人《てんにん》たちは、いつも天《てん》の鼓《つづみ》をうち、そのほかの天人《てんにん》たちは美《うつく》しい音楽《おんがく》を奏《そう》して、十万年《まんねん》ものあいだ、すなわち、仏《ほとけ》が入滅《にゅうめつ》されるまで供養《くよう》をつづけたのです。」

ここは、大通智勝仏《だいつうちしょうぶつ》が最高《さいこう》の悟《さと》りを得《え》られることを天上界《てんじょうかい》の人《ひと》たちが心《こころ》から期待《きたい》し、帰依《きえ》と讃歎《さんたん》の念《ねん》をささげたことを示《しめ》しているのです。花《はな》がしぼんでくると、それを吹《ふ》きはらってまた新《あたら》しい花《はな》を降《ふ》らせたということは、その期待《きたい》と帰依《きえ》と讃歎《さんたん》の念《ねん》がいつまでもつづいたということを表《あら》わしています。

一五五・一一—一五六・四「みなさん、大通智勝仏《ちしょうぶつ》はこういう長《なが》いあいだ、うまずたゆまず修行《しゅぎょう》されたのち、ようやく仏《ほとけ》の境界《きょうがい》に達《たっ》しられたのです。（このことは、非常《ひじょう》に大切《たいせつ》なことですから、しっかり心《こころ》に刻《きざ》んでおきましょう。）さて、その仏《ほとけ》が出家《しゅっけ》なさらない前《まえ》はある国《くに》の王子《おうじ》で、すでに十六人《にん》のお子《こ》さまがあり、その一人《ひとり》を智積《ちしゃく》といいました。お子《こ》さまたちは、いろいろ珍《めずら》しいおもちゃをもっていたりして幸福《こうふく》な暮《く》らしをしていたのですが、お父《とう》さまが仏《ほとけ》になられたということをきくと、自分《じぶん》たちも仏《ほとけ》さまのもとにいって修行《しゅぎょう》しようと、大好《だいす》きなおもちゃなども投《な》げ捨《す》てて、家《いえ》を出《で》ていったのです。お母《かあ》さんや叔母《おば》さんたちは、ふたたび帰《かえ》ってくることはないだろうと、泣《な》いてそれを見送《みおく》りました。」

一五六・四—七「そのみ子たちの祖父《そふ》、すなわち大通智勝仏《だいつうちしょうぶつ》の父《ちち》にあたる徳《とく》の高《たか》い王様《おうさま》も、大《おお》ぜいの大臣《だいじん》たちや人民《じんみん》たちをつれ、孫《まご》の王子《おうじ》たちといっしょに大通智勝仏《だいつうちしょうぶつ》のいらっしゃる所《ところ》へまいられました。そして、さまざ

まに仏《ほとけ》を供養《くよう》してから、頭《あたま》を仏《ほとけ》のみ足《あし》につけて拝《はい》し、仏《ほとけ》のまわりをグルグルまわるという最高《さいこう》の礼《れい》をさ
さげてから、仏《ほとけ》をじっと仰《あお》ぎ見《み》ながら、偈《げ》を説《と》いて讃歎《さんたん》しました。」

その偈《げ》の大意《たいい》を申《もう》しますと――

一五六・八―一五七・五 仏さまは（もとはわれわれといっしょに生活《せいかつ》された凡夫《ぼんぷ》でしたのに）、衆生《しゅじょう》を救《すく》うために限《かぎ》りない年月修行《としつきしゅぎょう》を重《かさ》ねられて、ここに仏《ほとけ》におなりになりました。まことに尊《とうと》いお姿《すがた》です。それを拝《はい》しておりますと、われわれ凡夫《ぼんぷ》も修行次第《しゅぎょうしだい》で仏《ほとけ》になれる見込《みこ》みがつきまして、こんなに嬉《うれ》しいことはございません。衆生《しゅじょう》はいつも悩《なや》み苦《くる》しんでおりますが、導《みちび》いてくださるお方《かた》がないために、どうしたらその悩《なや》みや苦《くる》しみから抜《ぬ》け出《だ》せるかがわからず、迷《まよ》いはだんだんひどくなるばかりです。そこへ、いま仏《ほとけ》さまがすべての迷《まよ》いを除《のぞ》いて安穏《あんのん》の境界《きょうがい》に達《たっ》せられました。そうして、人間《にんげん》も、天上界《てんじょうかい》の人《ひと》たちも、仏《ほとけ》の教《おし》えを受《う》けて悟《さと》りを得《え》られるという手本《てほん》を示《しめ》してくださいましたことは、何《なに》よりも嬉《うれ》しい大《おお》きな利益《りやく》でございます。わたくしどもは仏《ほとけ》さまに帰依《きえ》いたします。どうぞ、教《おし》え導《みちび》いてくださいませ――と申《もう》しあげたのです。

一五七・六―一五八・二 つぎに、十六人《にん》の王子《おうじ》も偈《げ》をもって仏《ほとけ》をほめたたえ、そして、どうぞ衆生《しゅじょう》のために教《おし》えを説《と》いてくださいと、再三《さいさん》お願《ねが》いいたします。

ここに「法輪《ほうりん》を転《てん》じたまえ」ということばがありますが、「法《ほう》」とはこの場合《ばあい》「真理《しんり》による教《おし》え（仏《ぶっ》法《ぽう》）」という意味《いみ》で、ひとたび教《おし》えが説《と》かれますと、それは次《つぎ》から次《つぎ》へと伝《つた》えられてゆき、ちょうど車《くるま》の輪《わ》がどこまでも転《ころ》がっていくように限《かぎ》りがないために、「真理《しんり》による教《おし》えを説《と》く」ということを仏教《ぶっきょう》

では「法輪《ほうりん》を転《てん》ずる」といいます。まことに、意味《いみ》の深《ふか》いことばです。

さて、世尊《せそん》は、いちだんと改《あらた》まった口調《くちょう》で、お説《と》きつづけになります。

一五八・三—七「大通智勝仏《ぶつ》が仏《ほとけ》の悟《さと》りを得《え》られたとき、十方《じっぽう》の五百万億《ひゃくまんのく》の諸仏《しょぶつ》の世界《せかい》が感動《かんどう》にうち震《ふる》い、十方《じっぽう》の世界《せかい》の中《なか》ほどにある日月《にちがつ》の光《ひかり》もとおらない薄暗《うすぐら》い場所《ばしょ》も、大通智勝仏《だいつうちしょうぶつ》が悟《さと》りを開《ひら》かれたためにすっかり明《あか》るくなったのです。そして、そこにいた多《おお》くの衆生《しゅじょう》が顔《かお》を見合《みあ》わせて、いままでは自分一人《じぶんひとり》だと思《おも》っていたのに、どうしてこんなに大《おお》ぜいの人間《にんげん》が急《きゅう》に出来《でき》たのだろう——と口々《くちぐち》に不思議《ふしぎ》がりました。」

孤独地獄《こどくじごく》からの解放《かいほう》

ここのところの意味《いみ》を説明《せつめい》しますと——仏《ほとけ》の教《おし》えのゆきわたらないところでは、人間《にんげん》はみんな「我《が》」を張《は》り合《あ》っているために、しんから打《う》ち解《と》けることがありません。親子《おやこ》でも、兄弟《きょうだい》でも、形《かたち》のうえではいっしょに暮《く》らしているようでも、心《こころ》の底《そこ》では孤独《こどく》なのです。最後《さいご》に頼《たよ》るものは自分《じぶん》ばかりという寂《さび》しい人生《じんせい》です。ところが、ひとたび仏《ほとけ》の教《おし》えがゆきわたると、みんなが心《こころ》からの友《とも》、仲《なか》のよい兄弟《きょうだい》になることができます。いままで孤独《こどく》な人間《にんげん》だったのが、たちまち、大《おお》ぜいの仲《なか》よしたちに囲《かこ》まれた幸福《こうふく》な人間《にんげん》に変《か》わってしまうのです。急《きゅう》にまわりに大《おお》ぜいの人間《にんげん》が見《み》えてきたというのは、こういう意味《いみ》なのです。

一五八・七—一五九・四「また、その国の天上界《てんじょうかい》のいろいろなご殿《てん》も、感動《かんどう》にうち震《ふる》い、日月《にちがつ》にもまさる大《おお》きな光《ひかり》が明《あか》るく照《て》りわたりました。また、東《ひがし》のほうのたくさんの国々《くにぐに》の中《なか》の梵天《ぼんでん》という天上界《てんじょうかい》の宮殿《きゅうでん》でも、ふだんより倍《ばい》も明《あか》るい光明《こうみょう》が輝《かがや》きわたりました。そこで、梵天《ぼんでん》の王《おう》たちは、このような光《ひかり》はいまだかつて見《み》たことはない、いったいどういうわけでこんなことが起《お》こったのだろうと、寄《よ》り集《あつ》まって相談《そうだん》しました。ところが、その中《なか》の救一切《くいっさい》という名《な》の王《おう》が偈《げ》を説《と》いて申《もう》すには、『いままでためしのないこんな光明《こうみょう》がどうして起《お》こったのか、みんなで研究《けんきゅう》してみようではないか。たいへんに徳《とく》の高《たか》い天《てん》の王《おう》が生《う》まれたのだろうか。それとも、仏《ほとけ》がこの世《よ》にお出《で》になったのだろうか。いずれにしても、この大光明《だいこうみょう》が十方《じっぽう》を照《て》らすのは、なぜなのだろうか』。」

一五九・五—一六〇・一

「そこで、梵天の王《おう》たちが、それぞれの宮殿《きゅうでん》にはいったままで、いっぱいに盛《も》った美《うつく》しい花《はな》をささげ、光明《こうみょう》のさしてくる西《にし》のほうへ飛《と》んでいって探《さが》し求《もと》めてみると、大通智勝仏《だいつうちしょうぶつ》が菩提樹《ぼだいじゅ》の下《した》におすわりになり、いろいろな世界《せかい》のあらゆる生《い》きものがうやうやしく仏《ほとけ》をとり囲《かこ》んでいるのが見《み》えてきました。そして、十六人《にん》の王子《おうじ》が、どうぞ教《おし》えをお説《と》きくださいと、仏《ほとけ》にお願《ねが》いしています。それをみた梵天《ぼんでん》の王《おう》たちは、さっそく頭《あたま》を地《ち》につけて仏《ほとけ》を礼拝《らいはい》し、そのまわりをグルグルまわりながら、天《てん》の花《はな》をおからだの上《うえ》に散《ち》らし、それが須弥山《しゅみせん》の高《たか》さに積《つ》るほど、大《おお》きな強《つよ》い帰依《きえ》の心《こころ》を表《あら》わしました。また、かたわらにそびえ立《た》っている菩提樹《ぼだいじゅ》にも供養《くよう》しました。花《はな》の供養《くよう》が終《お》わると、梵天《ぼんでん》の王《おう》たちはそれぞれの宮殿《きゅうでん》を仏《ほとけ》の前《まえ》にささげて、どうぞわたくしどもの心《こころ》をあわれとおぼしめして、お受《う》けになっていただきとうございますと、お願《ねが》いいたしました。」

供養《くよう》とは、仏《ほとけ》に帰依《きえ》し、感謝《かんしゃ》する心《こころ》を表《あら》わす行動《こうどう》なのですが、菩提樹《ぼだいじゅ》にまで供養《くよう》したというところに意味《いみ》の深《ふか》さがあります。菩提樹《ぼだいじゅ》は日陰《ひかげ》をつくって、インドの暑《あつ》い日《ひ》ざしから仏《ほとけ》をお護《まも》りしているのです。そして、それが自然《しぜん》の「道場《どうじょう》」を形《かたち》づくっているのです。それで、深《ふか》い帰依《きえ》の心《こころ》をもつものは、仏《ほとけ》だけでなく、仏《ほとけ》をお護《まも》りしているもの、あるいは仏《ほとけ》の道場《どうじょう》にも供養《くよう》をするわけです。

一六〇・一―八「そこで、梵天王《ぼんでんのう》たちは、仏前《ぶつぜん》において一心《いっしん》に偈《げ》を説《と》いて申《もう》しあげました。『仏《ほとけ》さまは、なかなか世《よ》にお出《で》になるものではなく、わたくしどもが仏《ほとけ》さまにお会《あ》いすることはたいへんむずかしいことです。仏《ほとけ》さまは、限《かぎ》りない功徳《くどく》を具《そな》えて、一切《いっさい》のものをお救《すく》いくださいます。天上界《てんじょうかい》・人間界《にんげんかい》のものの大師《だいし》として、世間《せけん》のものをあわれみ、教《おし》え導《みちび》いてくださいます。もろもろの衆生《しゅじょう》はその教《おし》えをきいて、大《おお》きな利益《りやく》を受《う》けるのでございます。わたくしどもはいろいろな天上《てんじょう》の国々《くにぐに》からまいったものでございますが、天上界《てんじょうかい》の静《しず》かで安《やす》らかな生活《せいかつ》を捨《す》ててここにまいりましたのは、仏《ほとけ》さまをご供養《くよう》もうしあげるためでございます。わたくしどもは前《まえ》の世《よ》から福《ふく》がありまして、りっぱな宮殿《きゅうでん》をもっておりますが、これをすべて世尊《せそん》にささげます。どうぞ、わたくしどもの心《こころ》をお察《さっ》しくださいまして、お受《う》けくださいませ』と申《もう》しあげました。」

創造《そうぞう》が人生《じんせい》の喜《よろこ》び

ここで大切《たいせつ》なことは、天上界《てんじょうかい》で安《やす》らかな生活《せいかつ》をしていた王《おう》たちが、わざわざそれを捨《す》てて人間界《にんげんかい》に下《お》り、仏《ほとけ》の教《おし》えをききたいと望《のぞ》んだことです。これは「法華経《ほけきょう》」の教《おし》えの中心《ちゅうしん》をなす重大《じゅうだい》なことがらですから、しっかり考《かんが》えていただきたいと思《おも》います。

およそ人間《にんげん》の生《い》き甲斐《がい》というものは、ただ安《やす》らかに、平穏無事《へいおんぶじ》な生活《せいかつ》を送《おく》るところにあるのではありません。創造《そうぞう》するところにあるのです。よいものを創《つく》りだすところにあるのです。すなわち、修行《しゅぎょう》して自分自身《じぶんじしん》をすこしでもよい人間《にんげん》にしようとすることは「善《ぜん》」の創造《そうぞう》ですし、人《ひと》のためになる行《おこ》ないをするのは、もっと程度《ていど》の高《たか》い「善《ぜん》」の創造《そうぞう》です。いろいろな芸術《げいじゅつ》は「美《び》」の創造《そうぞう》ですし、すべての正《ただ》しい職業《しょくぎょう》は、世《よ》の中《なか》のためになるいろいろな「エネルギー（力《ちから》）」の創造《そうぞう》です。

創造《そうぞう》には必《かなら》ず苦心《くしん》がいります。苦労《くろう》が必要《ひつよう》です。ところが、よいことのために苦心《くしん》・苦労《くろう》することにこそ、人間《にんげん》の生《い》き甲斐《がい》があるのです。すこしでも善《よ》い人間《にんげん》になろうと努力《どりょく》する、すこしでも人《ひと》のためになろうと努力《どりょく》する、その積極的《せっきょくてき》な努力《どりょく》の中《なか》にこそ、われわれは人生《じんせい》の深《ふか》い喜《よろこ》びを感《かん》じるのです。

もしわれわれが、苦労《くろう》もなければ創造《そうぞう》する喜《よろこ》びもない世界《せかい》に一週間《いっしゅうかん》も滞在《たいざい》していたとしたら、たちまち飽《あ》きがきてしまうでしょう。もし、それでも飽《あ》きのこないような人《ひと》がいたとしたら、それは怠《なま》けものそのものであります。すなわち、まだ迷《まよ》いの中《なか》にいるのであって、そういう人《ひと》がかりに天上界《てんじょうかい》に上《のぼ》ったとしても、何《なに》かの機会《きかい》があれば、たちまち修羅道《しゅらどう》へでも、地獄道《じごくどう》へでも墜落《ついらく》する可能性《かのうせい》があるのです。

ですから、天上界《てんじょうかい》にいる人《ひと》びとでも、自分《じぶん》の身《み》や心《こころ》は安穏《あんのん》の境地《きょうち》に達《たっ》しているにもかかわらず、苦《くる》しんでいる衆生《しゅじょう》が一人《ひとり》でもいるかぎり、それを救《すく》おうとして悩《なや》み、仏《ほとけ》の衆生済度《しゅじょうさいど》のお手伝《てつだ》いをするという積極的《せっきょくてき》な行《おこ》ないをしなければ、最上《さいじょう》の仏界《ぶっかい》へは上《あ》がれないのです。なぜならば、「人《ひと》のためにつくす」「人《ひと》を喜《よろこ》ばせる」「人《ひと》を苦《く》から救《すく》う」ために苦心《くしん》し、努力《どりょく》する――そういう慈悲《じひ》の行動《こうどう》、創造《そうぞう》の生活《せいかつ》の中《なか》にこそ、ほんとうの深《ふか》い喜《よろこ》びがあり、すなわち仏《ほとけ》の悟《さと》りに達《たっ》しられる道《みち》があるからです。

だから一九二頁《ページ》の十界《じっかい》の図《ず》にもありますように、仏界《ぶっかい》に入《はい》る道《みち》は人間界《にんげんかい》から出発《しゅっぱつ》しているのであって、日蓮聖人《にちれんしょうにん》が「極楽百年《ごくらくひゃくねん》の修行《しゅぎょう》は、穢土《えど》一日《にち》の功《こう》に及《およ》ばず」とおっしゃっておられるのも、そこのところです。そして、天上界《てんじょうかい》にいる人《ひと》も、常《つね》に人間界《にんげんかい》へ降《お》りて、「衆生《しゅじょう》を救《すく》う」というはたらきをしないかぎり、ほんとうに成仏《じょうぶつ》することはできないわけです。もろもろの梵天《ぼんでん》の王《おう》たちが、わざわざ安楽《あんらく》な天《てん》上界《じょうかい》から降《お》りてきて、自分《じぶん》の宮殿《きゅうでん》（安楽《あんらく》に暮《く》らせる境界《きょうがい》）を投《な》げ捨《す》てて、仏《ほとけ》の教《おし》えに帰依《きえ》したいと望《のぞ》んだのには、こういう深《ふか》いわけがあるのです。

それから、東南方《とうなんぽう》の梵天王《ぼんでんのう》・南方《なんぽう》の梵天王《ぼんでんのう》・西南方《せいなんぽう》と下方《げほう》の梵天王《ぼんでんのう》というぐあいに、十方《じっぽう》の梵天王《ぼんでんのう》がここに集《あつ》まってきて、仏《ほとけ》にむかっておなじお願《ねが》いを申《もう》しあげます。それで、お経《きょう》には同《おな》じような光景《こうけい》がなんどもくりかえされていますが、前《まえ》にも述《の》べましたように、読誦《どくじゅ》のさいには、同《おな》じようなくりかえしも、必《かなら》ず心《こころ》をこめて読誦《どくじゅ》しなければなりません。

結願《けちがん》の文《もん》

なお、経典《きょうてん》一六八頁《ページ》の偈《げ》の最後《さいご》に、「願《ねが》わくは此《こ》の功徳《くどく》を以《もつ》て　普《あまね》く一切《いっさい》に及《およ》ぼし　我等《われら》と衆生《しゅじょう》と　皆共《みなとも》に仏道《ぶつどう》を成《じょう》ぜん」という一句《いっく》があります。これは「法華経《ほけきょう》」の行者《ぎょうじゃ》だけでなく、ほとんどすべての仏教信者《ぶつきょうしんじゃ》が、お勤《つと》めの結《むす》びとして唱《とな》える文句《もんく》ですから、「結願《けちがん》の文《もん》」といわれていますが、仏教信者《ぶつきょうしんじゃ》の大《おお》きな「願《がん》」と「行《ぎょう》」の精神《せいしん》は、この短《みじ》かい文句《もんく》の中《なか》に尽《つ》きていると思《おも》います。

「この功徳《くどく》を以《もつ》て」というのは、「この供養《くよう》の功徳《くどく》を以《もつ》て」という意味《いみ》です。それはなにも、宮殿《きゅうでん》をさしあげますから、そのかわりに——などということではありません。仏《ほとけ》さまが物質《ぶつしつ》などを欲《ほ》しがるお方《かた》でないことは、いうまでもないことです。

お花《はな》をあげたり、お供物《くもつ》をそなえたりして供養《くよう》するのは、なんべんもいうように、帰依《きえ》と感謝《かんしゃ》の心《こころ》を表《あら》わすのです。しかし、いちばん大切《たいせつ》なのは行供養《ぎょうくよう》です。自我《じが》（小《ちい》さな我《わ》れ）を投《な》げ捨《す》てて、仏《ほとけ》の道《みち》を行《ぎょう》ずることです。われわれがご宝前《ほうぜん》でお経《きょう》を読誦《どくじゅ》するのも小《ちい》さな「我《わ》れ」を忘《わす》れ、小《ちい》さな「我《わ》れ」を投《な》げ捨《す》てて、ひたすらに仏《ほとけ》の道《みち》を行《ぎょう》ずる行《おこ》ないの一《ひと》つですから、非常《ひじょう》に大《おお》きな供養《くよう》なのです。

その供養《くよう》も、けっして自分《じぶん》の心《こころ》の安穏《あんのん》とか、自分《じぶん》の生活《せいかつ》の安楽《あんらく》ばかりを願《ねが》ってするのではありません。その功徳《くどく》が普《あまね》く一切衆生《いっさいしゅじょう》に及《およ》ぶようにというのが、しんそこの願《ねが》いなのです。そして、自分《じぶん》も衆生《しゅじょう》もみんないっしょに仏道《ぶつどう》を成《じょう》じようと、祈《いの》るのです。「願以此功徳《がんにしくどく》　普及於一切《ふぎゅうおいっさい》　我等与衆生《がとうよしゅじょう》　皆共成仏道《かいぐじょうぶつどう》」には、こういう意味《いみ》があるのですから、ただ機械的《きかいてき》に唱《とな》えるのでなく、仏教徒《ぶっきょうと》としての大《おお》きな願《ねが》いをこめて、心《こころ》から唱《とな》えなければなりません。

こうして、十六人《にん》の王子《おうじ》たちと、十方《じっぽう》の天《てん》から下《お》りてきた梵天王《ぼんでんのう》たちが、心《こころ》から教《おし》えを請《こ》いましたので、大通智勝如来《だいつうちしょうにょらい》はその願《ねが》いをおききいれになって、四諦《したい》の法門《ほうもん》を三とおりの説《と》きかたで、ねんごろにお教《おし》えになりました。

三とおりの説《と》きかたというのは、示転《じてん》（真理《しんり》を世間《せけん》の実際《じっさい》にあてはめて示《しめ》し説《と》かれる）、勧転《かんてん》（教《おし》えられたことをぜひ実行《じっこう》するように勧《すす》められる）、証転《しょうてん》（仏自身《ほとけじしん》が悟《さと》られたことや実行《じっこう》されたことを、事実《じじつ》をあげて証明《しょうめい》される）の三つで、四諦《したい》の法門《ほうもん》をこの三とおりにお説《と》きになったから、「十二行《ぎょう》の法輪《ほうりん》を転《てん》じたもう」とあるのです。四諦《したい》の法門《ほうもん》については、七二―七三頁《ページ》に説明《せつめい》しましたから、ここにははぶきます。

それから、大通智勝如来《だいつうちしょうにょらい》は、十二因縁《一六九・八ねん》の法《ほう》をお説《と》きになったとあります。これは、前《まえ》にも申《もう》しましたとおり、仏法《ぶっぽう》の根本《こんぽん》になる大切《たいせつ》な教《おし》えの一《ひと》つですから、ここで詳《くわ》しく説明《せつめい》することにします。

十二因縁《じゅうにいんねん》（外縁起《がいえんぎ》）

十二因縁《じゅうにいんねん》の法《ほう》（または十二縁起説《じゅうにえんぎせつ》）とは、この世界《せかい》のすべての現象《げんしょう》は、生《しょう》じたり、滅《めつ》したり、絶《た》えず変化《へんか》していくものであるが、それには一定《いってい》の法則《ほうそく》があり、すべての変化《へんか》は必《かなら》ずその法則《ほうそく》にもとづいているものであることを説《と》かれたものです（ものすべては変化《へんか》するけれども、この法則《ほうそく》だけは不変《ふへん》なのです）。その法則《ほうそく》を十二《じゅうに》に分《わ》けて説《と》かれたので、十二因縁《じゅうにいんねん》の法《ほう》というのですが、ここでは、世界《せかい》のすべての現象《げんしょう》というように間口《まぐち》をひろげないで、われわれ人間《にんげん》だけのことに解釈《かいしゃく》したほうが解《わか》りやすいと思《おも》います。

この十二因縁《じゅうにいんねん》の法《ほう》は、「長阿含経《じょうあごんきょう》」においても、阿難《あなん》にむかって詳《くわ》しくお説《と》きになっておられますが、その説法《せっぽう》でも明《あき》らかなとおり、人間《にんげん》の肉体《にくたい》の生成《せいせい》にも十二因縁《じゅうにいんねん》の法《ほう》（外縁起《がいえんぎ》）があり、心《こころ》の変化《へんか》にも十《じゅう》二《に》因縁《いんねん》の法《ほう》（内縁起《ないえんぎ》）があるという教《おし》えです。すなわち、われわれ凡夫《ぼんぷ》の肉体《にくたい》がどうして生《う》まれ、成長《せいちょう》し、老死《ろうし》にいたるかという因縁《いんねん》を、過去《かこ》・現在《げんざい》・未来《みらい》の三世《ぜ》にわたって説《と》かれ、それにことよせてわれわれの心《こころ》の変化《へんか》する因縁《いんねん》をお説《と》きになり、心《こころ》を清《きよ》め、迷《まよ》いを除《のぞ》く根本的《こんぽんてき》な方法《ほうほう》をお教《おし》えになったものです。

十二の段階《だんかい》とは、1「無明《むみょう》」、2「行《ぎょう》」、3「識《しき》」、4「名色《みょうしき》」、5「六入《ろくにゅう》（六処《ろくしょ》または六根《ろっこん》ともいう）」、6「触《そく》」、7「受《じゅ》」、8「愛《あい》」、9「取《しゅ》」、10「有《う》」、11「生《しょう》」、12「老死《ろうし》」ですが、まず肉体《にくたい》の生成《せいせい》と流転《るてん》のほうから説明《せつめい》しましょう。

「無明《むみょう》」というのは文字《もじ》どおり「明《あか》るくない」ということで、つまり「無智《むち》」ということです。われわれが過去世《かこせ》において輪廻《りんね》し繰《く》り返《かえ》してきたさまざまな業《ごう》、それが「無明《むみょう》（無智《むち》）」を根本原因《こんぽんげんいん》としてさらに「行《ぎょう》（行為《こうい》）」を繰《く》り返《かえ》します。

この無明《むみょう》によるところの業《ごう》が、父母《ふぼ》の夫婦生活《ふうふせいかつ》という行為《こうい》を縁《えん》として母《はは》の胎内《たいない》に宿《やど》り、はじめてここに「識《しき》」というものが生《う》まれます。「識《しき》」というのは「生物《せいぶつ》としての性質《せいしつ》」といったようなもので、まだ不完全《ふかんぜん》ながらも人間《にんげん》らしいものができてきたわけです。その不完全《ふかんぜん》なものがだんだん形《かたち》をととのえてくると「名色《みょうしき》」になります。「名《みょう》」というのは無形《むけい》のものという意味《いみ》で「心《こころ》」をさします。「色《しき》」というのは有形《ゆうけい》のものという意味《いみ》で「身体《からだ》」をさします。

「名色《みょうしき》」すなわち心身《しんしん》がもっと発達《はったつ》してくると、それは「六入《ろくにゅう》」すなわち眼《げん》・耳《に》・鼻《び》・舌《ぜっ》・身《しん》（触覚《しょっかく》）の五つの感覚《かんかく》と、その五官《ごかん》で感《かん》じたものの存在《そんざい》を知《し》り分《わ》ける意《い》（心《こころ》）のはたらきが出来《でき》かかってきます。それでも、ここまでは母《はは》の胎内《たいない》にあるので、まだしっかりした感覚《かんかく》ではなく、心身《しんしん》のはたらきが六つのちがったはたらきの分業《ぶんぎょう》に入《はい》ろうという段階《だんかい》だから「六入《ろくにゅう》」というのです。

その段階《だんかい》でこの世《よ》に出生《しゅっしょう》し、その後《ご》その「六入《ろくにゅう》」が完成《かんせい》して、はっきりした感覚《かんかく》が生《しょう》じます。ものの形《かたち》・色《いろ》・音《おと》・匂《にお》い・味《あじ》・さわった感《かん》じ、それらをはっきりと感《かん》じ分《わ》けるようになります。その段階《だんかい》を「触《そく》」といいます。

ところが、そうしてものをよく感《かん》じ分《わ》けるようになると、自然《しぜん》に、これは好《す》きだとかきらいだとかいう感情《かんじょう》が起《お》こってきます。これを「受《じゅ》」といいます。

それがだんだん発達《はったつ》してくると「愛《あい》」が生《しょう》じます。「愛《あい》」には別《べつ》の意味《いみ》もあるのですが、ここでは肉体《にく たい》のことに限《かぎ》るとして、異性《いせい》に対《たい》する愛情《あいじょう》です。そこで、その異性《いせい》を自分《じぶん》のものにしようという欲《よく》が起《お》こります。所有欲《しょゆうよく》です。それを「取《しゅ》」といいます。そして、その異性《いせい》を自分《じぶん》のものとします。それを「有《う》」といいます。そのころから人生《じんせい》のほんとうの苦《くる》しみというものが、はっきりした形《かたち》をとっていろいろとおそいかかってきます。それを「生《しょう》」といいます。そして、それは一生《いっしょう》の間《あいだ》つづいて、ついに「老死《ろうし》」にいたるわけです。

現代《げんだい》の医学者《いがくしゃ》が臨床研究《りんしょうけんきゅう》によって証明《しょうめい》するところによりますと、受胎作用《じゅたいさよう》が行《おこ》なわれてから完全《かんぜん》な赤《あか》んぼうとして出生《しゅっしょう》するまでの十月十日《とつきとおか》の間《あいだ》に、約《やく》二十億年前《おくねんまえ》アミーバのようなものだった生命体《せいめいたい》が今日《こんにち》の人間《にんげん》に進化《しんか》してきた過程《かてい》を、そっくり通《とお》るのだそうです。いいかえれば、現在《げんざい》のように進化《しんか》した人間《にんげん》でも、母親《ははおや》の胎内《たいない》に宿《やど》った当座《とうざ》は二十億年前《おくねんまえ》のアミーバと同《おな》じような状態《じょうたい》だというのです。その事実《じじつ》と、仏《ほとけ》の教《おし》えられた十二因縁《じゅうにいんねん》の法則《ほうそく》とを比《くら》べ合《あ》わせてみると、これまたそっくりのことが説《と》かれているのに、あらためて驚歎《きょうたん》せざるをえません。

輪廻《りんね》

それでは、死《し》んでからのわれわれはどうなるのでしょうか。仏教《ぶつきょう》の教《おし》えでは、われわれの生命《せいめい》は、死後《しご》も一定《いってい》の期間《きかん》は『中有《ちゅうう》の身《み》』としてこの世《よ》に残《のこ》っており、その期間《きかん》を過《す》ぎると前世《ぜんせ》に積《つ》んだ業《ごう》の果報《かほう》によって、それにふさわしいところに生《う》まれ変《か》わるものと説《と》かれています。すなわち、地獄界《じごくかい》・餓鬼界《がきかい》・畜生界《ちくしょうかい》・修羅界《しゅらかい》・人間界《にんげんかい》・天上界《てんじょうかい》・声聞界《しょうもんかい》・縁覚界《えんがくかい》・菩薩界《ぼさつかい》・仏界《ぶつかい》の十界《じっかい》です。仏教《ぶつきょう》では、世界《せかい》はこういう成《な》り立《た》ちになっていると観《かん》じているのです（一九二頁《ページ》の「十界《じっかい》」の図《ず》を参照《さんしょう》）。

それで、もしわれわれが迷《まよ》ったままで死《し》にますと、それまでに積《つ》んだ業《ごう》に応《おう》じてまた新《あら》たに迷《まよ》いや苦《く》の世界《せかい》（六道《ろくどう》）へ生《う》まれ変《か》わり、そこでまた、前述《ぜんじゅつ》のような十二の段階《だんかい》を通《とお》って、老死《ろうし》に至《いた》るのです。そして、未来永劫《みらいえいごう》にそれをくりかえさなければなりません。このことを輪廻《りんね》といいます。しかし、もしわれわれが仏《ほとけ》の教《おし》えを聞《き》き、菩薩道《ぼさつどう》を行《ぎょう》ずることによって、善業《ぜんごう》をたくさん積《つ》むことができれば、悪業《あくごう》というものがなくなりますから、われわれははじめて「善処《ぜんしょ》に生《しょう》ずる」ことができるわけです。「因縁《いんねん》を切《き》る」というのはこのことをいうのです。

業《ごう》

ここで、「業《ごう》」ということについても説明《せつめい》しておいたほうがいいと思《おも》います。「業《ごう》」というのは、簡単《かんたん》にいえば「行為《こうい》」ということです。われわれのなすすべての行《おこな》いが「業《ごう》」なのです。行為《こうい》があれば、必《かなら》ずその結果《けっか》というものがあります。わたしたちの、現在《げんざい》の瞬間《しゅんかん》におけるありかたというものは、すべて過去《かこ》において自分《じぶん》がやってきたこと（業《ごう》）の結果《けっか》です。たとえば、いまこの本《ほん》を読《よ》んでいるという現実《げんじつ》は、過去《かこ》のいろいろな行為《こうい》が積《つ》み重《かさ》なった因縁《いんねん》によってこの本《ほん》を手《て》に入《い》れた結果《けっか》であり、

十《じっ》界《かい》

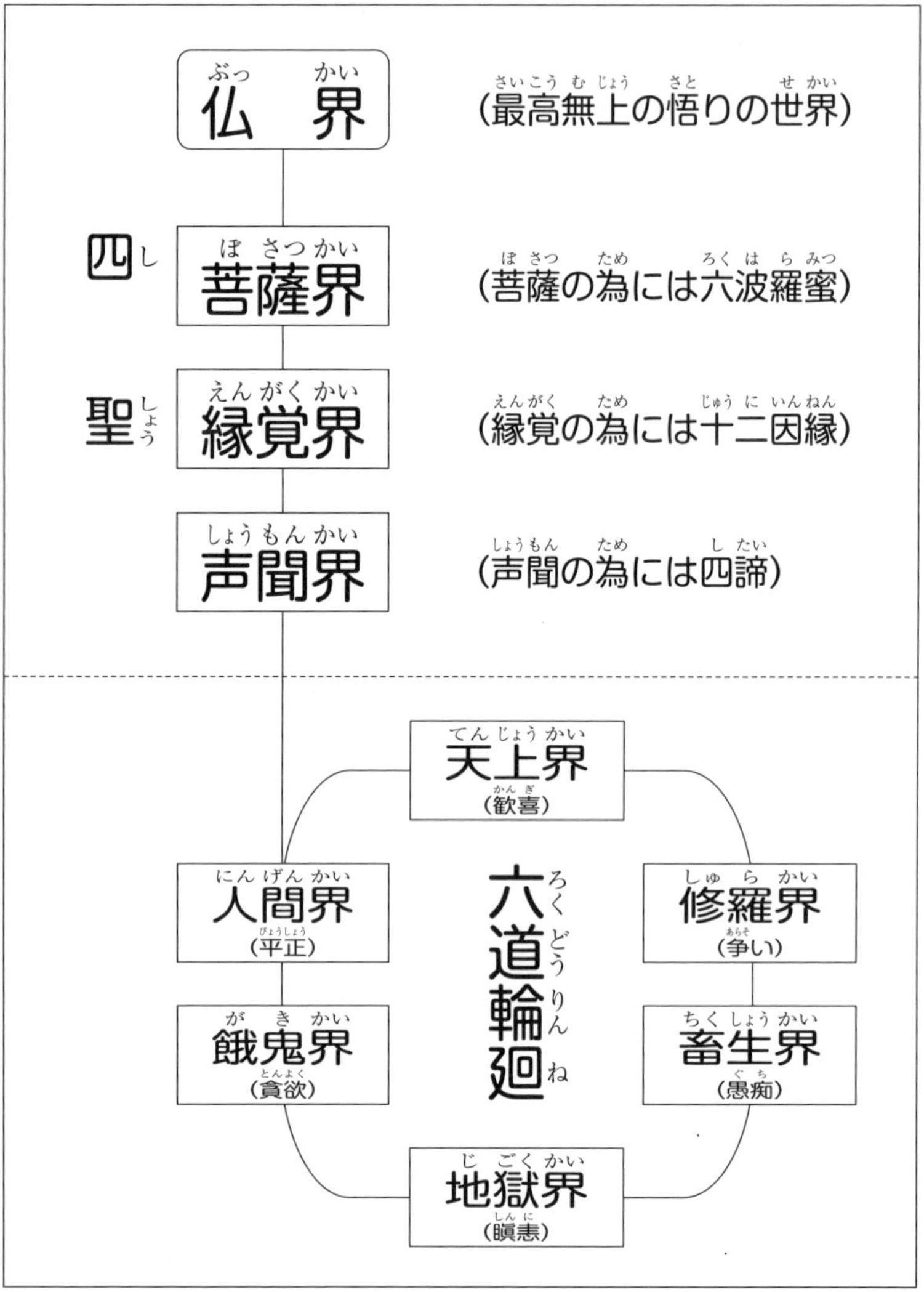

四《し》聖《しょう》
仏《ぶっ》界《かい》
(最高無上《さいこうむじょう》の悟《さと》りの世界《せかい》)
菩薩界《ぼさつかい》
(菩薩《ぼさつ》の為《ため》には六波羅蜜《ろくはらみつ》)
縁覚界《えんがくかい》
(縁覚《えんがく》の為《ため》には十二因縁《じゅうにいんねん》)
声聞界《しょうもんかい》
(声聞《しょうもん》の為《ため》には四諦《したい》)
六道輪廻《ろくどうりんね》
天上界《てんじょうかい》
(歓喜《かんぎ》)
修羅界《しゅらかい》
(争《あらそ》い)
畜生界《ちくしょうかい》
(愚痴《ぐち》)
地獄界《じごくかい》
(瞋恚《しんに》)
餓鬼界《がきかい》
(貪欲《とんよく》)
人間界《にんげんかい》
(平正《びょうしょう》)

また、人《ひと》によって事情《じじょう》はちがうでしょうが、とにかくこの本《ほん》を読《よ》む現在《げんざい》の時間《じかん》を生《う》みだした、いままでのいろいろな行為《こうい》の結果《けっか》なのです。こういう「行為《こうい》にともなう結果《けっか》が、あとに残《のこ》す現象《げんしょう》」を「報《ほう》」というのです。

ところで、「業《ごう》」というものはじつに複雑《ふくざつ》な、そして深刻《しんこく》なものであって、われわれのなす行《おこ》ないは、どんな些細《ささい》なことでも、われわれの身体《しんたい》や環境《かんきょう》や心《こころ》にその痕跡《こんせき》（あと）を残《のこ》すものなのです。心《こころ》に残《のこ》す痕跡《こんせき》といえば、いうまでもなく、記憶《きおく》・知識《ちしき》・習慣《しゅうかん》・知能《ちのう》・性格《せいかく》などです。これらは、長《なが》いあいだのわれわれの経験《けいけん》と行為《こうい》が積《つ》み重《かさ》なってできるものです。身体《しんたい》に残《のこ》す痕跡《こんせき》といったら、わかりやすい例《れい》をとれば、暴飲暴食《ぼういんぼうしょく》という行《おこ》ないが病気《びょうき》を起《お》こすのもそうだし、適度《てきど》の運動《うんどう》が身体《しんたい》を鍛《きた》えてりっぱなものにするのもそうです。これは目《め》に見《み》えることですから、だれでも理解《りかい》できることだと思《おも》います。

また心《こころ》の持《も》ちかたも、身体《しんたい》に痕跡《こんせき》を残《のこ》すものです。いちばんはっきりしているのは顔《かお》に残《のこ》る痕跡《こんせき》でしょう。いやしい心《こころ》の人《ひと》は、どんな美《うつく》しい顔立《かおだ》ちでもどこかにいやしい陰《かげ》があります。いつも怒《おこ》ってばかりいる人《ひと》は、顔《かお》つきが険《けわ》しくなります。心《こころ》の柔和《にゅうわ》な人《ひと》、知識《ちしき》の深《ふか》い人《ひと》、威徳《いとく》のある人《ひと》は、よしんば顔立《かおだ》ちはよくなくても、なんとなく福々《ふくぶく》しかったり、頭《あたま》がよさそうに見《み》えたり、威厳《いげん》が具《そな》わっていたりするものです。つまり、人《ひと》の心《こころ》というものは、年齢《ねんれい》を重《かさ》ねるにつれて自然《しぜん》と顔《かお》に出《で》てくるものなのです。リンカーンの「人間《にんげん》四十歳《さい》になれば、自分《じぶん》の顔《かお》に責任《せきにん》を持《も》たねばならない」という有名《ゆうめい》な言葉《ことば》は、このことをいったのです。

われわれの心《こころ》の動《うご》きや行《おこ》ないの痕跡《こんせき》は、一部《ぶ》は前《まえ》にいった記憶《きおく》・知識《ちしき》・習慣《しゅうかん》・知能《ちのう》・性格《せいかく》などという、どちらかといえば「心の表面《こころのひょうめん》」に残《のこ》り、一部《ぶ》は「心の奥底《こころのおくそこ》」の潜在意識《せんざいいしき》に残《のこ》ります。それに、われわれが気《き》がつかないうちに外界《がいかい》から受《う》けた影響《えいきょう》、およびまだ生《う》まれない前《まえ》（人類《じんるい》がはじまって以来《いらい》）の経《けい》験《けん》による影響《えいきょう》も残《のこ》らず潜在意識《せんざいいしき》の底《そこ》に沈《しず》んでいます。これらの一切《いっさい》をひっくるめたものを「業《ごう》」というのです。そこで、さきほどは「業《ごう》」というものを簡単《かんたん》に「われわれの行《おこ》ない」といいましたが、実《じつ》は、人類《じんるい》が発生《はっせい》してから、いやそれ以前《いぜん》からの「われわれの経験《けいけん》と行《おこ》ない」の全部《ぜんぶ》積《つ》み重《かさ》なったものが業《ごう》なのであり、それを宿業《しゅくごう》といいます。そして、その業《ごう》のなすはたらきを「業力《ごうりき》」というのです。

それも、現代《げんだい》の学問《がくもん》でいう潜在意識《せんざいいしき》のはたらきで、ちゃんと説明《せつめい》できます。たとえば、われわれがトカゲやアオダイショウのようなものを見《み》ると、それがすこしもわれわれに害《がい》を与《あた》えないにもかかわらず、なんとなく気味《きみ》悪《わる》く、恐《おそ》ろしく感《かん》ずるのは、何《なん》十万年《まんねん》か前《まえ》にそういう爬虫類《はちゅうるい》が地球上《ちきゅうじょう》でいちばん幅《はば》をきかせていた時代《じだい》に、人間《にんげん》がいじめられたり食《た》べられたりした記憶《きおく》が、潜在意識《せんざいいしき》となって残《のこ》っているからだといわれています。だから、理性《りせい》のうえでは、トカゲやアオダイショウは毒《どく》もなければ噛《か》みつきもしないということをはっきり知《し》っていても、なんとなく恐《おそ》ろしく感《かん》じるのです。

このように、何《なん》十万年《まんねん》も前《まえ》のことさえわれわれの心《こころ》の奥底《おくそこ》にはちゃんと残《のこ》っているのですから、まして何《なん》十代前《だいまえ》とか何代前《なんだいまえ》というような近《ちか》い先祖《せんぞ》のなした行《おこ》ないや心《こころ》の持《も》ちかたの影響《えいきょう》は、なおさら強《つよ》く残《のこ》っているのです。

もちろん、仏教《ぶっきょう》でいう「宿業《しゅくごう》」は、そのうえにもっともっと深遠《しんえん》なものを含《ふく》んでいます。すなわち、自分自身《じぶんじしん》が無限《むげん》の過去《かこ》から生《い》きかわり死《し》にかわりしながらつくってきた「業《ごう》」も、それに加《くわ》わるわけです。

では、この「業《ごう》」という思想《しそう》は、何《なに》を教《おし》えているのでしょうか。ときどき世間《せけん》にあることですが、自《じ》分《ぶん》はなにも生《う》んでもらいたいと頼《たの》んだわけじゃない——とか、おれの頭脳《ずのう》も、性質《せいしつ》も、体格《たいかく》も、みんなお父《とう》さんやお母《かあ》さんから受《う》けついだのだから、おれの責任《せきにん》じゃない——というような考《かんが》えを持《も》つ人《ひと》があります。

これは、一部《いちぶ》はりくつがあるようですけれども、いたらぬ考《かんが》えです。一部《いちぶ》は父母《ふぼ》や先祖《せんぞ》の責任《せきにん》にはちがいないのですが、大半《たいはん》は自分《じぶん》の責任《せきにん》なのです。なぜならば、現在《げんざい》の自分《じぶん》は、一部《いちぶ》は先祖《せんぞ》や父母《ふぼ》の業《ごう》の結果《けつか》にちがいないのですけれども、大半《たいはん》は自分自身《じぶんじしん》が前世《ぜんせ》につくった業《ごう》の結果《けつか》なのです。しかも、だいたい少年少女時代《しょうねんしょうじょじだい》からあとの自分《じぶん》は、現世《げんぜ》で自分《じぶん》がつくった「現業《げんごう》」の結果《けつか》なのですから、父母《ふぼ》の責《せき》任《にん》というものはほとんどなくなってしまうのです。

したがって、すべて「自分《じぶん》で蒔《ま》いた種《たね》を自分《じぶん》で刈《か》り取《と》るのだ」というのが「業《ごう》」の思想《しそう》なのです。他《た》人《にん》のおかげでこうなったのだと考《かんが》えると、ついぐちが出《で》たり、しゃくにさわったりするでしょうが、何《なに》もかも自分《じぶん》の過去《かこ》の行《おこ》ないの結果《けつか》なのだと考《かんが》えると、たいへんスッキリします。

スッキリするばかりではなく、今後《こんご》に対《たい》する希望《きぼう》が湧《わ》いてくるのです。よい業《ごう》を積《つ》めば積《つ》むほど自分《じぶん》はよくなってくるのだ。よい「報《ほう》」を受《う》けるのだ。よし、これから大《おお》いに善業《ぜんごう》を積《つ》もう――という勇気《ゆうき》が湧《わ》いてくるのです。しかも、この世《よ》における人生《じんせい》の問題《もんだい》だけではありません。この世《よ》のつとめを終《お》えてからの自分《じぶん》の来世《らいせ》についても、非常《ひじょう》に明《あか》るい希望《きぼう》を持《も》つことができるのです。

「死《し》」というものは、仏《ほとけ》の教《おし》えを知《し》らない人《ひと》にとっては、これほど恐《おそ》ろしいものはありません。十人《にん》が十人《にん》、死《し》はこわいのです。しかし、ほんとうに「業報《ごうほう》」というものの本質《ほんしつ》を悟《さと》れば、いつ死《し》がやってきても平気《へいき》になるのです。なぜならば、つぎの生《せい》に対《たい》する希望《きぼう》を持《も》つことができるからです。

また、自分自身《じぶんじしん》のことだけにとどまらず、自分《じぶん》の業《ごう》というものが多少《たしょう》なりと子孫《しそん》にも影響《えいきょう》することを思《おも》えば、自然《しぜん》それに責任《せきにん》を感《かん》じるようになります。そして、まず親《おや》がいい生活態度《せいかつたいど》をとることによって子《こ》どもにいい影響《えいきょう》（報《ほう》）を与《あた》えようという心《こころ》がけや、また常《つね》にいいことばをかけてやり、正《ただ》しいしつけと慈愛《じあい》の養育《よういく》をしてやらなければならぬという念願《ねんがん》が、強《つよ》く湧《わ》いてくるのです。

いままで「業報《ごうほう》」といえば、なにか暗《くら》い感《かん》じにしか受《う》け取《と》られていませんでしたが、それは教《おし》えかたや受《う》け取《と》りかたのまちがいであって、「業報《ごうほう》」というものは、こういうふうに、積極的《せっきょくてき》に、明《あか》るく考《かんが》えなければならないのです。

十二因縁《じゅうにいんねん》（内縁起《ないえんぎ》）

ではつぎに、心《こころ》の成長《せいちょう》に関《かん》する十二因縁《じゅうにいんねん》の法《ほう》を説明《せつめい》しましょう。

まず「無明《むみょう》」は、前《まえ》にもいったとおり「無智《むち》」ということで、正《ただ》しい世界観《せかいかん》や正《ただ》しい人生観《じんせいかん》を知《し》らないということです。あるいは知《し》っていてもそれを無視《むし》することです。
この無智《むち》のために、過去《かこ》において真理《しんり》（宇宙《うちゆう》の法則《ほうそく》）にはずれた行《おこ》ないをしてきた――それが「行《ぎよう》」です。しかし、この「行《ぎよう》」は自分自身《じぶんじしん》だけの行《おこ》ないではなく、前《まえ》に「業《ごう》」のところで説明《せつめい》したように、人間《にんげん》が長《なが》い長《なが》い過去《かこ》において経験《けいけん》し、行《おこ》なってきたことの積《つ》み重《かさ》なりを意味《いみ》するものです。

つぎの「識《しき》」は、人間《にんげん》がものごとを知《し》り分《わ》けるいちばん大本《おおもと》の力《ちから》やはたらきのことをいいます。この力《ちから》やはたらきぐあいのすべては、過去《かこ》の経験《けいけん》や行《おこ》ないすなわち「業《ごう》」によってきまるというのです。

「名色《みようしき》」は、前《まえ》にものべたとおり、「名《みよう》」は無形《むけい》のものという意味《いみ》で心《こころ》、「色《しき》」は有形《ゆうけい》のものという意味《いみ》で身体《しんたい》、ひっくるめていえば、つまりわれわれの「生存《せいぞん》」のことです。われわれが、自分《じぶん》が生存《せいぞん》していることを、ぼんやりとながら知《し》ることのできるのは、「識《しき》」があればこそであって、「識《しき》」がなければ、自分《じぶん》の存在《そんざい》がわからないのです。それが、「『名色《みようしき》』は『識《しき》』に縁《えん》たり」ということです。

つぎに、「六入《ろくにゆう》」というのは、これも前《まえ》に述《の》べたとおり、眼《げん》（視覚《しかく》）・耳《に》（聴覚《ちようかく》）・鼻《び》（嗅覚《きゆうかく》）・舌《ぜつ》（味《み》覚《かく》）・身《しん》（触覚《しよつかく》）という五官《ごかん》の感覚《かんかく》と、その五官《ごかん》で感《かん》じたものの存在《そんざい》を知《し》り分《わ》ける意《い》（心《こころ》）の六つのはたらきをいいます。

われわれは「識《しき》」によって、自分《じぶん》というもの（名色《みようしき》）を知《し》るようになるのですが、はじめはまだぼんやりとしたもので、ほんとうは「知《し》る」とはいえない程度《ていど》のものです。ところが、見《み》る、聞《き》く、嗅《か》ぐ、味《あじ》わう、触《さわ》るという五つのはたらきと、そのはたらきによってものの存在《そんざい》を知《し》る心《こころ》が発達《はったつ》してきますと、はじめてはっきりものごとを見分《みわ》ける力《ちから》ができてきます。この段階《だんかい》を「触《そく》」というのです。

これには、いろいろな解釈《かいしゃく》があって、好《す》きとかきらいとかの感情《かんじょう》を起《お》こす前《まえ》の段階《だんかい》で、ただ心《こころ》がものごとに触《ふ》れるだけだから「触《そく》」というのだという説《せつ》と、「識《しき》」と「行《ぎょう》」と「名色《みょうしき》」が触《ふ》れ合《あ》ってはっきりした心《こころ》のはたらきをつくる段階《だんかい》だから「触《そく》」だという説《せつ》とありますが、学問的《がくもんてき》なことはさしおくとして、とにかく、われわれの心《こころ》がものごとをはっきり見分《みわ》けるようになった状態《じょうたい》を「触《そく》」というのだと知《し》れば、それでいいでしょう。

心《こころ》がそこまで発達《はったつ》すると、苦《くる》しい、楽《たの》しい、好《す》きだ、きらいだというような感情《かんじょう》が起《お》こってきます。これを「受《じゅ》」といいます。

そういう感情《かんじょう》が起《お》こるようになれば、自然《しぜん》と、ものごとに対《たい》する愛《あい》が起《お》こります。これは現代語《げんだいご》の「愛《あい》」とはすこし意味《いみ》がちがっていて「愛著《あいじゃく》」ということです。すなわち、あるものが好《す》きになって、それに執着《しゅうじゃく》を覚《おぼ》えるという意味《いみ》で、やはり、とらわれた心《こころ》です。

ですから「愛《あい》」を感《かん》じたものに対《たい》しては、それをしっかりつかまえていて放《はな》すまいとします。反対《はんたい》に、きらいなものに対《たい》しては、それから逃《に》げだしたいという気持《きもち》になります。そういう心《こころ》を「取《しゅ》」というのです。

「取《しゅ》」があると、人《ひと》によってそれぞれちがった感情《かんじょう》、ちがった考《かんが》え、ちがった主張《しゅちょう》が生《しょう》じます。それを「有《う》」といいます。「有《う》」とは「差別《さべつ》」という意味《いみ》です。

こういう差別心《さべつしん》（有《う》）があるために、人《ひと》と人《ひと》とのあいだに対立《たいりつ》が起《お》こり、争《あらそ》いが生《しょう》じ、あさましい、苦《くる》しい人生《じんせい》が展開《てんかい》します。そういう人生《じんせい》を「生《しょう》」というのです。こうして思《おも》うに任《まか》せぬ苦《くる》しい人生《じんせい》を送《おく》っているうちに、老《お》いの苦《くる》しみがやってきます。そしてついには「死《し》」が待《ま》っているのです。

われわれの人生《じんせい》はこういうふうに展開《てんかい》していくのですが、その「思《おも》うに任《まか》せぬ苦《くる》しさ」の原因《げんいん》はどこにあるかといえば、いちばん根本《こんぽん》の「無明《むみょう》」にあるのです。すなわち、すべてのものごとに通《つう》ずる法則《ほうそく》を知《し》らず、正《ただ》しい世界観《せかいかん》・人生観《じんせいかん》を知《し》らず、あるいはそれを無視《むし》することです。この「無明《むみょう》」さえ取《と》り除《のぞ》いて、われわれの心《こころ》を正《ただ》しい法則《ほうそく》のレールにのせさえすれば、われわれの行《おこ》ない（行《ぎょう》）もレールに乗《の》る、そしてつぎつぎに展開《てんかい》していく心《こころ》の動《うご》きもすべて正《ただ》しいレールに乗《の》ってしまうから、この世《よ》の苦《くる》しみはつぎつぎに消《き》え失《う》せて、安《やす》らかな心境《しんきょう》に達《たっ》することができるというのが、この教《おし》えの結論《けつろん》なのです。

つまり、十二因縁《じゅうにいんねん》の教《おし》えは、心《こころ》も肉体《にくたい》もひっくるめた自分《じぶん》の全生命《ぜんせいめい》のうえから考《かんが》えた場合《ばあい》、われわれが現在凡夫《げんざいぼんぷ》として生《う》まれているのは、前世《ぜんせ》の「無明《むみょう》」によるところの「行《ぎょう》」が原因《げんいん》であるから、もしここで「無明《むみょう》」を取《と》り除《のぞ》けば、その瞬間《しゅんかん》から本来《ほんらい》の姿《すがた》でのびのびと向上《こうじょう》できるというのです。

また心《こころ》だけの問題《もんだい》として考《かんが》えれば、つぎの世《よ》というのはかならずしも一度《ど》死《し》んで生《う》まれかわったときに限《かぎ》らず、「これから先《さき》の人生《じんせい》」と考《かんが》えていいのです。つまり、根本《こんぽん》の「無智《むち》」を捨《す》てて、心《こころ》を正《ただ》しい法則《ほうそく》のレールに乗《の》せれば、「これから先《さき》の人生《じんせい》」はじつに明《あか》るく安《やす》らかになるというのです。反対《はんたい》に、それをしないかぎり、どんなに金持《かねもち》になろうが、名誉《めいよ》を得《え》ようが、苦《くる》しみはつきまとうものであって、心《こころ》は常《つね》に「六界《ろつかい》（六道《ろくどう》）」という迷《まよ》いの上《うえ》に敷《し》かれたレールの上《うえ》をグルグル回《まわ》っているばかりだという教《おし》えです。もちろん、この場合《ばあい》の「六界《ろつかい》」は心《こころ》の世界《せかい》の「六界《ろつかい》」であって、「無量義経説法品第二《むりようぎきようせつぽうほんだい》」の「六道《ろくどう》」のところ（四七頁《ページ》）で説明《せつめい》したとおりです。

ところが、これまでわれわれの生命《せいめい》の縦《たて》の関係《かんけい》（すなわち、先祖《せんぞ》→自分《じぶん》→子孫《しそん》、または前世《ぜんせ》の自分《じぶん》→現世《げんぜ》の自分《じぶん》→来世《らいせ》の自分《じぶん》という関係《かんけい》）だけについて考《かんが》えたわけなのですが、実《じつ》はわれわれの心《こころ》ないし人生《じんせい》というものは、けっしてそのような縦《たて》の関係《かんけい》だけで成《な》り立《た》っているものではなく、横《よこ》の関係《かんけい》すなわち社会全体《しやかいぜんたい》との複雑《ふくざつ》なつながりも、それに大《おお》きな作用《さよう》と影響《えいきよう》を与《あた》えているわけです。

そこで、いま述《の》べた凡夫《ぼんぷ》の六界《ろつかい》およびその上《うえ》の聖者《せいじや》の四界《しかい》（声聞界《しようもんかい》・縁覚界《えんがくかい》・菩薩界《ぼさつかい》・仏界《ぶつかい》）を合《あ》わせた十界《じつかい》について、「一念三千《いちねんさんぜん》」という教《おし》えが展開《てんかい》してくるのです。ついでですから、それもここで説明《せつめい》しておきますが、少々《しようしよう》むずかしい理論《りろん》になっていますから、わかりにくいと思《おも》う人《ひと》は一応《いちおう》ここは飛《と》ばして二〇九頁《ページ》からつづけて読《よ》んでいただきたいと思《おも》います。そして、あとで法《ほう》の理解《りかい》がよほど進《すす》んだと自覚《じかく》されたころを見《み》て、読《よ》んでいただければいいのです。

一念三千《いちねんさんぜん》

さて、この「一念三千《いちねんさんぜん》」という法門《ほうもん》は、芸術的《げいじゆつてき》に書《か》きあらわされている「法華経《ほけきよう》」の中《なか》に含《ふく》まれた数々《かずかず》の教《おし》えを、中国《ちゆうごく》の天台大師《てんだいだいし》が、学問的《がくもんてき》に系統《けいとう》立《だ》ててまとめた「摩訶止観《まかしかん》」という書物《しょもつ》の骨子《こつし》となっている思想《しそう》であって、いわば天台大師《てんだいだいし》による「法華経《ほけきょう》」の新《あたら》しい解釈《かいしゃく》というべきものでありました。日蓮聖人《にちれんしょうにん》も、釈尊入滅後《しゃくそんにゅうめつご》その教《おし》えを説《と》きひろめた人《ひと》はたくさんあるけれども、この「一念三千《いちねんさんぜん》」という教《おし》えこそは、ほんとうに釈尊《しゃくそん》の教《おし》えの神髄《しんずい》を伝《つた》えたものであるとして、「一念三千《いちねんさんぜん》の成仏《じょうぶつ》にあらざれば有名無実《ゆうめいむじつ》の成仏往生《じょうぶつおうじょう》なり（開目鈔下《かいもくしょうげ》）」「天台《てんだい》の一念三千《いちねんさんぜん》こそ仏《ほとけ》になるべき道《みち》と見《み》ゆれ（同上《どうじょう》）」などとほめたたえられ、ご遺文《いぶん》の中《なか》に数十回《すうじゅっかい》も出《で》てくるほどであります。

それはどういう教《おし》えかといいますと、前《まえ》にも述《の》べましたように、われわれの心《こころ》というものは、「地獄《じごく》（瞋恚《しんに》＝怒《いか》り）」「餓鬼《がき》（貪欲《とんよく》＝貪《むさぼ》る心《こころ》）」「畜生《ちくしょう》（愚痴《ぐち》＝本能《ほんのう》のままに動《うご》く心《こころ》）」「修羅《しゅら》（争《あらそ》い＝利己心《りこしん》どうしの角《つの》つきあい）」「人間《にんげん》（平正《びょうしょう》＝以上《いじょう》の迷《まよ》いは起《お》こるが、それをある程度《ていど》でとどめられる状態《じょうたい》）」「天上《てんじょう》（歓喜《かんぎ》＝一時《いちじ》の喜《よろこ》びに満《み》ちた状態《じょうたい》）」という六界《ろっかい》をグルグルまわって、苦《くる》しみや悩《なや》みの尽《つ》きることはありません。

ところが、凡夫《ぼんぷ》の心《こころ》の中《なか》にも、ときおりは聖者《せいじゃ》のような念《ねん》の湧《わ》くことがあります。すなわち、正《ただ》しい道《みち》を学《まな》ぼう（声聞《しょうもん》）とか、何《なに》かの経験《けいけん》によってハッと正《ただ》しい道《みち》を悟《さと》る（縁覚《えんがく》）とか、人《ひと》のため世《よ》のためにつくそう（菩薩《ぼさつ》）というような心《こころ》のはたらきが起《お》こります。あるいはほんの希《まれ》には、自分《じぶん》というものをすっかり忘《わす》れた絶対慈悲《ぜったいじひ》の心《こころ》（仏《ほとけ》）になることもありましょう。このような心《こころ》が長《なが》つづきすればいいのですが、凡夫《ぼんぷ》の悲《かな》しさ、すぐもとの木阿弥《もくあみ》にかえってしまいます。

十界互具《じっかいごぐ》

とにかく、こうして、だれの心《こころ》の中《なか》にも凡夫《ぼんぷ》の六界《ろっかい》と聖者《せいじゃ》の四界《かい》の十界《じっかい》が具《そな》わっているというのです。「人間《にんげん》」の心《こころ》の中《なか》にもこの十界《じっかい》が具《そな》わっているし、「天上《てんじょう》」の人《ひと》の心《こころ》の中《なか》にもこの十界《じっかい》が具《そな》わっている。十界《じっかい》の人《ひと》の心《こころ》の中《なか》に全部《ぜんぶ》十界《じっかい》が具《そな》わっているというのです。これを「十界互具《じっかいごぐ》」といいます。

したがって、地獄界《じごくかい》にいるものにも、修羅界《しゅらかい》にいるものにも仏性《ぶっしょう》の種《たね》はほんのチョッピリながらあるのであって、こういう境界《きょうがい》にいても成仏《じょうぶつ》の可能性《かのうせい》はある、救《すく》いの綱《つな》はどこにもかならず下《さ》がっているのだという教《おし》えです。一切衆生《いっさいしゅじょう》におよぼされる仏《ほとけ》の慈悲《じひ》を、胸《むね》に落《お》ちるように説《と》かれてあって、だれしも大《おお》きな希望《きぼう》と光明《こうみょう》が湧《わ》いてくるような思《おも》いがすることと思《おも》います。また、反対《はんたい》に、自分《じぶん》は悟《さと》った、解脱《げだつ》したと思《おも》っていても、まだ迷《まよ》いの種《たね》はいくらか残《のこ》っていることを反省《はんせい》して、ますます修行《しゅぎょう》に励《はげ》まずにはいられない気持《きもち》になることもありましょう。

こうして、十界《じっかい》の心《こころ》の中《なか》のそれぞれに十界《じっかい》のすべてが具《そな》わっているから、十掛《か》ける十は百《ひゃく》になります。この百《ひゃく》の心《こころ》がどういうふうに現《あら》われるかというと、「十如是《じゅうにょぜ》」といって十《とお》の方面《ほうめん》に現《あら》われるというのです。

十如是《じゅうにょぜ》

その「十如是《じゅうにょぜ》」というのはどういうものかといいますと、「方便品第二《ほうべんぼんだいに》」に出《で》てきましたけれどもわざとそこでは解説《かいせつ》いたしませんでしたが、それは「如是相《にょぜそう》」「如是性《にょぜしょう》」「如是体《にょぜたい》」「如是力《にょぜりき》」「如是作《にょぜさ》」「如是因《にょぜいん》」「如是縁《にょぜえん》」「如是果《にょぜか》」「如是報《にょぜほう》」「如是本末究竟等《にょぜほんまつくきょうとう》」の十《とお》の如是《にょぜ》で、宇宙全《うちゅうぜん》体《たい》あらゆるものの存在《そんざい》のほんとうの姿《すがた》はこうであるということを示《しめ》しているものです。これを「諸法実《しょほうじつ》相《そう》」といいます。現代《げんだい》の科学《かがく》で、あらゆる物質《ぶっしつ》の本体《ほんたい》をつきつめてゆくと原子《げんし》であるというのに似《に》ていますが、それよりも深《ふか》く、心《こころ》の世界《せかい》までを見《み》ているのです。「如《にょ》」というのは真如《しんにょ》で、常住不変《じょうじゅうふへん》（いつもあって変《か》わらない）という意味《いみ》です。したがって、「如是《にょぜ》」ということばには「是《かく》の如《ごと》き」という意味《いみ》と共《とも》に、「必《かなら》ず」という意味《いみ》があります。

如《にょ》是《ぜ》相《そう》　あらゆる存在《そんざい》には必《かなら》ず「相《そう》」（すがた）があります。そのことを「如是相《にょぜそう》」といいます。

如《にょ》是《ぜ》性《しょう》　相《そう》のあるものは必《かなら》ずそれにふさわしい性質《せいしつ》をもっています。これを「如是性《にょぜしょう》」といいます。

如《にょ》是《ぜ》体《たい》　また性質《せいしつ》のあるものには、必《かなら》ず主体《しゅたい》があります。そのことを「如是体《にょぜたい》」といいます。

如《にょ》是《ぜ》力《りき》　また、体《たい》は必《かなら》ずある能力《のうりょく》を持《も》っています。これを「如是力《にょぜりき》」といいます。

如《にょ》是《ぜ》作《さ》　力《ちから》があると、それは必《かなら》ず外《そと》へむかっていろいろな作用《さよう》を起《お》こします。これを「如是作《にょぜさ》」といいます。

如《にょ》是《ぜ》因《いん》　ところが、この宇宙《うちゅう》の間《あいだ》には「体《たい》」のあるものが無数《むすう》に存在《そんざい》しているので、したがってその「作《さ》（外《そと》へ向《む》かっての作用《さよう》）」はあらゆるものの間《あいだ》にお互《たが》いにはたらきあっているわけです。この世《よ》にひとつ離《はな》れてポツンと存在《そんざい》しているものはなく、必《かなら》ずほかのものと複雑《ふくざつ》につながっているからです。そこで、多《おお》くのものがお互《たが》いに関係《かんけい》しあって、いろいろな現象《げんしょう》を起《お》こします。その現象《げんしょう》を起《お》こす原因《げんいん》になるものを「因《いん》」というのです。

如《にょ》是《ぜ》縁《えん》　原因《げんいん》はあっても、それが何《なに》かの機会《きかい》か条件《じょうけん》にめぐまれないと、結果《けっか》として現《あら》われてこないものので、たとえば霜《しも》とか露《つゆ》のできる「因《いん》」すなわち水蒸気《すいじょうき》はいつも空気中《くうきちゅう》にあるのですが、それが地面《じめん》とか草《くさ》の葉《は》に触《ふ》れるという「縁《えん》」がなければ、霜《しも》や露《つゆ》にはなりません。そういう機会《きかい》とか条件《じょうけん》というものを「縁《えん》」といいます。

如《にょ》是《ぜ》果《か》　「果《か》」は、いうまでもなく「結果《けつか》」です。「因《いん》」がある「縁《えん》」を得《え》て、ある作用《さよう》を実現《じつげん》したものです。

如《にょ》是《ぜ》報《ほう》　ところが、結果《けつか》というものは、ただそれが実現《じつげん》したというだけにとどまらず、かならずあとへ何物《なにもの》かをのこす影響《えいきょう》があります。

たとえば霜《しも》が降《お》りたという結果《けつか》は、ある人《ひと》には「ああ、きれいだな」という快《こころよ》い感《かん》じをあたえるでしょう。またある人《ひと》には、その人《ひと》の畑《はたけ》の作物《さくもつ》をいためて損害《そんがい》をあたえるかもしれません。こういうふうに、「果《か》」があとまでのこす影響《えいきょう》を「報《ほう》」というのです。

「因《いん》・縁《えん》・果《か》・報《ほう》」というものをわかりやすく説明《せつめい》しますと、たとえば、電車《でんしゃ》の中《なか》でお年寄《としより》に席《せき》をゆずってあげたとします。その人《ひと》の心《こころ》の中《なか》には、もともと「人《ひと》に親切《しんせつ》にしよう」という気持《きもち》の種《たね》、すなわち「因《いん》」があったのです。その「因《いん》」が、たまたま立《た》ってよろけているお年寄《としより》に会《あ》うという「縁《えん》」によって、席《せき》をゆずってあげるという「果《か》」が生《しょう》じたわけです。ところが、その人《ひと》はあとできっと――いいことをしたな――と、心《こころ》がすがすがしくなったでしょう。それを「報《ほう》」というのです。「報《ほう》」は「報《むく》い」とも読《よ》まれますが、報《むく》いというものはすべて外部《がいぶ》からくるものだと思《おも》ってはいけません。心《こころ》の中《なか》から湧《わ》いてくる報《むく》いが第《だい》一番《ばん》にやってくる報《むく》いであり、そしてまた最《もっと》も大切《たいせつ》な報《むく》いなのです。

本末究竟等《ほんまつくきようとう》

さて、以上《いじよう》に述《の》べた九つのことがらは、この社会《しやかい》、この宇宙《うちゆう》の中《なか》で、いつも無数《むすう》に起《お》こっています。しかも、たいへん複雑《ふくざつ》にからみあっていて、人間《にんげん》の知恵《ちえ》ではどれが原因《げんいん》だか結《けつ》果《か》だかわからないようなことも多《おお》いのです。しかし、それらは必《かなら》ず天地《てんち》の真理《しんり》である一《ひと》つの「法《ほう》」によって動《うご》いているものであって、どんな物《もの》も、どんなことがらも、どんなはたらきも、ひとつとしてこの「法《ほう》」を離《はな》れることはできません。「相《そう》」から「報《ほう》」まで、すなわち初《はじ》め（本《ほん》）から終《お》わり（末《まつ》）まで、つまるところ（究竟《くきよう》して）「法《ほう》」のとおりになることはおんなじだ（等《ひと》しい）、というわけです。「本末究《ほんまつく》竟等《ようとう》」というのは、そういう意味《いみ》なのです。

人間《にんげん》をひっくるめた宇宙《うちゆう》のあらゆるもののありよう、そしてそれらお互《たが》いどうしの関係《かんけい》は、こういう「法《ほう》」によって成《な》り立《た》っているのだと観《かん》じて、これを「諸法実相《しよほうじつそう》」というのです。

百界千如《ひやつかいせんによ》

さて、前《まえ》に述《の》べた百《ひやく》の世界《せかい》は、「十如是《じゆうによぜ》」で示《しめ》したように十の方面《ほうめん》にはたらいていくのですから、百掛《ひやくか》ける十で千《せん》のはたらきをすることになります。

三《さん》世《せ》間《けん》

ところが、これまではまだ個人《こじん》の心《こころ》の問題《もんだい》なのですが、社会《しやかい》を離《はな》れた個人《こじん》というものはないわけですから、どんな場合《ばあい》でも社会《しやかい》というものと関係《かんけい》づけて考《かんが》えなければなりません。仏教《ぶつきよう》の教《おし》えでは、社会《しやかい》というものを三通《みとお》りに考《かんが》えています。一《ひと》つは「五陰世間《ごおんせけん》」といって、くわしくいえばむずかしくなりますが、つまり、われわれ個人《こじん》の心《こころ》と心《こころ》がおたがいに影響《えいきよう》をあたえあっている関係《かんけい》の世《せ》間《けん》、いわばせまい意味《いみ》の生活環境《せいかつかんきよう》です。第《だい》二は、「衆生世間《しゆじようせけん》」といって、衆生《しゆじよう》がいっしょにあつまって生活《せいかつ》している社会《しゃかい》（普通《ふつう》にいう社会《しゃかい》や国家《こっか》と考《かんが》えてよい）、第《だい》三は、その社会《しゃかい》や国家《こっか》がたくさんあって、それらが仲《なか》よくしたり、争《あらそ》ったりしている世間《せけん》、すなわち「国土世間《こくどせけん》」（普通《ふつう》にいう「世界《せかい》」と考《かんが》えてよい）です。

われわれは、こういう三世間《さんせけん》というものをつくって、よかれあしかれ共存《きょうぞん》していることは絶対《ぜったい》の事実《じじつ》なのですから、さきに述《の》べた千《せん》の心《こころ》のはたらきは、この三世間《さんせけん》にひろがるわけで、千掛《せんか》ける三は三千《ぜん》ということになります。そして、われわれの心《こころ》に瞬間的《しゅんかんてき》に起《お》こる念《ねん》（一念《いちねん》）の中《なか》にさえ、この三千《ぜん》の縦横《たてよこ》の関係《かんけい》がすっかり含《ふく》まれているというわけで、「一念三千《いちねんさんぜん》」となるのです。

たとえば、「むこうからくる男《おとこ》、憎《にく》らしい顔《かお》つきをしているな」という念《ねん》がフッと心《こころ》に浮《う》かんできたとします。あるいは「あの垣根《かきね》の花《はな》はきれいだな」という念《ねん》が湧《わ》いてきたとします。そういう「念《ねん》」を分析《ぶんせき》し、解剖《かいぼう》してみると、その念《ねん》が起《お》こるためには、自分自身《じぶんじしん》が輪廻《りんね》して遠《とお》い遠《とお》い過去《かこ》から現在《げんざい》までたどってきた道《みち》という縦《たて》の影響《えいきょう》と、他人《たにん》や社会《しゃかい》やその他《た》この世《よ》に存在《そんざい》するあらゆる事物《じぶつ》から受《う》けた横《よこ》の影《えい》響《きょう》が、残《のこ》らず含《ふく》まれているというのです。

また、その念《ねん》の中《なか》には地獄《じごく》に落《お》ちるような性質《せいしつ》も含《ふく》まれているし、仏《ほとけ》になれるような性質《せいしつ》も含《ふく》まれているというのです。「憎《にく》らしい」という念《ねん》の中《なか》にも仏《ほとけ》になれる性質《せいしつ》が含《ふく》まれており、「きれいだな」という念《ねん》の中《なか》にも地獄《じごく》に落《お》ちる性質《せいしつ》が含《ふく》まれているというと、なんだか不思議《ふしぎ》なようですが、不思議《ふしぎ》ではありません。「憎《にく》らしい顔《かお》つきだ」という念《ねん》が「なぐりつけてやりたくなる」という念《ねん》に発展《はってん》すれば、たちまち地獄《じごく》ですが、「まてよ、これはやっぱり自分《じぶん》の修行《しゅぎょう》が足《た》りないんだ。憎《にく》らしいと感《かん》じるのは、自《じ》分《ぶん》の心《こころ》に『憎《にく》らしい』種《たね》があるからだ。もっと修行《しゅぎょう》して、この種《たね》（煩悩《ぼんのう》）をなくさなければいけない」と悟《さと》れば、すでに独覚《どつかく》（縁覚《えんがく》）の境地《きょうち》です。

さらに、「ああいう顔《かお》つきの人《ひと》は、きっと心《こころ》や生活《せいかつ》に大《おお》きな欠陥《けつかん》をもっているのにちがいない。あんな顔《かお》つきの人《ひと》が一人《ひとり》もこの世《よ》にいなくなるように、仏《ほとけ》の教《おし》えをひろめるのが、やっぱりわれわれの務《つと》めなんだ」と、決定《けつじょう》を固《かた》くすれば、それがすなわち菩薩《ぼさつ》の境地《きょうち》であり、そこに仏《ほとけ》になれる可能性《かのうせい》があるわけです。

また、「あの垣根《かきね》の花《はな》はきれいだな」と思《おも》ったとき、無心《むしん》に「きれいだな」と讃歎《さんたん》するのは、天地《てんち》に溶《と》け入《い》ってしまった聖者《せいじゃ》の境地《きょうち》ですけれども、「あれを一輪折《いちりんお》って帰《かえ》って、机《つくえ》の上《うえ》に飾《かざ》ろう」とでも考《かんが》えれば、そろそろ餓鬼《がき》（貪欲《とんよく》）道《どう》におちかかっているわけですし、「どんな金持《かねもち》だか知《し》れないが、こっちはアクセクはたらいているのに、垣根《かきね》にいっぱいバラなんか作《つく》りやがって、ノウノウと暮《く》らしてやがる……畜生《ちくしょう》！」などと腹《はら》を立《た》てたら、もう完全《かんぜん》に地獄《じごく》です。

理《り》の一念三千《いちねんさんぜん》

それならば、この「一念三千《いちねんさんぜん》」の教《おし》えをどう受《う》け取《と》ればいいのかということが、問題《もんだい》になってきます。この法則《ほうそく》を、ただ頭《あたま》のうえだけで理解《りかい》したのでは、それは「理《り》の一念三《いちねんさん》千《ぜん》」といって、まだほんとうにわれを救《すく》い人《ひと》を救《すく》う力《ちから》には成長《せいちょう》していません。それどころか、うっかりするとその理《り》にとらわれてしまい、念々《ねんねん》にあれこれと思《おも》いあぐねたりして、ノイローゼにもなりかねません。やはりこの教《おし》えも、おおらかに、明《あか》るく、積極的《せっきょくてき》に受《う》け取《と》らねばならないのです。

第《だい》一に――この教《おし》えは、「われわれ人間《にんげん》というものは上《うえ》へむかっても無限《むげん》の可能性《かのうせい》をもっているし、下《した》へむかっても無限《むげん》の可能性《かのうせい》をもっているものである。だから、しっかりと心《こころ》を決《き》めて、今後《こんご》仏《ほとけ》の教《おし》えを身《み》に行《おこ》なってゆけば、必ず上《うえ》へのぼれるのだ」という教《おし》えです。ですから、これによって、われわれの胸《むね》には、なんともいえない、力強《ちからづよ》い大《おお》きな希望《きぼう》が湧《わ》いてくるわけです。

第《だい》二に――「われわれ人間《にんげん》および宇宙《うちゅう》の一切《いっさい》のものは、『全体《ぜんたい》』を離《はな》れて『個《こ》』というものはなく、すべてが網《あみ》の目《め》のようにつながっているのだから、自分《じぶん》だけが救《すく》われたのではけっしてほんとうの救《すく》いにならない」ということを、これによってはっきりと悟《さと》らなければならないのです。

事《じ》の一念三千《いちねんさんぜん》

この二《ふた》つが頭《あたま》のうえだけでなく、身体全体《からだぜんたい》で解《わか》るといいますか、魂《たましい》で解《わか》るといいますか、とにかくしんから解《わか》ってきますと、ひとりでに自分《じぶん》を高《たか》め、他《た》を救《すく》う行《おこ》ないを実践《じっせん》せざるをえなくなってくるのです。このことを「事《じ》の一念三千《いちねんさんぜん》」といい、ここまでこなければ「一念三千《いちねんさんぜん》」の法門《ほうもん》もほんとうに生《い》きてこないのです。

ですから、日蓮聖人《にちれんしょうにん》も「一念三千《いちねんさんぜん》」の教《おし》えを口《くち》を極《きわ》めてほめたたえ、聖人《しょうにん》の教義《きょうぎ》もこれがもとになって出来《でき》たのではありますが、しかし、ついにはそれを突《つ》きぬけて、つまるところは「信仰《しんこう》」と「実行《じっこう》」でなくてはいけないという境地《きょうち》へ達《たっ》せられたのです。すなわち「理《り》」を乗《の》りこえて「事《じ》」の完成《かんせい》に邁進《まいしん》されたわけです。

実際《じっさい》、「一念三千《いちねんさんぜん》」の「理《り》」がしんから解《わか》れば、世界《せかい》じゅうにたった一人《ひとり》でも悩《なや》んでいる人《ひと》がいるかぎり、自分《じぶん》も悩《なや》まなければならないということが、実感《じっかん》をもってヒシヒシと迫《せま》ってくるはずです。この悩《なや》みは、凡夫《ぼんぷ》の悩《なや》みとちがって、偉大《いだい》なる悩《なや》みです。仏《ほとけ》の悩《なや》みです。「衆生病《しゅじょうや》めばすなわち仏病《ほとけや》む」です。「日蓮泣《にちれんな》かねど涙《なみだ》ひまなし」です。

われわれも、おなじ悩《なや》むならばこういう悩《なや》みを悩《なや》まねばなりません。こういう悩《なや》みは、われわれに積極的《せっきょくてき》な勇気《ゆうき》を奮《ふる》い起《お》こさせます。人生《じんせい》の生《い》き甲斐《がい》を感《かん》じさせます。なんといっても、この世《よ》の中《なか》に、「悩《なや》める人《ひと》を救《すく》う」ということより尊《とうと》い仕事《しごと》はありえません。それは「人類向上《じんるいこうじょう》」という、至高至上《しこうしじょう》の事業《じぎょう》です。その事業《じぎょう》に、小《ちい》さいながら自分《じぶん》も加《くわ》わっているのだという自覚《じかく》――それだけで、われわれの人生《じんせい》は明《あか》るくなるはずです。

「一念三千《いちねんさんぜん》」の教《おし》えは、このように受《う》け取《と》らねばならないと信《しん》じます。

それでは、「化城諭品《けじょうゆほん》」の本文《ほんもん》にかえります。世尊《せそん》はなお説法《せっぽう》をおつづけになって、大意《たいい》次《つぎ》のようなお話《はなし》をなさいました。

一七〇・四―八 大通智勝仏《ぶつ》が、四諦《したい》と十二因縁《じゅうにいんねん》の法《ほう》をお説《と》きになりますと、無数《むすう》の人《ひと》びとが変化《へんか》する周囲《しゅうい》の出来事《できごと》（一切《いっさい》の法《ほう》）によって影響《えいきょう》を受《う》けなくなり、そのため心《こころ》が自由《じゆう》になり、いつでも、どこにおいても、自分《じぶん》が主体《しゅたい》となってまわりのものに動揺《どうよう》されなくなりました。第《だい》二・第《だい》三・第《だい》四の説法《せっぽう》のときも、くりかえしくりかえし、四諦《したい》・十二因縁《じゅうにいんねん》の法《ほう》をお説《と》きになりましたので、たくさんの人《ひと》びとが同《おな》じような境地《きょうち》（小乗《しょうじょう》の悟《さと》り）に達《たつ》しました。

一七〇・八―一七一・三 こうして無数の人《ひと》びとが迷《まよ》いから離《はな》れることのできたのを見《み》た十六人《にん》の王子《おうじ》たちは、出家《しゅっけ》して仏《ほとけ》の新《しん》弟子《でし》（沙弥《しゃみ》）となりました。この人《ひと》たちはすべての能力《のうりょく》がすぐれていましたので、だんだんと教《おし》えを受《う》けているうちに、それが徹底的《てっていてき》にわかるようになりました。ということは、四諦《したい》・十二因縁《じゅうにいんねん》の教《おし》えは大《だい》乗《じょう》の教《おし》えにいたるまでの通《とお》りみちであって、ほんとうの仏《ほとけ》の悟《さと》りに達《たつ》するには、大乗《だいじょう》を学《まな》び、菩薩道《ぼさつどう》を実践《じっせん》しなければならないことがわかってきたのです。それで大通智勝仏《だいつうちしょうぶつ》にむかって、阿耨多羅三藐三菩《あのくたらさんみゃくさんぼ》提《だい》（仏《ほとけ》の悟《さと》り、最上《さいじょう》の悟《さと》り）の教《おし》えを説《と》いてくださいとお願《ねが》いいたしました。そのとき、大通智勝仏《だいつうちしょうぶつ》の父《ちち》上《うえ》にあたる転輪聖王《てんりんじょうおう》の家来《けらい》たちの多《おお》くの人《ひと》びとも、出家《しゅっけ》を願《ねが》い出《で》て許《ゆる》されました。

一七一・三―八 そして大通智勝仏《つうちしょうぶつ》は、この新《あたら》しい弟子《でし》たちの願《ねが》いをおききとどけになり、それから二万劫《まんこう》という永《なが》い年月《ねんげつ》がたってから、出家在家《しゅっけざいけ》の大《おお》ぜいのお弟子《でし》たちの中《なか》において「妙法蓮華《みょうほうれんげ》」「教菩薩法《きょうぼさつぽう》」「仏所護念《ぶっしょごねん》」という名《な》の教《おし》えをお説《と》きになったのですが、「教菩薩法《きょうぼさつぽう》」というのは字《じ》のとおり、「菩薩道《ぼさつどう》を教《おし》える法《ほう》」という意味《いみ》であり、「仏所護念《ぶっしょごねん》」というのは、「仏《ほとけ》が大事《だいじ》に護《まも》っておられてめったに説《と》かれない」という意味《いみ》で、どちらも「妙法蓮華経《みょうほうれんげきょう》」をさしているのです。

この経《きょう》をお説《と》き終《お》わりになると、十六人《にん》の沙弥《しゃみ》は、最高《さいこう》の悟《さと》りを得《え》たいという願《ねが》いのために、その教《おし》えを心《こころ》に信《しん》じ、身《み》に行《おこ》ない、さらにそれを深《ふか》く味《あじ》わいかえし、また人《ひと》に説《と》いてやったりしたのですが、そのほかの人《ひと》びとは、その教《おし》えを信解《しんげ》する人《ひと》も少々《しようしよう》はありましたけれど、大部分《だいぶぶん》の人《ひと》たちが、自分《じぶん》らはとうてい仏《ほとけ》などにはなれるはずがないという疑惑《ぎわく》をもったのでした。

一七一・八―一七二・二
仏は、八千劫という長《なが》いあいだ一度《いちど》もお休《やす》みにならないでこの経《きよう》をお説《と》きつづけになりましたが、八千劫《せんこう》が過《す》ぎると、静《しず》かな室《へや》におはいりになって、八万《まん》四千劫《せんこう》という長《なが》い間《あいだ》じっと三昧《さんまい》にはいっておすわりつづけになりました。それを見《み》た十六人《にん》の菩《ぼ》薩沙弥《さつしやみ》たちは、自分《じぶん》たちが仏《ほとけ》の代理《だいり》として法《ほう》を説《と》かなければ、この世《よ》はどうなるかと心配《しんぱい》しました。そして、それぞれ法座《ほうざ》にのぼって、みんなのために「妙法《みようほう》蓮華《れんげ》」の教《おし》えを、聞《き》く人《ひと》の程度《ていど》に応《おう》じていろいろちがった説《と》きかた（分別《ふんべつ》）で説法《せつぽう》しましたので、非常《ひじよう》に大《おお》ぜいの人《ひと》びとが、最高《さいこう》の悟《さと》りを得《え》たいという心《こころ》を起《お》こしました。

示教利《じきようり》喜《き》

ここに「示教利《じきようり》喜《き》」ということばが出《で》てきますが、これは教《おし》えを説《と》く順序《じゆんじよ》をいってあるので、第《だい》一に大体《だいたい》の意味《いみ》を説《と》き「示《しめ》」し、その教《おし》えにはいってゆきたいという気持《きもち》が相手《あいて》の心《こころ》に動《うご》いてきたと見《み》たら、こんどは深《ふか》い意味《いみ》を「教《おし》」えます。それも理解《りかい》できたように思《おも》えたら、教《おし》えを実行《じつこう》して「利《り》」益《やく》を得《え》るように導《みちび》き、そしてその教《おし》えを持《も》ちつづけることが人生《じんせい》の「喜《よろこ》」びとなるように仕向《しむ》けてやる――というわけです。ほんとうに合理的《ごうりてき》な順序《じゆんじよ》であって、われわれが仏法《ぶつぽう》をひろめる場《ば》合《あい》でも、こういう道《みち》によるのが最《もつと》も正《ただ》しい方法《ほうほう》だと思《おも》います。

一七二・二―九
ところで、三昧《さんまい》にはいっておられた大通智勝仏《だいつうちしようぶつ》は、八万《まん》四千劫《せんこう》を過《す》ぎると、やおらお立《た》ちあがりになり、ゆったりと法座《ほうざ》におつきになりました。そして、大衆《たいしゆう》にむかって、「この十六人《にん》の菩《ぼ》薩沙弥《さつしやみ》たちは、希《まれ》に見《み》るりっぱな人《ひと》たちです。この方々《かたがた》は、前世《ぜんせ》から多《おお》くの仏《ほとけ》を供養《くよう》し、そのもとで修行《しゅぎょう》し、仏《ほとけ》の智慧《ちえ》を受持《じゅじ》し、それを衆生《しゅじょう》に説《と》いてその教《おし》えに引《ひ》き入《い》れた人《ひと》たちです。みんなも、こういう人《ひと》たちに近《ちか》づいて、その教《おし》えを実行《じっこう》しなさい。そうすれば、現在《げんざい》はまだ声聞《しょうもん》とか辟支仏《びゃくしぶつ》（縁覚《えんがく》）という低《ひく》い境地《きょうち》にいる人《ひと》でも、あるいは菩薩《ぼさつ》の境地《きょうち》にいる人《ひと》でも、最高《さいこう》の仏《ほとけ》の悟《さと》りを得《え》ることができるようになるでしょう」とおっしゃいました。そして、さらに、ことばを改《あらた》めて、

一七二・九―一七三・一

「ところで、皆さん。この十六人《にん》の菩薩《ぼさつ》は、いつもみずから進《すす》んで『妙法蓮華《みょうほうれんげ》』の教《おし》えを説《と》かれました。そして、それぞれの菩薩《ぼさつ》が無数《むすう》の人《ひと》びとを教化《きょうけ》されましたが、その人《ひと》びとは一度《いちど》の人生《じんせい》だけでなく、何度《なんど》生《う》まれかわっても自分《じぶん》を教化《きょうけ》してくださったその菩薩《ぼさつ》といっしょに生《う》まれ、その教《おし》えをきいて、すっかり信解《しんげ》するようになったのです。その因縁《いんねん》をもって、この人《ひと》びとは四万億《まんのく》というたくさんの仏《ほとけ》にお会《あ》いすることができ、今《いま》になってもそのことはつづいているのです。」と、大通智勝仏《だいつうちしょうぶつ》はお説《と》きになりました。

ここで、注意《ちゅうい》しておきたいことは、人《ひと》によると、「化城諭品第《けじょうゆほんだい》七」は「法華経《ほけきょう》」の中《なか》でもまだ初《はじ》めのほうの第《だい》七番目《ばんめ》の説法《せっぽう》であり、まだ釈迦牟尼世尊《しゃかむにせそん》は「法華経《ほけきょう》」全部《ぜんぶ》を説《と》き終《お》わっておられないのに、すでにむかし大通智勝仏《だいつうちしょうぶつ》や十六菩薩《ぼさつ》が「法華経《ほけきょう》」を説《と》いたとおっしゃるのはおかしいと考《かんが》える人《ひと》があります。仏教《ぶっきょう》の専門家《せんもんか》のあいだにさえ、それをいう人《ひと》があります。これは大《おお》きな考《かんが》えちがいであって、「妙《みょう》

法蓮華経《ほうれんげきょう》」というのを、たとえば天台大師《てんだいだいし》の書《か》かれた「摩訶止観《まかしかん》」という本《ほん》の名前《なまえ》のように、あとにもさきにもない一《ひと》つのものの名前《なまえ》（固有名詞《こゆうめいし》）と解釈《かいしゃく》するから、そういうことになるのです。

そうではありません。「妙法蓮華経《みょうほうれんげきょう》」というのは、「俗世《ぞくせ》に生活《せいかつ》しながら、その汚《けが》れに染《そ》まることなく、仏《ほとけ》と同《おな》じ境地《きょうち》になれる、この上《うえ》もなく尊《とうと》い真理《しんり》の教《おし》え」という意味《いみ》です。そういう真理《しんり》が二《ふた》つも三《みっ》つもあるものではありません。真理《しんり》はいつも一《ひと》つです。

ですから、それを大《おお》むかしに大通智勝仏《だいつうちしょうぶつ》や十六菩薩《ぼさつ》が説《と》かれたとお釈迦《しゃか》さまがおっしゃるのは、当然《とうぜん》なのです。お釈迦《しゃか》さまがこの世《よ》にお出《で》にならない前《まえ》の限《かぎ》りない過去世《かこせ》から「真理《しんり》」は厳然《げんぜん》と存在《そんざい》していたのであり、ほんとうに「悟《さと》った」人《ひと》の悟《さと》りというものは、その一《ひと》つの「真理《しんり》」以外《いがい》にはないわけですから、それを過去世《かこせ》において何《なん》十万人《まんにん》の人《ひと》が説《と》いたとおっしゃっても、すこしもおかしくはないどころか、「真理《しんり》は一《ひと》つだ」ということをしっかりと納得《なっとく》させようというお釈迦《しゃか》さまのお心《こころ》がはっきりとうかがわれて、深《ふか》く深《ふか》くうなずかれるものがあるはずです。

一七三・一—二
以上のようなお話《はなし》をなさった釈尊《しゃくそん》は、ここでいちだんと声《こえ》を高《たか》くされ、

「みなさん、しっかり聞《き》くのですよ。いま大切《たいせつ》なことをお話《はな》しします。いいですか。その十六人《にん》の菩薩《ぼさつ》は、のちに仏《ほとけ》となって、現在《げんざい》でも十方《じっぽう》の国土《こくど》において法《ほう》を説《と》いておられるのです。」

と、おどろくべきことをおおせだされました。そして、それぞれの仏《ほとけ》の名《な》と、教化《きょうけ》を受持《うけも》っておられる国《くに》の名《な》をあげられるのですが、その九番目《ばんめ》に「西方《さいほう》に二仏《ぶつ》、一を阿弥陀《あみだ》と名《な》づけ……」と、なじみ深《ふか》い仏《ほとけ》

さまのお名前《なまえ》が出《で》てまいります。しかし、阿弥陀如来《あみだにょらい》は、はるか西方《さいほう》十万億土《まんのくど》の仏《ほとけ》であって、現世《げんぜ》のわたしどもの教化《きょうけ》を受持《うけも》ってはいらっしゃらないのです。

ところが、いちばん最後《さいご》になって、

一七三・九―一〇「第十六は我釈迦牟尼仏《しゃかむにぶつ》なり。娑婆国土《しゃばこくど》に於《お》いて阿耨多羅三藐三菩提《あのくたらさんみゃくさんぼだい》を成《じょう》ぜり。」

と、宣言《せんげん》されました。ここではじめて、過去世《かこせ》から現世《げんぜ》までのご自身の因縁《いんねん》をあきらかにされたわけです。

この「釈迦牟尼如来《しゃかむににょらい》は娑婆国土《しゃばこくど》で悟《さと》りを開《ひら》かれた仏《ほとけ》である」という事実《じじつ》は、あだやおろそかに考《かんが》えてはいけないことであって、われわれ娑婆《しゃば》の人間《にんげん》にとっては、お釈迦《しゃか》さまがただ一人《ひとり》の大導師《だいどうし》なのです。迹仏《しゃくぶつ》であるお釈迦《しゃか》さまが、われわれにとってどんなにかけがえのない大切《たいせつ》なお方《かた》であるかを、ここであらためて強《つよ》く思《おも》い出《だ》さずにはいられません。

しかし、その迹仏《しゃくぶつ》の大本《おおもと》である久遠実成《くおんじつじょう》の本仏釈迦牟尼如来《ほんぶつしゃかむににょらい》ということになりますと、これはもう宇《う》宙《ちゅう》いたるところに、そしていつの世《よ》にもおられる無始無終《むしむしゅう》の仏《ほとけ》なのです。もともとはおなじ仏《ほとけ》でも、その意義《いぎ》にはちがいがありますから、それを理解《りかい》しないと、つぎにだんだんと出《で》てくる釈尊《しゃくそん》のお言葉《ことば》がほんとうに理解《りかい》できないと思《おも》います。

さて釈尊《しゃくそん》は、なおお言葉《ことば》をおつづけになって、

一七三・一〇―一七四・三「みなさん、わたしたちが沙弥《しゃみ》であったとき、それぞれに無数《むすう》の衆生《しゅじょう》を教化《きょうけ》し、その多《おお》くは仏《ほとけ》の悟《さと》りを

得《え》ることができました。しかし中《なか》には、現在《げんざい》もまだ声聞《しょうもん》という低《ひく》い境地《きょうち》にいるものもあります。わたしは、それらの人《ひと》を仏《ほとけ》の悟《さと》りにいたらしめようと、常《つね》に教化《きょうけ》しているのです。それで、これらの人《ひと》びとも、この大乗《だいじょう》の教《おし》えによってだんだんに仏道《ぶつどう》に入《はい》ることができるでしょう。なぜ、『だんだんに』なのかといいますと、仏《ほとけ》の智慧《ちえ》というものは非常《ひじょう》に深遠《しんえん》であって、いきなりそれを説《と》いたのでは、信《しん》ずることも理解《りかい》することもできないために、浅《あさ》い教《おし》えから次第《しだい》に深《ふか》い教《おし》えへと進《すす》んでいくからなのです。」

一七四・三—四「そのようにして、わたしは過去《かこ》の世《よ》から無数《むすう》の人《ひと》を導《みちび》いてきたのですが、その教化《きょうけ》を受《う》けた人《ひと》たちというのは、実《じつ》はいまここでわたしの教《おし》えをきいているあなたがたにほかならないのです。また、わたしが死《し》んだのちの未来世《みらいせ》において弟子《でし》となる人《ひと》も無数《むすう》にあります。」

こうなってくると、前《まえ》に述《の》べた迹仏《しゃくぶつ》の釈迦牟尼如来《しゃかむににょらい》と本仏《ほんぶつ》の釈迦牟尼如来《しゃかむににょらい》の意味《いみ》のちがいがわからないと、頭《あたま》がこんがらかってまいります。このことについては、あとの「如来寿量品第《にょらいじゅりょうほんだい》十六」で徹底的《てっていてき》に説《と》かれることですが、この本《ほん》ではあらかじめ三三—三六頁《ページ》にわかりやすく説明《せつめい》しておきましたから、もう一度《いちど》読《よ》み直《なお》してください。

一七四・四—九「わたしが死《し》んでから、わたしの教《おし》えを聞《き》くもののうちには、この大乗《だいじょう》の教《おし》えに触《ふ》れることなく、したがって菩薩行《ぼさつぎょう》ということを知《し》りも悟《さと》りもしないで、ただ自分《じぶん》の心《こころ》の迷《まよ》いを除《のぞ》いて安《やす》らかな境地《きょうち》に達《たっ》しただけで満足《まんぞく》するような人《ひと》びともあるでしょう。そのときわたしは、他《た》の世界《せかい》に住《じゅう》し、ほかの名前《なまえ》の仏《ほとけ》になっているでしょうが、それらの人《ひと》びとはやはりわたしの住《じゅう》する国《くに》へやってきて、わたしから真実最高《しんじつさいこう》の教《おし》えを聞《き》くことができるでしょう。そして、人《ひと》びとがほんとうの悟《さと》り（滅度《めつど》）を得《え》るのには、この真《しん》実最高《じつさいこう》の教《おし》え（一仏乗《いちぶつじょう》）によるほかはないのです。ただし、如来《にょらい》の方便《ほうべん》の説法《せっぽう》は、それはそれで意味《いみ》のあることで、別《べつ》に考《かんが》えなければなりません。」

ここのところも、大切《たいせつ》な教《おし》えです。すなわち、仏《ほとけ》になるということ（人間《にんげん》としての最高《さいこう》の理想的《りそうてき》な境地《きょうち》に達《たつ》すること）は、一生《いっしょう》や二生《にしょう》の修行《しゅぎょう》でできることではないのです。この世《よ》で仏《ほとけ》になれる人《ひと》もありましょうが、そんな人《ひと》は、ずっと前《まえ》の世《よ》から仏《ほとけ》の道《みち》を修行《しゅぎょう》しつづけてきた人《ひと》なのです。何度《なんど》もくりかえすように、人間《にんげん》の修行《しゅぎょう》というものはずっとつづくものですから、現世《げんぜ》において仏《ほとけ》の境地《きょうち》に達《たつ》しなくても、未来《みらい》世《せ》においてひきつづき仏《ほとけ》の教《おし》えをきいて、「他《た》を救《すく》う」という菩薩《ぼさつ》の道《みち》に徹《てつ》することができたら、そのとき仏《ほとけ》になれるというのです。ですから、この世《よ》において仏《ほとけ》の道《みち》を知《し》った人《ひと》は、いよいよ仏《ほとけ》になれる「縁《えん》」が生《しょう》じた人《ひと》です。また、この世《よ》において完全《かんぜん》に菩薩《ぼさつ》の行《おこ》ないのできる人《ひと》は、すでに前世《ぜんせ》において声聞《しょうもん》・縁覚《えんがく》の境地《きょうち》を卒業《そつぎょう》した人《ひと》でしょう。いずれにしても、こうして「法華経《ほけきょう》」に会《あ》うことのできた人《ひと》は、いつかは仏《ほとけ》になれる「縁《えん》」の生《しょう》じた人《ひと》なのですから、死《し》ぬまで、いや死《し》んだのちにも変《か》わらずに、この教《おし》えを受持《じゅじ》しつづけなければならないのです。

一七四・九―一一

「みなさん。仏《ほとけ》（迹仏《しゃくぶつ》）は、いつまでもこの世《よ》に存在《そんざい》するものではありません。すっかり自分《じぶん》の教《おし》えを説《と》いてしまえば、しばらくこの世《よ》から離《はな》れるものですが、その際《さい》に、大《おお》ぜいの人《ひと》たちが仏《ほとけ》の教《おし》えに対《たい》する信解《しんげ》が固《かた》く、人間平等《にんげんびょうどう》の真理《しんり》がよくわかり、心《こころ》が定《さだ》まってグラグラすることのない状態《じょうたい》にあると知《し》れば、そこで菩薩《ぼさつ》や声聞《しょうもん》たちを集《あつ》めて、この『妙法蓮華《みょうほうれんげ》』の教《おし》えを説《と》いてあげるのです。」

一七四・一一―一七五・二
「世間に真の悟りを得《え》る道《みち》が二《ふた》つもあることはありません。ただ一《ひと》つあるだけです。しかし、如来《にょらい》の方《ほう》便《べん》（指導《しどう》の実際的手段《じっさいてきしゅだん》）は、深《ふか》く衆生《しゅじょう》の性質《せいしつ》や機根《きこん》を知《し》り分《わ》けて行《おこ》なわれるのです。まだまだ低《ひく》いほうの教《おし》え（小法《しょうぼう》）を望《のぞ》んでいて高《たか》い教《おし》えを知《し》らない人《ひと》もいるし、五官《ごかん》の欲《よく》にとらわれて自分《じぶん》で苦《くる》しみをまねいている人《ひと》もいるので、そういう人《ひと》たちのためには、とりあえず迷《まよ》いを除《のぞ》いて心《こころ》に安心《あんじん》を得《え》るように導《みちび》いてあげるのです。それは、その段階《だんかい》の人《ひと》びとにとってはちょうど適切《てきせつ》な教《おし》えですから、それを聞《き》くとみんな必《かなら》ず信《しん》ずるわけです。これをたとえの話《はなし》でいえば、つぎのようなことがいえるのです。」

それから、「法華七諭《ほっけしちゆ》」の第《だい》四である、有名《ゆうめい》な「化城宝処《けじょうほうしょ》の譬《たと》え」をお話《はな》しになります。

その大意《たいい》を述《の》べますと――

化城宝処《けじょうほうしょ》の譬《たと》え

一七五・二―一七六・六
ここに、五百由旬《ゆじゅん》という非常《ひじょう》に長《なが》い、けわしい、困難《こんなん》な道《みち》があって、人里遠《ひとざととお》く離《はな》れており、わるい獣《けもの》などが出没《しゅつぼつ》して、まことに恐《おそ》ろしい所《ところ》です。ところが、このけわしい道《みち》を、珍《めずら》しい宝《たから》を求《もと》めるために進《すす》んでいく大《おお》ぜいの人《ひと》びとがいます。そして、この一行《いっこう》の中《なか》に一人《ひとり》の導師《どうし》がいて、その人《ひと》は智慧《ちえ》もすぐれ、ものごとに明《あか》るく、この道《みち》がどうなっているかを先《さき》の先《さき》までよく知《し》っているのです。

その導師《どうし》は、多《おお》くの人《ひと》びとを引《ひ》き連《つ》れて、この難所《なんしょ》を通過《つうか》しようとしているのですが、一行《いっこう》の中《なか》には足弱《あしよわ》の人《ひと》もあれば、根気《こんき》のない人《ひと》もいて、途中《とちゅう》ですっかりへばってしまい、導師《どうし》にむかって、「わたくしどもは、すっかりくたびれてしまいました。それに、この道《みち》はなんだか恐《おそ》ろしくて、もうこれ以上進《いじょうすす》むことはできません。先《さき》はまだ遠《とお》いことですし、いまからもときた道《みち》へ引《ひ》っ返《かえ》したいのです」といいだしました。

この導師《どうし》は、場合《ばあい》に応《おう》じて人《ひと》びとを導《みちび》く方法《ほうほう》をよく知《し》っていましたので、心《こころ》の中《なか》で——ああかわいそうな人《ひと》たちだ。どうして、もう一息《ひといき》の所《ところ》にある大《おお》きな宝《たから》を得《え》ようとしないで引《ひ》っ返《かえ》そうと考《かんが》えるのだろう。もうすこしの辛抱《しんぼう》なのに——と思《おも》い、方便《ほうべん》の力《ちから》をもって、そのけわしい道《みち》の半《なか》ばよりちょっとむこうに、一《ひと》つの大《おお》きな城《しろ》（むかしのインドでは町全体《まちぜんたい》がひとつの城《しろ》になっていた）を幻《まぼろし》として現《あら》わしたのです。

そして、一同《いちどう》にむかって、「みなさん、もう恐《おそ》れることはありません。また、引っ返すこともありませんよ。あの大《おお》きな城《しろ》の中《なか》にはいって、自由《じゆう》にしなさい。あの中《なか》にはいりさえすれば、すっかり安穏《あんのん》になります。そして、疲《つか》れが治《なお》ったら、宝《たから》を取《と》りに行《い》って、それからうちへ帰《かえ》ればいいでしょう」といいます。

みんなは、大喜《おおよろこ》びでその中《なか》にはいって休息《きゅうそく》しました。しばらくして、疲《つか》れがすっかり治《なお》ったのを見《み》すました導師《どうし》は、その幻《まぼろし》の城《しろ》を消《け》してしまい、みんなを励《はげ》ましていうには、「さあ、行《い》きましょう。宝《たから》のある場所《ばしょ》はもうすぐそこです。いままでここにあった大《おお》きな城《しろ》は、実《じつ》はわたしが、仮《かり》に作《つく》ったものなのです。ここでひと休《やす》みして心《こころ》をとり直《なお》させるためにつくったものに過《す》ぎません。」

こうして、その導師《どうし》は一同《いちどう》を励《はげ》まし、元気《げんき》の出《で》た一同《いちどう》をふたたび導《みちび》いていくのでした。

この譬《たと》え話《ばなし》を終《お》わられると、釈尊《しゃくそん》は、「如来《にょらい》もちょうどこの導師《どうし》のようなものです」と前置《まえお》きして、いまの話《はなし》に含《ふく》められた意味《いみ》を、ねんごろにお説《と》きになります。すなわち、――如来《にょらい》はこの人生《じんせい》の道《みち》のけわしさ、恐《おそ》ろしさから衆生《しゅじょう》を救《すく》おうとは思《おも》うのだけれど、いきなり最高《さいこう》の教《おし》えである一仏乗《いちぶつじょう》を説《と》いてやったのでは、人《ひと》びとはあまりに自分《じぶん》の現在《げんざい》とかけはなれているので、それに近《ちか》づこうとはしないだろう。そうして、仏《ほとけ》の道《みち》はたいへんに遠《とお》く、そこまで達《たっ》するには長《なが》い大《おお》きな苦労《くろう》がいる、とてもわれわれにはそこまで行《い》けないという弱々《よわよわ》しい心《こころ》を起《お》こすだろうから、途中《とちゅう》で二《ふた》つの涅槃《ねはん》すなわち声聞《しょうもん》と縁覚《えんがく》の悟《さと》りを説《と》いて、いちおう心《こころ》の安穏《あんのん》を得《え》させ、じゅうぶん心《こころ》が安《やす》らかになったところを見《み》て、最高《さいこう》の悟《さと》りへ導《みちび》くのである。ほんとうは一仏乗《いちぶつじょう》しかないのだが、途中《とちゅう》の休息《きゅうそく》というような意味《いみ》で、声聞《しょうもん》・縁覚《えんがく》の二《に》乗《じょう》を説《と》く。それは一仏乗《いちぶつじょう》までゆきつく階段《かいだん》（方便《ほうべん》）として尊《とうと》い意味《いみ》があるのだけれども、そこでとどまってはならないことは、このたとえでわかるだろう――という意味《いみ》です。

そして、いままでのご説法《せっぽう》の内容《ないよう》を重《かさ》ねて偈《げ》に説《と》かれて、「化城諭品《けじょうゆほん》」は終《お》わりとなります。

五百弟子受記品第八《ごひやくでしじゆきほんだい》

この品《ほん》には、「化城諭品第七《けじようゆほんだい》」までの説法《せつぽう》によって高《たか》い境地《きようち》に導《みちび》かれてきたことを釈尊《しやくそん》が見通《みとお》された十大弟子《だいでし》の一人富楼那《ひとりふるな》をはじめ、たくさんの弟子《でし》たちが成仏《じようぶつ》の保証《ほしよう》を与《あた》えられたことが述《の》べられています。この五百《ひやく》というのは、数学的《すうがくてき》にカッキリ五百人《ひやくにん》ということでなく、たくさんという意味《いみ》ですから、そのつもりで読《よ》んでいただきたいと思《おも》います。

この富楼那《ふるな》という人《ひと》は、後世《こうせい》のいろいろな文章《ぶんしよう》にも「富楼那《ふるな》の弁《べん》を揮《ふる》う」などと雄弁《ゆうべん》の代名詞《だいめいし》として書《か》かれるほど、弁舌《べんぜつ》にすぐれた人《ひと》でした。しかも、自分《じぶん》の偉《えら》さを見《み》せびらかすことがなく、凡俗《ぼんぞく》と同《おな》じような生活《せいかつ》をしていましたし、またおとなしそうに見《み》えても、心《こころ》の中《なか》にはほんとうの意味《いみ》の勇気《ゆうき》をもっているという、まことにえらい人《ひと》でした。こんな話《はなし》が伝《つた》わっています。

大《おお》ぜいの弟子《でし》たちが、人《ひと》に教《おし》えを説《と》くことをはじめてお釈迦《しやか》さまに許《ゆる》されたとき、富楼那《ふるな》は自分《じぶん》に縁《えん》のある輸盧那国《ゆろなこく》（シュローナーパランタカ）という土地《とち》にいって、仏《ほとけ》の教《おし》えをひろめたいと思《おも》い、そう申《もう》しあげました。するとお釈迦《しやか》さまは、輸盧那国《ゆろなこく》という土地《とち》は人《ひと》の心《こころ》の非常《ひじよう》にけわしい所《ところ》だから、たいへんむずかしいことだ。いっしょうけんめい教《おし》えを説《と》いても、みんなが聞《き》かなかったらどうするか――と聞《き》かれました。すると富楼那《ふるな》は、「聞《き》かれなくてもがっかりはいたしません。笑《わら》われないのが幸《さいわ》いだと思《おも》います」と答《こた》えました。お釈迦《しやか》さまが、では、笑《わら》われたらどうする——とおっしゃいますと、「笑《わら》われたら、悪口《わるぐち》をいわれないのがありがたいと思《おも》います」と答《こた》えました。では、悪口《わるぐち》をいわれたら——とおききになりますと、「悪口《わるぐち》をいわれても、杖《つえ》で打《う》たれたり、石《いし》をぶっつけられないだけが幸《さいわ》いだと思《おも》います」と答《こた》えます。では、杖《つえ》で打《う》ち、石《いし》を投《な》げてきたら——とおききになりますと、「刀《かたな》で斬《き》られてケガをしなくてありがたいと思《おも》います」と答《こた》えます。では、刀《かたな》で斬《き》られてケガをしたら——とおききになりますと、「ケガをしても、殺《ころ》されないのをありがたいと思《おも》います」と答《こた》えます。では、死《し》ぬほどのケガをしたらどうするか——とおききになりましたとき、富楼那《ふるな》は「仏《ほとけ》さまのみ教《おし》えをひろめるために命《いのち》を捨《す》てることをありがたいと思《おも》います」と答《こた》えました。そこでお釈迦《しやか》さまは、それほどの覚悟《かくご》があれば、いってよろしい——とお許《ゆる》しになったということです。ただの雄弁家《ゆうべんか》ではないことが、この話《はなし》でもわかります。

一八三・一—九　この富楼那は、ずっと仏《ほとけ》におつきしていて、さまざまな説法《せつぽう》を聞《き》き、多《おお》くの大弟子《だいでし》たちが成仏《じようぶつ》の保証《ほしよう》を授《さず》けられたのを見《み》、また仏《ほとけ》と自分《じぶん》たちとの縁《えん》は前世《ぜんせ》からずっとつづいていることを知《し》り、そして諸仏《しよぶつ》は大自在神通《だいじざいじんづう》の力《ちから》をお持《も》ちになっておられることを知《し》って、かつてないような感激《かんげき》を覚《おぼ》え、心《こころ》が清《きよ》らかになったと同時《どうじ》に、躍《おど》りだしたいような喜《よろこ》びを覚《おぼ》えました。

そして、座《ざ》から起《た》って仏《ほとけ》をねんごろに礼拝《らいはい》し、また自分《じぶん》の座《ざ》へ退《しりぞ》くと、じっと仏《ほとけ》のお顔《かお》を仰《あお》ぎ見《み》ておりました。そして、心《こころ》の中《なか》に——世尊《せそん》は、比《くら》べもののないほど尊《とうと》いお方《かた》で、世尊《せそん》のなさることはほんとうにありがたいきわみである。世間《せけん》の人《ひと》びとの機根《きこん》や性質《せいしつ》のちがいによって、それぞれに応《おう》じた教《おし》えを与《あた》えられ、そして、いろいろな貪《むさぼ》りの心《こころ》や、執着《しゅうじゃく》する心《こころ》を抜《ぬ》き去《さ》ってくださるのだ。仏《ほとけ》さまの功徳《くどく》は、とても自分《じぶん》たちの言葉《ことば》でいいつくすことはできない。必《かなら》ず世尊《せそん》は、仏《ほとけ》の境地《きょうち》まで達《たっ》したいというわれわれの心《こころ》の奥《おく》の望《のぞ》みをちゃんと知《し》っておいでになるだろう――と考《かんが》えていました。

一八三・九―一八四・三 すると、世尊は一同《どう》にむかって、おっしゃいました。

「みなさん。この弥多羅尼《みたらに》の子《こ》の富楼那《ふるな》をごらんなさい。わたしはいつもこの人《ひと》が多《おお》くの説法人《せっぽうにん》のうちで第《だい》一であるとほめ、その功績《こうせき》をたたえてきました。この人《ひと》は、よく勤《つと》め励《はげ》んでわたしの教《おし》えを護持《ごじ》し、わたしを助《たす》けて教《おし》えを説《と》きひろめることに力《ちから》をつくしています。すなわち、世《よ》の中《なか》の大《おお》ぜいの人《ひと》に正《ただ》しい順序《じゅんじょ》を経《へ》て教《おし》えを伝《つた》え、仏《ほとけ》の正《ただ》しい法《ほう》を欠《か》けるところなく解釈《かいしゃく》して、同《おな》じく梵行《ぼんぎょう》（心《こころ》を清《きよ》らかにたもつ行《ぎょう》）をしている人《ひと》たちに大《おお》きな利益《りやく》を与《あた》えました。如来《にょらい》をのぞいては、この人《ひと》ほど言論《げんろん》にすぐれ、弁舌《べんぜつ》にまさっている人《ひと》はありますまい。」

一八四・三―八 「けれども、この富楼那《ふるな》が、ただわたしだけの教《おし》えを護持《ごじ》し、それをひろめる手助《てだす》けをしたのだと考《かんが》えるのはまちがいです。実《じつ》は、この人《ひと》は過去《かこ》において九十億《おく》の仏《ほとけ》のみもとにおいて、おなじようなはたらきをつづけてきたのです。そして、いつでもその仏《ほとけ》の説法人《せっぽうにん》としては第一人者《だいいちにんしゃ》だったのです。そればかりでなく、諸仏《しょぶつ》の説《と》かれる『一切平等《いっさいびょうどう》』の法《ほう》がすっかりわかり、その法《ほう》を人《ひと》に説《と》くのにも、相手《あいて》の機根《きこん》を知《し》って、それに適切《てきせつ》な、自由自在《じゆうじざい》な説《と》きかたで、徹底的《てっていてき》に説《と》いてあげました。さらに、法《ほう》を説《と》く場合《ばあい》には、それによって報《むく》いを得《え》ようとか、自分《じぶん》を偉《えら》く見《み》せようとかいうような我《が》の心《こころ》がすこしもなく、ひたすら法《ほう》のために法《ほう》を説《と》くという清浄《しょうじょう》な態度《たいど》であり、もちろん仏《ほとけ》の教《おし》えにすこしも疑《うたが》いなどをいだいてはいませんでした。しかも、菩薩《ぼさつ》の神通力《じんづうりき》を具《そな》え、寿命《じゅみょう》のあるかぎり梵行《ぼんぎょう》をつづけていたのです。」

一八四・八—一一「ところがこの富楼那《ふるな》は、それほど悟《さと》っていながら、そんな様子《ようす》を見《み》せないので、まわりの人《ひと》びとは、この人《ひと》をまだ声聞《しょうもん》の境地《きょうち》にいるように考《かんが》えていたのです。（ですから、みんな気易《きやす》くつきあい、親《した》しみをもってその話《はなし》をきいたのです。）富楼那《ふるな》はこうして無数《むすう》の人《ひと》びとに利益《りやく》を与《あた》え、無数《むすう》の人《ひと》びとを教化《きょうけ》して、最《さい》高《こう》の悟《さと》りを求《もと》めようという志《こころざし》を立《た》てさせました。そして、最後《さいご》にはこの世《よ》の中《なか》を浄土《じょうど》にしようという大《おお》きな決心《けっしん》をいだいて、仏《ほとけ》の事業《じぎょう》すなわち衆生《しゅじょう》を救《すく》うための教化《きょうけ》という仕事《しごと》に精出《せいだ》していました。」

半歩主義《はんぽしゅぎ》

ここのところには、布教《ふきょう》とかお導《みちび》きをするうえに、非常《ひじょう》に大切《たいせつ》な教訓《きょうくん》があると思《おも》います。お釈迦《しゃか》さまのように大威徳《だいいとく》をもった方《かた》ならば――お釈迦《しゃか》さまは別《べつ》に偉《えら》そうにはなさいませんけれど――だれしもその前《まえ》にひざまずいて、教《おし》えを聞《き》こうと一心《いっしん》を凝《こ》らします。

ところが、それほどの威徳《いとく》を具《そな》えていない人《ひと》の場合《ばあい》は、相手《あいて》のすべてが心《こころ》から帰依《きえ》して法《ほう》を聞《き》こうとするとはかぎりません。偉《えら》そうにしておれば、反発《はんぱつ》を覚《おぼ》える人《ひと》もあるでしょうし、近《ちか》づき難《がた》い思《おも》いをする人《ひと》もあるでしょう。そこで、富楼那《ふるな》の態度《たいど》がいい手本《てほん》になるのです。

悟《さと》っていない連中《れんじゅう》だ――などと大衆《たいしゅう》を見下《みくだ》してはならないことはもちろんですが、自分《じぶん》は大衆《たいしゅう》より一《いっ》歩先《ぽさき》に立《た》っているという態度《たいど》さえ、危険《きけん》をともないます。態度《たいど》のうえでは、大衆《たいしゅう》といっしょに並《なら》んで歩《ある》いているのでなければなりません。

しかし、まるっきり大衆《たいしゅう》と並《なら》んでいるのでは――すなわち、まるっきり仏《ほとけ》の道《みち》を知《し》らない人《ひと》と同《おな》じ行《おこ》ないをしていたのでは――導《みちび》きになりません。一歩《いっぽ》といわず、わずか半歩《はんぽ》ぐらい先《さき》に立《た》って歩《ある》くのです。そうすると、まわりの人《ひと》たちは、自分《じぶん》の仲間《なかま》だという親《した》しみを感《かん》じながら、いっしょに歩《ある》きます。そうして歩《ある》いているうちに、いつしかその感化《かんか》を受《う》け、正《ただ》しい道《みち》へ導《みちび》かれていくのです。

それと反対《はんたい》に、よく悟《さと》ってもいないのに高飛車《たかびしゃ》な説《と》きかたをしたり、この道《みち》にはいらなければきっとひどい目《め》に遭《あ》うぞとむやみに脅《おど》かしたりして、むりやりに引《ひ》っ張《ぱ》りこんでみても、ほんとうにその人《ひと》を教化《きょうけ》することはむずかしいのです。

この「半歩主義《はんぽしゅぎ》」というのは、ほんとうに大切《たいせつ》なことであって、説《と》く教《おし》えの内容《ないよう》でもそうです。お釈《しゃ》迦《か》さまでさえ、いきなり最高《さいこう》の教《おし》えを説《と》かれたのでは、大衆《たいしゅう》が当惑《とうわく》するばかりなので、低《ひく》い教《おし》えからだんだんに導《みちび》いていかれました。まして、お釈迦《しゃか》さまほどの偉大《いだい》な説得力《せっとくりょく》をもっていないわれわれが、相《あい》手《て》かまわず最初《さいしょ》から深遠《しんえん》なことを説《と》いてみたって、効果《こうか》があるはずはありません。

最初《さいしょ》は、仏《ほとけ》の道《みち》を学《まな》んで心《こころ》が安《やす》らかになれば「たいていの病気《びょうき》は治《なお》る」とか「毎日《まいにち》の暮《く》らしが愉快《ゆかい》になる」という目先《めさき》の現世利益《げんぜりやく》からはいるのも、相手《あいて》によっては方便《ほうべん》（正《ただ》しい手段《しゅだん》）である場合《ばあい》もあります。いわゆるインテリの場合《ばあい》は、お釈迦《しゃか》さまの教《おし》えがヒューマニズム（人間主義《にんげんしゅぎ》）の教《おし》えであることから、実例《じつれい》をあげて説《と》き起《お》こすこともありましょうし、マルクス主義《しゅぎ》などを勉強《べんきょう》したような人《ひと》に対《たい》しては、「一念三千《いちねんさんぜん》」の理論《りろん》からはいっていくのもいいでしょう。

いずれにしても、「自分《じぶん》は悟《さと》っている。おまえは悟《さと》っていない」という見下《みくだ》した態度《たいど》でなく、みんな同《おな》じく仏性《ぶっしょう》をもっている平等《びょうどう》な人間《にんげん》だという根本《こんぽん》の真理《しんり》のうえに立《た》って、自分《じぶん》にできるかぎりのことをして仏性《ぶっしょう》を自覚《じかく》させてあげたい——という慈悲《じひ》の心《こころ》をもって、仏法《ぶっぽう》へのお導《みちび》きをさせていただくのです。この点《てん》、ほんとうに富楼那《ふるな》は、わたしたち在家法華経行者《ざいけほけきょうぎょうじゃ》の手本《てほん》だと思《おも》います。

さて、世尊《せそん》は、ここでいちだんと口調《くちょう》を強《つよ》められて、いよいよ富楼那《ふるな》に対《たい》する成仏《じょうぶつ》の保証《ほしょう》をお与《あた》えになります。

「一八四・一二―一八五・一〇みなさん。この富楼那《ふるな》は過去《かこ》において仏《ほとけ》の教《おし》えをひろめる説法人《せっぽうにん》の中《なか》でも第一人者《だいいちにんしゃ》であったし、現在《げんざい》においてもそうであり、また未来《みらい》においてもそうでありましょう。そして、過去《かこ》の世《よ》でなしたと同《おな》じはたらきをずっとつづけていくでしょう。こうして、だんだんに菩薩《ぼさつ》としての道《みち》を具《そな》えてゆき、無量阿《むりょうあ》僧《そう》祇《ぎ》という長《なが》い年月《ねんげつ》ののち、仏《ほとけ》の悟《さと》りを得《え》るでしょう。名《な》を法明如来《ほうみょうにょらい》といい、ガンジス河《がわ》の砂《すな》の数《かず》ほどの多《おお》くの世界《せかい》を一《ひと》つの仏土《ぶつど》とし、美《うつく》しい平和《へいわ》な理想国《りそうこく》をつくりあげるでしょう。そこでは、人間界《にんげんかい》と天上《てんじょう》界《かい》がすぐ近《ちか》くにあって、お互《たが》いに交際《こうさい》しあい、いっしょに仏《ほとけ》の教《おし》えに帰依《きえ》するでしょう。」

この人間界《にんげんかい》と天上界《てんじょうかい》がほとんど手《て》の届《とど》くような所《ところ》まで近《ちか》づいて交際《こうさい》しあうということは、前《まえ》の「化城《けじょう》諭《ゆ》品第《ほんだい》七」における天上界《てんじょうかい》と人間界《にんげんかい》の交通《こうつう》がもっと発展《はってん》した状態《じょうたい》であって、人間界《にんげんかい》そのものがほとんど極楽浄土《ごくらくじょうど》に近《ちか》づいたことが示《しめ》されているのです。

「そこでは、一八五・一〇―一八八・一二男女の区別《くべつ》もなく、人《ひと》はみな生《う》まれかわったようになり、肉体《にくたい》の欲《よく》を満《み》たそうなどということもなく、心《こころ》は自由自在《じゆうじざい》になり、しかも仏《ほとけ》の道《みち》を怠《おこた》らずふみ行《おこ》なおうという志《こころざし》はあくまで固《かた》く、高《たか》い智慧《ちえ》が具《そな》わっているでしょう。その心《こころ》はおのずから相《そう》に表《あら》われて、身《み》は金色《こんじき》に輝《かがや》き、尊《とうと》い姿《すがた》となるでしょう。そこでは、だれしも二《ふた》つの食《た》べものしか食《た》べません。一《ひと》つは法喜食《ほうきじき》といって『仏《ほとけ》の正法《しょうぼう》を聞《き》く喜《よろこ》び』と、一《ひと》つは禅悦食《ぜんねつじき》といって、『仏《ほとけ》の正法《しょうぼう》を深《ふか》く味《あじ》わい、それを実行《じっこう》する決心《けっしん》が定《さだ》まることによって感《かん》ずる奥深《おくぶか》い喜《よろこ》び』です。」

こうなると、もうすでに肉体《にくたい》を具《そな》えながら肉体《にくたい》を具《そな》えていないような状態《じょうたい》であって、まさしく極楽浄土《ごくらくじょうど》というのはこのようなところでしょう。しかし、ここでも、「法《ほう》を聞《き》く喜《よろこ》び」と「法《ほう》を実行《じっこう》する喜《よろこ》び」が食物《しょくもつ》になっているということは、極楽浄土《ごくらくじょうど》のような所《ところ》にいても、「法《ほう》」を聞《き》き「法《ほう》」を実行《じっこう》しなければ、生《い》き甲斐《がい》のある生活《せいかつ》はできないという意味《いみ》です。

なお、そこには無数《むすう》のすぐれた菩薩《ぼさつ》や声聞《しょうもん》の衆《しゅう》があり、さまざまな功徳《くどく》があり、国土《こくど》は美《うつく》しく、すべてのよいことが成就《じょうじゅ》するであろうとお説《と》きになり、仏《ほとけ》の名《な》を法明如来《ほうみょうにょらい》、時代《じだい》を宝明《ほうみょう》、国《くに》を善浄《ぜんじょう》と名《な》づけるが、その仏《ほとけ》の寿命《じゅみょう》はたいへんに長《なが》く、仏《ほとけ》の滅後《めつご》も教《おし》えは長《なが》くそこにとどまり、人《ひと》びとは仏《ほとけ》をたたえて七宝《しっぽう》の塔《とう》を国《くに》じゅうに立《た》てるであろうと、おつけ加《くわ》えになりました。そして、いままでの説法《せっぽう》の意味《いみ》を重《かさ》ねて偈《げ》によってお説《と》きになりました。ここで富楼那《ふるな》の受記《じゅき》が終《お》わったわけです。

一八九・一―一九〇・一二

そうすると、その法座《ほうざ》にいた、煩悩《ぼんのう》を除《のぞ》きつくして心《こころ》の自由自在《じゆうじざい》を得《え》ている千二百人《せんひやくにん》の人《ひと》たちも、富楼那《ふるな》の受記《じゆき》をまのあたりに見《み》て非常《ひじよう》な喜《よろこ》びを感《かん》じ、同時《どうじ》に、自分《じぶん》らにも授記《じゆき》していただけばどんなに嬉《うれ》しいことだろうと思《おも》いました。仏《ほとけ》は、その心《こころ》の中《なか》をお見通《みとお》しになって、摩訶迦葉《まかかしよう》にむかい「この千二百人《せんひやくにん》の人《ひと》たちにも、記莂《きべつ》を授《さず》けよう」とおっしゃいました。そして、憍陳如《きようじんによ》をはじめ多《おお》くの阿羅漢《あらかん》たちに、これからたくさんの仏《ほとけ》を供養《くよう》したのち、おなじ名前《なまえ》の「普明如来《ふみようによらい》」になるだろうと、成仏《じようぶつ》の保証《ほしよう》を与《あた》えられたのです。そして、そのことを重《かさ》ねて偈《げ》によってお説《と》きになりました。

ここで大切《たいせつ》なことは、その偈《げ》の最後《さいご》の二行《にぎよう》に「迦葉汝已《かしようなんじすで》に　五百の自在者《じざいしや》を知《し》りぬ　余《よ》の諸《もろもろ》の声聞衆《しようもんしゆ》も　亦当《またまさ》に復是《またかく》の如《ごと》くなるべし　其《そ》の此《こ》の会《え》に在《あ》らざるは　汝当《なんじまさ》に為《ため》に宣説《せんぜつ》すべし」とおっしゃっておられることです。

この多《おお》くの阿羅漢《あらかん》も将来仏《しようらいほとけ》になれるだろう、そのほかのたくさんの声聞《しようもん》たちもやはり同《おな》じである、この説法会《せつぽうえ》にいない人《ひと》たちには、迦葉《かしよう》よ、あなたからいまわたしのいったことを説《と》き聞《き》かしてやって、成《じよう》仏《ぶつ》の道《みち》へ引《ひ》き入《い》れてやりなさい――という意味《いみ》ですが、この説法会《せつぽうえ》にいない人《ひと》たちというのは、先《さき》に「方便品第二《ほうべんぼんだい》」の説法《せつぽう》のとき、法座《ほうざ》を立《た》っていった「五千起去《ごせんきこ》」の人《ひと》たちです。そのところ（一〇三―一〇四頁《ページ》）にも書《か》きましたように、世尊《せそん》は大《おお》きな智慧《ちえ》と慈悲《じひ》とをもって、去《さ》っていく人《ひと》びとをわざとお止《と》めにならなかったのです。そうして、いまここに、その人《ひと》たちですら、今後《こんご》の修行次第《しゆぎようしだい》では必《かなら》ず仏《ほとけ》になれるという保証《ほしよう》を与《あた》えていらっしゃいます。

これをただ、遠《とお》い世《よ》のインドの話《はなし》だと、ひとごとのように考《かんが》えてはいけません。「余《よ》の諸《もろもろ》の声聞衆《しょうもんしゅ》」も、また、いったんは去《さ》ったけれども、迦葉《かしょう》を通《つう》じて仏《ほとけ》の宣言《せんげん》を聞《き》いてふたたび仏道《ぶつどう》に励《はげ》む人《ひと》びとも、同《おな》じように「普明如来《ふみょうにょらい》」になれるということは、われわれも「法華経《ほけきょう》」を通《つう》じて仏《ほとけ》の道《みち》にはいり、菩薩《ぼさつ》行《ぎょう》を積《つ》んでいけば、必《かなら》ず「普明如来《ふみょうにょらい》」になれるという証明《しょうめい》を与《あた》えられていることにほかならないのです。

この点《てん》に、多《おお》くの人《ひと》たちが一様《いちよう》に「普明如来《ふみょうにょらい》」という称号《しょうごう》を授《さず》けられた意味《いみ》があります。「普《ふ》」というのは「あまねく」という意《い》味《み》であり、「明《みょう》」は「光《ひかり》」ですから、身体《からだ》から光《ひかり》を発《はっ》して、社会全体《しゃかいぜんたい》を明《あか》るくする人《ひと》です。そういえば、われわれの周囲《しゅうい》にも「普明如来《ふみょうにょらい》」のような、またはその眷属《けんぞく》のような人《ひと》がよくあるもので、その人《ひと》と会《あ》っただけで、あるいは話《はな》しあっただけで、なんとなく心《こころ》の明《あか》るくなるような人《ひと》があります。娑婆《しゃば》の生活《せいかつ》には、なくてはならぬ如来《にょらい》です。われわれも、せめて「普明如来《ふみょうにょらい》」の眷《けん》属《ぞく》のようになって、周囲《しゅうい》の人《ひと》びとを明《あか》るくしてあげたいものです。

一九一・一―五
そのとき、多《おお》くの阿羅漢《あらかん》たちは、受記《じゅき》を得《え》た喜《よろこ》びに躍《おど》りあがりたいような気持《きもち》で座《ざ》から起《た》ち、仏《ほとけ》さまのみ足《あし》に頭《あたま》をすりつけて礼拝《らいはい》し、さんげをいたしました。

「いままでわたくしどもは、ただ煩悩《ぼんのう》を除《のぞ》いただけでもう悟《さと》ったように思《おも》いこんでおりました。いまはじめて、それがまちがいだったことを悟《さと》りました。ほんとうに無智《むち》だったのでございます。なぜかといいますと、もともとわたくしどもにも仏性《ぶっしょう》があるのですから、修行次第《しゅぎょうしだい》で如来《にょらい》の智慧《ちえ》を得《え》られる身《み》でございましたのに、ただ煩悩《ぼんのう》を除《のぞ》くという小《ちい》さな智慧《ちえ》だけでじゅうぶんだと考《かんが》えていたのでございます」と申《もう》しあげ、それはたとえばこのようなことだと思《おも》います——と、つぎの譬《たと》え話《ばなし》をいたします。それは、「法華七諭《ほっけしちゆ》」のうちの第《だい》五で、「衣裏繋珠《えりけいじゅ》の譬《たと》え」といいます。

衣裏繋珠《えりけいじゅ》の譬《たと》え

一九一・五―一九二・三 ある人が親友の家《いえ》を訪《たず》ねて、ごちそうになり、酒《さけ》に酔《よ》って眠《ねむ》ってしまいました。ところが、その親友《しんゆう》は、急《きゅう》に公用《こうよう》で旅行《りょこう》に出《で》かけなければならなくなりました。寝《ね》ている友《とも》だちを起《お》こすのも気《き》の毒《どく》だと思《おも》い、貧乏《びんぼう》しているその人《ひと》のために、はかりしれないような値《ね》うちのある宝《ほう》珠《じゅ》を、着物《きもの》の裏《うら》へ縫《ぬ》いつけておいて出《で》かけたのです。

目《め》が覚《さ》めたその人《ひと》は、親友《しんゆう》がいなくなっているのでその家《いえ》を立《た》ち去《さ》りましたが、あいかわらずの貧乏《びんぼう》暮《ぐ》らしで、ついに放浪《ほうろう》の生活《せいかつ》にはいりました。そして、衣食《いしょく》のためにたいへんな苦労《くろう》をし、ほんのすこしでも収入《しゅうにゅう》があると、それで満足《まんぞく》するという状態《じょうたい》でした。

ずいぶんたってから、その人《ひと》は、むかしの親友《しんゆう》と道《みち》でパッタリ出会《であ》いました。親友《しんゆう》はこの人《ひと》のあわれな姿《すがた》を見《み》て、「なんというおろかなことだ。わたしは君《きみ》が安楽《あんらく》に暮《く》らせるようにと思《おも》って、これこのとおり高価《こうか》な宝珠《ほうじゅ》を着物《きもの》の裏《うら》に縫《ぬ》いつけておいたんだよ。——さあ、これを売《う》って、なんでも必要《ひつよう》なものを買《か》いなさい。何不足《なにふそく》ない生活《せいかつ》ができるよ」といいました。

この譬《たと》え話《ばなし》を終《お》わると、阿若憍陳如《あにゃきょうじんにょ》らは、

一九二・三―一一
「仏さまも、この親友《しんゆう》のようなお方《かた》でございます。仏《ほとけ》さまがまだ菩薩《ぼさつ》であられたころ、わたくしたちに――だれしもみんな仏性《ぶっしょう》（宝珠《ほうじゅ》）が具《そな》わっているのだから、修行《しゅぎょう》して仏《ほとけ》の悟《さと》りをひらくように――とお教《おし》えくださったのですが、わたくしたちの心《こころ》は眠《ねむ》りこけていて、それを知《し》らなかったのです。そして、ただ煩悩《ぼんのう》を除《のぞ》くことができただけで、それを最上《さいじょう》の悟《さと》りだと思《おも》いこんでおりました。しかし、心《こころ》の奥底《おくそこ》には、ほんとうの仏《ほとけ》の悟《さと》りを求《もと》める心《こころ》が残《のこ》っていたのでございましょう。なんとなく、物足《ものた》りない感《かん》じはいたしておりました。いま、世尊《せそん》はわたくしどもの目《め》を覚《さ》まさせてくださいました。いまこそわたくしどもは、菩薩《ぼさつ》の修行《しゅぎょう》をして世《よ》の人《ひと》のためにつくすことによって、ついには仏《ほとけ》になれる可能性《かのうせい》のあるものだということが解《わか》ったのでございます。こんなにありがたいことはございません。」

と、心《こころ》からお礼《れい》を申《もう》しあげ、さらに偈《げ》によって重《かさ》ねてその意《い》を申《もう》しあげて、「五百弟子受記品《ごひゃくでしじゅきほん》」は終《お》わりとなります。

授《じゅ》学《がく》無《む》学《がく》人《にん》記《き》品《ほん》第《だい》九

この品《ほん》には、阿難《あなん》と羅睺羅《らごら》の二人《ふたり》および数多《かずおお》くの弟子《でし》たちに記莂《きべつ》（授記《じゅき》）を授《さず》けられたことが述《の》べられてあります。

阿難《あなん》というのは、釈尊《しゃくそん》の従弟《いとこ》にあたる人《ひと》で、あの暴虐《ぼうぎゃく》な提婆達多《だいばだった》の弟《おとうと》なのですが、これはまた兄《あに》とはうって変《か》わったやさしい人《ひと》で、少年時代《しょうねんじだい》から釈尊《しゃくそん》の弟子《でし》となり、釈尊《しゃくそん》が入滅《にゅうめつ》されるまでずっとおそばについていて、身《み》のまわりのお世話《せわ》をしましたので、「常随《じょうずい》の侍者《じしゃ》阿難《あなん》」と呼《よ》ばれています。

羅睺羅《らごら》は釈尊《しゃくそん》が出家《しゅっけ》される前《まえ》のお子《こ》さまです。その素質《そしつ》のすぐれているのを見込《みこ》まれた釈尊《しゃくそん》は、羅睺羅《らごら》が十五歳《さい》のとき王宮《おうきゅう》から呼《よ》び寄《よ》せて弟子《でし》の中《なか》に加《くわ》えられたのですが、実子《じっし》であるだけに、甘《あま》え心《ごころ》を出《だ》してはいけないというお考《かんが》えから、舎利弗《しゃりほつ》のもとに預《あず》けておいでになりました。

それから、「学人《がくにん》」というのは、これから学《まな》ばなければならない人《ひと》という意味《いみ》、「無学人《むがくにん》」というのは、もうすっかり卒業《そつぎょう》して学《まな》ぶことの無《な》い人《ひと》という意味《いみ》です。いまの言葉《ことば》の「無学《むがく》」とは、反対《はんたい》です。

一九五・一―七

さて、多くの阿羅漢《あらかん》たちが成仏《じょうぶつ》の保証《ほしょう》を与《あた》えられたのを見《み》て、直接《ちょくせつ》の弟子《でし》たちのうちでほとんど最後《さいご》にとり残《のこ》された阿難《あなん》と羅睺羅《らごら》は、なんとなく寂《さび》しいような、悲《かな》しいような気持《きもち》になりました。そして、自分《じぶん》たちにも授記《じゅき》していただけたらどんなに嬉《うれ》しいことだろうと一心《いっしん》に思《おも》いつめたあまり、座《ざ》から立《た》って世尊《せそん》のみ足《あし》に額《ひたい》をすりつけて礼拝《らいはい》してから、

「世尊《せそん》、わたくしどもにも、成仏《じょうぶつ》の保証《ほしょう》をお与《あた》えいただけませんでしょうか。わたくしどもはひたすら仏《ほとけ》さまに帰依《きえ》しておりますし、また天上界《てんじょうかい》・人間界《にんげんかい》・阿修羅界《あしゅらかい》の人《ひと》びとにも仏《ほとけ》さまのお弟子《でし》として認《みと》められております。阿難《あなん》はいつもお側《そば》にお仕《つか》えしてお教《おし》えをお護《まも》りしてきました。羅睺羅《らごら》は仏《ほとけ》さまの実子《じっし》です。もし記《き》を授《さず》けられましたら、たんにわたくしどもの願《ねが》いが達《たっ》せられるばかりでなく、たくさんの人《ひと》びとも望《のぞ》みのかなった気持《きもち》になることと存《ぞん》じます。」

一九五・七—一九七・四

こう申しあげますと、その会《え》にいたさまざまな弟子《でし》たち（学《がく》・無学《むがく》）二千人《せんにん》が座《ざ》から立《た》ち、みんなそろって、まごころを表《あら》わす意味《いみ》で右《みぎ》の肩《かた》を肌脱《はだぬ》ぎし、み前《まえ》にいって一心《いっしん》に合掌《がっしょう》し、世尊《せそん》をじっと仰《あお》ぎ見《み》ながら、阿難《あなん》や羅睺羅《らごら》と同《おな》じような願《ねが》いを心《こころ》の中《なか》に念《ねん》ずるのでした。

それをごらんになった世尊《せそん》は、二人《ふたり》への授記《じゅき》はずっと前《まえ》からみ心《こころ》にあったのですから、即座《そくざ》にそれをお許《ゆる》しになり、まず阿難《あなん》にはこれから六十二億《おく》の諸仏《しょぶつ》を供養《くよう》し、仏《ほとけ》の教《おし》えを後世《こうせい》に伝《つた》える手伝《てつだ》いをすれば、そののちにおいて仏《ほとけ》の悟《さと》りを得《え》、また多《おお》くの菩薩《ぼさつ》たちに同《おな》じ悟《さと》りを得《え》させることができるであろうとおおせになり、山海慧自在通王如来《せんかいえじざいつうおうにょらい》という称号《しょうごう》を授《さず》けられました。

そして、国《くに》の名《な》を「常立勝幡《じょうりゅうしょうばん》」と名《な》づけられました。勝幡《しょうばん》というのは、勝《か》ったしるしの旗《はた》という意《い》味《み》で、仏教以前《ぶっきょういぜん》のインドではバラモン教《きょう》が盛《さか》んでしたが、それには六十いくつの派《は》があり、お互《たが》いに宗

論《ろん》を闘《たたか》わしていました。そして、問答《もんどう》の結果《けっか》、勝《か》った僧《そう》の門口《かどぐち》にこの勝旛《しょうばん》を立《た》てるという習慣《しゅうかん》があったのです。その勝旛《しょうばん》を「常《つね》に立《た》てる」というのですから、山海慧自在通王如来《せんかいえじざいつうおうにょらい》の教《おし》えは、どんな場合《ばあい》でもいちばんすぐれているのだと証明《しょうめい》されたわけです。しかも仏《ほとけ》としての寿命《じゅみょう》も無量千万億阿僧祇劫《むりょうせんまんのくあそうぎこう》と、いわば無限《むげん》の長《なが》さであるし、その教《おし》えはその寿命《じゅみょう》の倍《ばい》ほども長《なが》く続《つづ》き、そして十方《じっぽう》のもろもろの諸仏《しょぶつ》も、その功徳《くどく》をほめたたえるであろうと授記《じゅき》なさいました。

一九七・五―一九八・三 すると、その会《え》にいた新発意《しんぼっち》（志《こころざし》を立《た》てたばかり）の菩薩《ぼさつ》八千人《せんにん》が、いままでに記《き》を与《あた》えられた大菩薩《だいぼさつ》たちよりはるかに大《おお》きなお言葉《ことば》を声聞《しょうもん》の阿難《あなん》がいただいたので、どうしたわけだろうという疑《うたが》いの念《ねん》を生《しょう》じました。それをお察《さっ》しになった世尊《せそん》は、みんなに向《む》かって、「わたしは前《まえ》の世《よ》において、阿難《あなん》といっしょに空王仏《くうおうぶつ》という仏《ほとけ》のみもとで、教《おし》えを聞《き》き、仏《ほとけ》の悟《さと》りを具《そな》えるようになりたいと、同時《どうじ》に発心《ほっしん》しました。しかし、その修行《しゅぎょう》のしかたが、わたしと阿難《あなん》とではすこしちがっていたのです。阿難《あなん》はできるだけ多《おお》くの教《おし》えを聞《き》きたい（多聞《たもん》）と願《ねが》い、わたしは、教《おし》えられたことをできるだけ実行《じっこう》することに努力《どりょく》（勤精進《ごんしょうじん》）したのです。そういうちがいがあったために、一足先《ひとあしさき》に、わたしが仏《ほとけ》の境地《きょうち》に達《たっ》したに過《す》ぎません。しかし、阿難《あなん》はこの世《よ》においても、宿世《しゅくせ》の縁《えん》によってわたしの弟子《でし》になり、わたしの教《おし》えを護持《ごじ》し、将来《しょうらい》もまた諸仏《しょぶつ》の教《おし》えを護《まも》って、多《おお》くの菩薩《ぼさつ》たちを教化《きょうけ》し、その人《ひと》たちの修行《しゅぎょう》を完成《かんせい》させてやることでしょう。阿難《あなん》は、表面《ひょうめん》は多聞《たもん》を願《ねが》っているようなので、みんな声聞《しょうもん》だとばかり思《おも》っていたかもしれませんが、ほんとうの阿難《あなん》の願《ねが》いはここにあったのです。だから、この記《き》を授《さず》けられたのです。」

と、おおせになりました。

ここにお説《と》きになった、釈尊《しゃくそん》と阿難《あなん》の修行《しゅぎょう》のゆきかたのちがいは、非常《ひじょう》に大切《たいせつ》な要点《ようてん》だと思《おも》います。「悟《さと》りは実行《じっこう》にある」ということを、ご自身《じしん》を例《れい》にとってお教《おし》えになったのですから、これはまったく動《うご》かすことのできない実例《じつれい》です。「利他行《りたぎょう》」の実践《じっせん》――これが宗教《しゅうきょう》の極致《きょくち》であることを、ここでもはっきりとお示《しめ》しになっておられるのです。

なお、ここに「本願《ほんがん》」という言葉《ことば》がでていますので、「願《がん》」ということについて説明《せつめい》しておきましょう。

本《ほん》　願《がん》

現代《げんだい》においては、この「願《がん》」という言葉《ことば》がたいへん無造作《むぞうさ》に使《つか》われていますが、ほんとうの「願《がん》」というものは、そんな軽々《かるがる》しいものではありません。「願《がん》」の本来《ほんらい》の意味《いみ》は、「まず自《じ》分《ぶん》の理想《りそう》を立《た》て、その実現《じつげん》に対《たい》して自分《じぶん》の全生活《ぜんせいかつ》をうちこんでいくこと」にあるのです。もちろん仏教《ぶつきょう》のうえでは、その理想《りそう》というのは「利他《りた》」ということです。自分《じぶん》が仏《ほとけ》の境地《きょうち》に達《たっ》したいという理想《りそう》も、結局《けっきょく》は他人《たにん》を救《すく》うという目的《もくてき》でなければ「願《がん》」にならないのです。ですから、それを仏教徒《ぶつきょうと》としての根《こん》本《ぽん》の願《ねが》い、すなわち「本願《ほんがん》」というのです。

総《そう》願《がん》

また、仏教《ぶっきょう》では「願《がん》」を二《ふた》つに分《わ》けて、「総願《そうがん》」と「別願《べつがん》」とがあるとしています。「総願《そうがん》」というのは、どんな人《ひと》びとにも共通《きょうつう》な「願《がん》」です。仏教徒《ぶっきょうと》として、「仏《ほとけ》の教《おし》えを学《まな》び、煩悩《ぼんのう》を断《た》ち切《き》ろう」と考《かんが》えるのはだれにも共通《きょうつう》な願《ねが》いです。「自分《じぶん》が悟《さと》ることによって、多《おお》くの人《ひと》のためになろう」というのも、やはりそうです。そういう「願《がん》」を「総願《そうがん》」というのです。その「総願《そうがん》」は四つあって、これを「四弘誓願《しぐせいがん》」というのですが、あと（二九八頁《ページ》）でくわしく説明《せつめい》しましょう。

別《べつ》願《がん》

その総願《そうがん》に対《たい》して、「別願《べつがん》」というのは、その人《ひと》の性格《せいかく》に応《おう》じ、才能《さいのう》に応《おう》じ、職業《しょくぎょう》に応《おう》じた特別《とくべつ》の願《ねが》いです。自分《じぶん》は絵《え》が上手《じょうず》だから、美《うつく》しい絵《え》を描《か》くことによってこの世《よ》をすこしでも美《うつく》しくしよう。自分《じぶん》は音楽《おんがく》が得意《とくい》だから、音楽《おんがく》によって人《ひと》の心《こころ》を和《なご》やかにしよう。自分《じぶん》は農民《のうみん》だからすこしでもいい米《こめ》や野菜《やさい》などをつくって世《よ》のためにつくそう。自分《じぶん》は商人《しょうにん》だから、できるだけよい品《しな》を安《やす》く提供《ていきょう》して、お客《きゃく》さまの生活《せいかつ》に役立《やくだ》てよう。——みんなりっぱな別願《べつがん》です。

仏《ほとけ》さまでも、「衆生《しゅじょう》を救《すく》おう」という「総願《そうがん》」のほかに、阿弥陀如来《あみだにょらい》の四十八願《がん》とか、釈迦牟尼如来《しゃかむににょらい》の五百《ひゃく》の大願《たいがん》とか、それぞれの別願《べつがん》をお立《た》てになっておられます。われわれ現世《げんぜ》の人間《にんげん》も、人間《にんげん》としての共通《きょうつう》な「総願《そうがん》」のほかに、ただひとつでもいいから一生《いっしょう》をかけた「別願《べつがん》」を立《た》てて、それのために努《ど》力《りょく》していくところに、人生《じんせい》の価値《かち》があり、日々《ひび》の生活《せいかつ》の充実《じゅうじつ》があるのです。仏教《ぶっきょう》の教《おし》えというものは、このように、永遠《えいえん》の大《おお》きな理想《りそう》だけでなく、現実《げんじつ》の日々《ひび》のくらしの理想《りそう》まで、あますところなく説《と》かれているのですから、非常《ひじょう》に深遠《しんえん》でありながら、また非常《ひじょう》に身近《みぢか》な教《おし》えであるということができます。

「願《がん》」は、ただ立《た》てただけではなんにもなりません。実行《じっこう》しなければならないのです。それもいい加減《かげん》な、中途半端《ちゅうとはんぱ》なものであってはいけません。いったんこうと心《こころ》に決《き》めたら、どんなことがあってもやり抜《ぬ》くという熱意《ねつい》と、粘《ねば》り強《づよ》さがなくてはならないのです。そうすれば「願《がん》」は必《かなら》ず成就《じょうじゅ》されます。

といえば、現実《げんじつ》の問題《もんだい》として、そう思《おも》いどおりにいくものではない——と考《かんが》える人《ひと》があるでしょう。そうではありません。一念《いちねん》が凝《こ》り、それが長続《ながつづ》きすれば、いつかは必《かなら》ず成就《じょうじゅ》するものです。たとえこの現世《げんぜ》においては成就《じょうじゅ》しなくても、来世《らいせ》において成就《じょうじゅ》します。このことは、生物《せいぶつ》の進化《しんか》ということを例《れい》にとると理解《りかい》しやすいと思《おも》いますので、次《つぎ》にその例《れい》をのべましょう。

鳥《とり》の祖先《そせん》は、トカゲに似《に》たような動物《どうぶつ》だったのだそうです。そして、地上《ちじょう》を這《は》って生活《せいかつ》していたのですが、他《た》の強《つよ》い動物《どうぶつ》につかまって食《た》べられるので、なんとかして空《そら》を飛《と》んで逃《に》げたいという望《のぞ》みをもったのです。そして、そういう望《のぞ》みをもってあがきつづけた結果《けっか》、何億年《なんおくねん》か知《し》りませんが、とにかく長《なが》いあいだ生《い》きかわり死《し》にかわりしているうちに前脚《まえあし》がだんだん変化《へんか》して翼《つばさ》になったというのです。また、ネズミの仲間《なかま》であるムササビやコウモリの、前《まえ》あしとうしろあしの間《あいだ》やあしゆびの間《あいだ》に膜《まく》が出《で》来《き》て飛《と》べるようになったのも、同《おな》じような願《ねが》いからであって、これはずっと短《みじか》い期間《きかん》に達成《たっせい》できたのだといいます。

願《がん》の力《ちから》というものの、なんという強《つよ》さでしょう。ほとんど不可能《ふかのう》と思《おも》うことでも、それを思《おも》いつづけ、努力《どりょく》しつづければ、こういう結果《けっか》を生《う》むのです。しかも、ほとんど智慧《ちえ》らしいものを持《も》たない動物《どうぶつ》でさえもこうです。まして、月世界《げっせかい》へも飛《と》んでいけるほどの知慧《ちえ》を持《も》っている人間《にんげん》が、その念願《ねんがん》を成就《じょうじゅ》することができないはずはありますまい。「願《がん》」は必《かなら》ず成就《じょうじゅ》します。変《か》わることない信念《しんねん》と、それに対《たい》する不断《ふだん》の努力《どりょく》をつづければ、必《かなら》ず成就《じょうじゅ》するのです。仏《ほとけ》さまもそうお教《おし》えになっているのです。

一九八・七―一九九・一 さて、阿難に対《たい》する授記《じゅき》を終《お》えられた世尊《せそん》は、こんどは、羅睺羅《らごら》にも記《き》を授《さず》けられます。そして蹈七《とうしつ》宝華如来《ほうけにょらい》という称号《しょうごう》を与《あた》えられ、十《とお》の世界《せかい》をすりつぶして出来《でき》た粉《こな》の数《かず》ほどの仏《ほとけ》に仕《つか》え、いつもその仏《ほとけ》たちの子《こ》としていつくしみと教化《きょうけ》を受《う》けることは、現在《げんざい》の自分《じぶん》とおまえの間柄《あいだがら》と同《おな》じであろうとおっしゃいました。また、その国《くに》の美《うつく》しさや、仏《ほとけ》としての寿命《じゅみょう》その他《た》はすべて阿難《あなん》と同《おな》じであろうと授記《じゅき》されました。そして、さらに偈《げ》を説《と》いて、

一九九・三―七 「わたしが太子《たいし》であったとき、羅睺羅《らごら》はわたしの長子《ちょうし》として生《う》まれ、わたしがいま仏道《ぶつどう》を成《じょう》じたら、法《ほう》を受《う》けて法《ほう》の子《こ》となりました。未来世《みらいせ》においても、無量億《むりょうおく》の仏《ほとけ》のみもとに現《あら》われてその長子《ちょうし》となり、一心《いっしん》に仏道《ぶつどう》を求《もと》めることでしょう。羅睺羅《らごら》の密行《みつぎょう》はわたしだけがよく知《し》っています。宿世《しゅくせ》から深《ふか》い縁《えん》があり、現世《げんぜ》においてはわたしの長子《ちょうし》として衆生《しゅじょう》の前《まえ》に現《あら》われ、その功徳《くどく》は数《かぞ》えきれないほどです。仏法《ぶっぽう》の中《なか》に安住《あんじゅう》し、菩薩道《ぼさつどう》を行《ぎょう》じて無上《むじょう》の悟《さと》りを求《もと》めているのです。」

と、おっしゃいました。

まことに、教《おし》えの親《おや》、実《じつ》の親《おや》としての情《じょう》に溢《あふ》れたお言葉《ことば》だと、涙《なみだ》がこぼれるような思《おも》いがします。とくに、「羅睺羅《らごら》の密行《みつぎょう》は　唯我《ただわれ》のみ能《よ》く之《これ》を知《し》れり」という一言《ひとこと》をきいて、羅睺羅《らごら》はどんなに嬉《うれ》しかったことでしょう。密行《みつぎょう》というのは、自分《じぶん》は悟《さと》っていてもそれを表《おもて》に現《あら》わさないで、凡愚《ぼんぐ》のごとく人《ひと》にたちまじりながら、自然《しぜん》と人《ひと》を導《みちび》いていくことをいうのです。前《まえ》に述《の》べた「半歩主《はんぽしゅ》義《ぎ》」です。羅睺羅《らごら》は、相当高《そうとうたか》い境地《きょうち》に達《たつ》していてもそれを外《そと》に表《あら》わさず、黙々《もくもく》として、陰《かげ》で人《ひと》を導《みちび》いていたのですが、そのことを、仏《ほとけ》であり父上《ちちうえ》であるお釈迦《しゃか》さまだけは、何《なに》から何《なに》までちゃんと知《し》っておられたのです。羅睺羅《らごら》にとっては、二重《にじゅう》の喜《よろこ》びだったことでしょう。

それにしても、お釈迦《しゃか》さまは、なぜ阿難《あなん》とか羅睺羅《らごら》のようなりっぱなお弟子《でし》を、他《た》の人《ひと》よりずっとあとで授記《じゅき》されたのでしょう。

おそれおおいことですが、そのお心《こころ》のうちを推察《すいさつ》してみますと、阿難《あなん》はいつもお側《そば》に仕《つか》えていたということ、羅睺羅《らごら》は肉親《にくしん》の子《こ》であるということ、すなわち両方《りょうほう》とも現身《げんしん》のお釈迦《しゃか》さまにとっていちばん身《み》近《ぢか》な人《ひと》であることに、かえって修行《しゅぎょう》のためのマイナス点《てん》がかくれていることを考慮《こうりょ》に入《い》れ、それをわたしどもにお示《しめ》しになるために、わざと遅《おく》らされたものと思《おも》われるのです。身近《みぢか》のものだから、教団《きょうだん》の他《た》の人《ひと》びとに対《たい》して遠慮《えんりょ》なさったのではないかなどと考《かんが》えてはなりません。お釈迦《しゃか》さまはそんなちっぽけなお方《かた》ではありません。

つまり、いつもお側《そば》にいて、お食事《しょくじ》のお世話《せわ》もすれば、お腰《こし》も揉《も》む、お湯《ゆ》をおつかいになるときは背《せ》中《なか》もお流《なが》しするという立場《たちば》にいますと、仏《ほとけ》としての釈尊《しゃくそん》の偉《えら》さやその教《おし》えの尊《とうと》さと、釈尊《しゃくそん》の現身《げんしん》のお姿《すがた》とが混《ま》じりあって、どうしても、他《た》のお弟子《でし》たちのような純粋《じゅんすい》な帰依《きえ》ということが困難《こんなん》になるのが普通《ふつう》です。肉親《にくしん》の子《こ》にしても同《おな》じことで、おとうさんがいくら偉《えら》い人《ひと》でも、心《こころ》から尊敬《そんけい》している外部《がいぶ》の人《ひと》——たとえば学校《がっこう》の先生《せんせい》など——のように尊敬《そんけい》するということは、なかなかできにくいものです。

それで、そういう立場《たちば》にいるものは、よほど心《こころ》の中《なか》に公私《こうし》の区別《くべつ》を立《た》てないと、お側《そば》にいることがかえって修行《しゅぎょう》のじゃまになるものだ——ということをお教《おし》えになったのです。（阿難《あなん》や羅睺羅《らごら》は、そんなむずかしい立場《たちば》にありながら、前述《ぜんじゅつ》のようにりっぱであったことは、ますますその徳《とく》の高《たか》さを証明《しょうめい》しているわけです。）

身《み》近《ぢか》の人《ひと》の教化《きょうけ》

このことから逆《ぎゃく》に考《かんが》えてみますと、われわれが身近《みぢか》のもの、すなわち妻《つま》とか夫《おっと》とか、子《こ》どもとか親《おや》とかを、法《ほう》に導《みちび》くことが、いちばんむずかしいのです。口先《くちさき》だけで導《みちび》こうとしても、とうていできるものではありません。日常生活《にちじょうせいかつ》において、実際《じっさい》の行《おこ》ないによって感化《かんか》するよりほかはないのです。その行《おこ》ないも、りっぱなのはときたまで、ふだんはみにくい、わがままな行《おこ》ないが多《おお》いようでは効果《こうか》はないのであって、常住不断《じょうじゅうふだん》によい手本《てほん》を見《み》せなければ、とうてい家族《かぞく》はついてくるものではありません。このことを、お釈迦《しゃか》さまは言外《げんがい》にお教《おし》えになっていらっしゃるのであると、こう受《う》け取《と》らねばならないと思《おも》います。

一九九・八—二〇一・二

そのとき世尊が、学《がく》・無学《むがく》の二千人《せんにん》をごらんになると、みんなが柔輭《にゅうなん》な、そして条件《じょうけん》に左右《さゆう》されない清《きよ》らかな心《こころ》をもって、一心《いっしん》に仏《ほとけ》を見《み》たてまつっているのが、お目《め》に写《うつ》りました。そこで仏《ほとけ》は、阿難《あなん》に「この大《おお》ぜいの人《ひと》を見《み》ましたか」とおききになりますと、阿難《あなん》は「はい、見《み》ました」と答《こた》えます。もちろんこれは「どう見《み》るか」「りっぱだと見《み》ます」という意味《いみ》なのです。いわゆる以心伝心《いしんでんしん》の問答《もんどう》です。

すると、世尊《せそん》は、この人《ひと》たちもこれから無量《むりょう》の諸仏《しょぶつ》にお仕《つか》えして、仏法《ぶっぽう》を護持《ごじ》していけば、みんな同《おな》じ名前《なまえ》の宝相如来《ほうそうにょらい》という仏《ほとけ》になれるだろうと、記莂《きべつ》をお授《さず》けになりました。一同《いちどう》は、躍《おど》りあがらんばかりに喜《よろこ》び、偈《げ》を説《と》いて、

「世尊《せそん》は慧《え》の光《ひかり》であられます。わたくしどもは授記《じゅき》のみ声《こえ》をうかがって、心《こころ》に喜《よろこ》びが満《み》ち満《み》ち、不死《ふし》の霊薬《れいやく》を注《そそ》がれたようでございます。」

と、心《こころ》からお礼《れい》を申《もう》し上《あ》げるのでした。この「世尊慧燈明《せそんえとうみょう》　我聞授記音《がもんじゅきおん》　心歓喜充満《しんかんぎじゅうまん》　如甘露見灌《にょかんろけんかん》」の偈《げ》は、短《みじ》かいですけれど「法華経《ほけきょう》」の中《なか》でも有名《ゆうめい》な偈《げ》で、仏《ほとけ》さまをあがめ、仏《ほとけ》さまに感謝《かんしゃ》する心持《こころも》ちが生《い》き生《い》きと溢《あふ》れています。

法《ほっ》師《し》品《ほん》第《だい》十

この品《ほん》には、法師《ほっし》の心得《こころえ》が述《の》べられてあります。法師《ほっし》というのは、本来《ほんらい》の意味《いみ》は出家《しゅっけ》した人《ひと》にかぎらないのです。出家《しゅっけ》でもよし、在家《ざいけ》でもよし、男子《だんし》でもよし、女子《じょし》でもよし、とにかく「法華経《ほけきょう》」を世《よ》にひろめるために努力《どりょく》する人《ひと》のことをいうのです。

二〇二・一―六 そのとき世尊《せそん》は、薬王菩薩《やくおうぼさつ》にお話《はな》しかけになる形《かたち》で、八万《まん》の菩薩修行者《ぼさつしゅぎょうしゃ》にお告《つ》げになるには、「薬王《やくおう》よ、この大衆《だいしゅ》の中《なか》には天上界《てんじょうかい》のもの、人間界《にんげんかい》のもの、海《うみ》の底《そこ》や空《そら》に住《す》んでいるものなど、ありとあらゆる生《せい》あるものが集《あつ》まっており、また悟《さと》りを求《もと》めようとするいろいろな機根《きこん》の求道者《ぐどうしゃ》がいますが、これらのうちのだれでもいい、わたしの説《と》く『法華経《ほけきょう》』の一偈《いちげ》でも一句《いっく》でも聞《き》いて、一瞬《いっしゅん》のあいだでも、ああ、ありがたいと思《おも》うものがあったら、わたしは記《き》を授《さず》けましょう。その人《ひと》はきっと仏《ほとけ》の悟《さと》りを得《え》るにちがいないからです。」

もちろん、一瞬《いっしゅん》のあいだ「ありがたい」と思《おも》っただけで、あとは元《もと》の木阿弥《もくあみ》に返《かえ》るのだったら、なんにもなりません。なんべんもいいますように、成仏《じょうぶつ》の保証《ほしょう》には、かならず「長《なが》い長《なが》い修行《しゅぎょう》の結果《けっか》」という条件《じょうけん》がついています。では、なぜこうおっしゃったかといいますと、一瞬間《いっしゅんかん》でも、ああ、ありがたいと思《おも》う心《こころ》が起《お》これば、それが成仏《じょうぶつ》の種《たね》になるという意味《いみ》です。この種《たね》に怠《おこた》らず水《みず》をやって芽《め》を出《だ》させ、それから茎《くき》を伸《の》ばし、葉《は》を茂《しげ》らせ、花《はな》を咲《さ》かせ、そうして実《み》を結《むす》ぶまで不断《ふだん》に世話《せわ》していかなければならないのです。しかし、「法華経《ほけきょう》」の一偈《いちげ》一句《いっく》を聞《き》いて、一瞬《いっしゅん》のあいだでも随喜《ずいき》の心《こころ》が起《お》これば、われわれにすら成仏《じょうぶつ》の保証《ほしょう》が与《あた》えられるということをきくと、だれしも勇気百倍《ゆうきひゃくばい》の思《おも》いがするはずです。末世《まっせ》のわれわれにとっては大《おお》きな励《はげ》ましです。そのことを、つぎにお述《の》べになっていらっしゃいます。

二〇二・六—八「それは現在《げんざい》のことだけではありません。わたしが入滅《にゅうめつ》してからあとの末世《まっせ》においても、『法華経《ほけきょう》』の一偈《いちげ》一句《いっく》を聞《き》いて、心《こころ》からありがたいと思《おも》う人《ひと》には、仏《ほとけ》の悟《さと》りに達《たっ》せられる保証《ほしょう》を与《あた》えましょう。」

ですから、以下《いか》にお説《と》きになられるのは、末世《まっせ》のことが主体《しゅたい》になっています。すなわち、現在《げんざい》のわれわれの世界《せかい》のことです。そのつもりで読《よ》み進《すす》んでまいりましょう。

二〇二・八—二〇三・三「もし末世《まっせ》において、この『法華経《ほけきょう》』の一偈《いちげ》でも受持《じゅじ》し、読誦《どくじゅ》し、この経巻《きょうかん》を仏《ほとけ》と同《おな》じようにあがめ尊《とうと》び、さまざまに供養《くよう》する人《ひと》がいたら、薬王《やくおう》よ、その人《ひと》たちはすでに過去世《かこせ》において十万億《まんのく》の仏《ほとけ》を供養《くよう》し、諸仏《しょぶつ》のみもとにおいて修行《しゅぎょう》を積《つ》んでいる人《ひと》です。そして、衆生《しゅじょう》を救《すく》うためにこの世《よ》に生《う》まれてきたのです。」

この受持《じゅじ》・読《どく》・誦《じゅ》・解説《げせつ》・書写《しょしゃ》というのは、「五種法師《ごしゅほっし》」といって、「法華経《ほけきょう》」をひろめるものの大切《たいせつ》な行《ぎょう》を五つに分《わ》けて述《の》べられたものです。「法師品《ほっしほん》」には要点《ようてん》が七つあると思《おも》いますが、これがその第《だい》一です。

その「五種法師《ごしゅほっし》」のうち、「受持《じゅじ》」を正行《しょうぎょう》といい、以下《いか》の四つを助行《じょぎょう》といいます。なぜ「受持《じゅじ》」を正《しょう》行《ぎょう》といって他《た》と区別《くべつ》するかといえば、五つの中《なか》でもこれがいちばん大切《たいせつ》であり、根本《こんぽん》であり、これがなければ他《た》の四つの行《ぎょう》をしても意味《いみ》が薄《うす》いからなのです。「受《じゅ》」というのは、教《おし》えを深《ふか》く心《こころ》に信《しん》ずることです。「持《じ》」というのは、その信仰《しんこう》を固《かた》く持《も》ちつづけることです。

つぎは助行《じょぎょう》ですが、その第《だい》一の「読《どく》」というのは、字《じ》のとおり読《よ》むことです。声《こえ》を出《だ》して読《よ》むのも、黙《だま》って読《よ》むのも、人《ひと》の読《よ》むのを一心《いっしん》に聞《き》くのも、このうちにはいります。

「誦《じゅ》」というのは、「そらんじる」ということです。覚《おぼ》えた文句《もんく》を、口《くち》に出《だ》してくりかえしてみるのもそうですし、習《なら》ったお経《きょう》の意味《いみ》を心《こころ》の中《なか》でくりかえしてみるのもそうです。とにかく、何《なに》も見《み》ないで、そらでくりかえすことであって、それによって、教《おし》えが心《こころ》にしっかりと植《う》えつけられるのです。

「解説《げせつ》」というのは、人《ひと》に説《と》いてあげることです。これは、教《おし》えをひろめるために欠《か》くことのできない行《ぎょう》ですが、一方自分《いっぽうじぶん》のためにもなるものです。人《ひと》に説《と》くというのは、なかなかむずかしいことで、そのためには、どうしてもあらためて深《ふか》く学《まな》び直《なお》すことになります。また、人《ひと》に説《と》いているうちに、自分《じぶん》の信解《しんげ》の足《た》りないところなどを反省《はんせい》させられることも、よくあるものです。

「書写《しょしゃ》」というのは、書《か》き写《うつ》すことですが、これにも二通《ふたとお》りの意義《いぎ》があります。一《ひと》つは教《おし》えをひろめるため、一《ひと》つはやはり自分《じぶん》の信解《しんげ》を深《ふか》めるためです。「法華経《ほけきょう》」ができたころには、印刷術《いんさつじゅつ》というものがありませんでしたから、お経《きょう》を書《か》き写《うつ》さなければ、世《よ》にひろめることはできませんでした。それで、「書写《しょしゃ》」ということが非常《ひじょう》に大切《たいせつ》な行《ぎょう》だったわけです。現代《げんだい》においては、印刷《いんさつ》により、映画《えいが》により、またはレコードやテープ・レコーダーにより、あるいはシンクロ・リーダーによってひろめなければ追《お》いつきません。写経《しやきよう》の第《だい》一の意義《いぎ》は、こんなに変化《へんか》してきています。

しかし、「書写《しよしや》」というのは、その意味《いみ》だけでなく、心静《こころしず》かに一字《いちじ》一字《いちじ》お経《きよう》をていねいに写《うつ》すことによって、その精神《せいしん》を自分《じぶん》の頭《あたま》といわず、心《こころ》といわず、全身全霊《ぜんしんぜんれい》にしっかと植《う》えつけることができます。その意味《いみ》の写経《しやきよう》は、今日《こんにち》のような世《よ》の中《なか》になってもやはり大切《たいせつ》なことです。

二〇三・三—二〇四・四「薬王よ、もしある人《ひと》が、どんな衆生《しゆじよう》が未来世《みらいせ》において成仏《じようぶつ》できるかときいたならば、わたしは『法華経《ほけきよう》』の一句《いつく》でも一偈《いちげ》でも受持《じゆじ》・読《どく》・誦《じゆ》・解説《げせつ》・書写《しよしや》し、それに対《たい》して感謝《かんしや》をささげる人《ひと》が、仏《ほとけ》になれる人《ひと》であると答《こた》えましょう。そういう人《ひと》は、仏《ほとけ》の代《か》わりに世《よ》の中《なか》に出《で》た人《ひと》ですから、一切世間《いつさいせけん》の人《ひと》びとは手本《てほん》としてあがめ尊《とうと》ばねばなりません。そして、仏《ほとけ》に対《たい》すると同様《どうよう》の感謝《かんしや》をささげねばなりません。」

この前後《ぜんご》には、おなじようなことをくりかえし、くりかえしお説《と》きになっていらっしゃいます。どんなにこのことを大事《だいじ》にお考《かんが》えになっていられたかを、強《つよ》く強《つよ》く感銘《かんめい》させられます。二〇四・一—一四中でも「若《も》し是《こ》の善男子《ぜんなんし》・善女人《ぜんによにん》、我《わ》が滅度《めつど》の後《のち》、能《よ》く竊《ひそ》かに一人《にん》の為《ため》にも法華経《ほけきよう》の乃至《ないし》一句《く》を説《と》かん。当《まさ》に知《し》るべし、是《こ》の人《ひと》は則《すなわ》ち如来《によらい》の使《つかい》なり。如来《によらい》の所遣《しよけん》として如来《によらい》の事《じ》を行《ぎよう》ずるなり。何《いか》に況《いわ》んや大衆《だいしゆ》の中《なか》に於《おい》て広《ひろ》く人《ひと》の為《ため》に説《と》かんをや」の一節《いつせつ》は、暗誦《あんしよう》のできるように記憶《きおく》しておきたいものです。ここが「法師品《ほつしほん》」の第《だい》二の要点《ようてん》です。

これは、——末世《まつせ》において、「法華経《ほけきよう》」のただの一句《いつく》でも、しかもそっとただ一人《ひとり》のためにでも説《と》き聞《き》かせるような人《ひと》は、如来《にょらい》のお使《つか》いであり、如来《にょらい》から遣《つか》わされたものとして、衆生《しゅじょう》を救《すく》うという如来《にょらい》のはたらきの代理《だいり》をするものである。まして、おおぜいの中《なか》で、広《ひろ》く人《ひと》のために説《と》くその功徳《くどく》というものは、はかりしれないものがある——という意味《いみ》です。法華経行者《ほけきょうぎょうじゃ》として、朝夕心《あさゆうこころ》の中《なか》に念《ねん》じなければならないお言葉《ことば》だと思《おも》います。

二〇四・四—七 つぎに、「薬王《やくおう》よ、もし悪《わる》い人《ひと》があって、仏《ほとけ》の目《め》の前《まえ》で、仏《ほとけ》を一劫《いっこう》という長《なが》い間罵《あいだののし》りつづけたとしても、その罪《つみ》はまだ軽《かる》いほうです。もし、一口《ひとくち》でも『法華経《ほけきょう》』を読誦《どくじゅ》する在家《ざいけ》・出家《しゅっけ》の人《ひと》の悪口《わるくち》をいったら、その罪《つみ》ははかりしれないほど重《おも》いのです」というお言葉《ことば》があります。

ここが、本品《ほんぽん》の第《だい》三の要点《ようてん》だと思《おも》います。これは当然《とうぜん》、あとに出《で》てくる 二〇七・一〇—二〇八・一 「どこでもよい、この『法華経《ほけきょう》』を読《よ》む人《ひと》や誦《そら》んじる人《ひと》のいる所《ところ》、またはその経巻《きょうかん》のある所《ところ》には、りっぱな塔《とう》を建《た》てて、世間《せけん》の人《ひと》がそれをあがめるようにしなさい。わたしの舎利《しゃり》（お骨《こつ》）などを埋《うず》めて拝《おが》むために塔《とう》などを建《た》てることはありません。なぜならば、この『法華経《ほけきょう》』の中《なか》にこそ、如来《にょらい》の全身《ぜんしん》が具《そな》わっているからです」というお言葉《ことば》と重要《じゅうよう》なつながりがありますから、両方《りょうほう》をひっくるめて第《だい》三の要点《ようてん》と考《かんが》えていいでしょう。

偶像崇拝《ぐうぞうすうはい》と真《しん》の礼拝《らいはい》

これはつまり、「偶像崇拝《ぐうぞうすうはい》は誤《あやま》りである。法《ほう》そのものが尊《とうと》いのである」ということを力強《ちからづよ》くお教《おし》えになっておられるのです。——わたしをどんなに罵《ののし》ってもまだ罪《つみ》は軽《かる》い、わたしの舎利《しゃり》などを塔《とう》に納《おさ》めることはない。「法華経《ほけきょう》」の教《おし》えを行《ぎょう》ずるのが最大《さいだい》の供養《くよう》であり、「法華経《ほけきょう》」を行《ぎょう》ずることを罵《ののし》るのが最大《さいだい》の罪《つみ》である。——なんという理性的《りせいてき》な、私《わたくし》のない、真理尊重《しんりそんちょう》のお教《おし》えでしょう。

しかし、ここで注意《ちゅうい》しておきたいのですが、釈尊《しゃくそん》がこうおっしゃったからといって、われわれ衆生《しゅじょう》が「仏《ほとけ》を罵《ののし》っても罪《つみ》は軽《かる》い」とか「仏舎利《ぶっしゃり》などは問題《もんだい》ではない」というように、そのとおり受《う》け取《と》ってはたいへんな考《かんが》えちがいです。釈尊《しゃくそん》は、この尊《とうと》い教《おし》えをわれわれにお残《のこ》しになったお方《かた》ですから、どんなに敬《うやま》っても敬《うやま》いきれないほどです。われわれが釈尊《しゃくそん》のお像《ぞう》を礼拝《らいはい》するのは、この尊《とうと》い教《おし》えを残《のこ》してくださったことに無限《むげん》の感謝《かんしゃ》をささげるためです。そして、なんべんもくりかえすようですが、われわれ人《にん》間《げん》の理想《りそう》の姿《すがた》として釈尊《しゃくそん》を仰《あお》ぎ、すこしでもその理想《りそう》へ近《ちか》づきたいという心《こころ》を深《ふか》くするためです。

さらにわれわれは、迹仏《しゃくぶつ》としての釈尊《しゃくそん》の姿《すがた》を通《つう》じて久遠実成《くおんじつじょう》の本仏釈迦牟尼如来《ほんぶつしゃかむににょらい》すなわち「法《ほう》」を礼《らい》拝《はい》するのです。けっして偶像崇拝《ぐうぞうすうはい》ではありません。偶像崇拝《ぐうぞうすうはい》というのは、ある「物《もの》」を拝《おが》めば病気《びょうき》が治《なお》るとか、救《すく》われるとか、願《ねが》いごとがかなうとかいって、「物《もの》」そのものを拝《おが》むことです。その二《ふた》つには天《てん》と地《ち》ほどのちがいがあるのです。

二〇四・七—九
次に「其れ法華経《ほけきょう》を読誦《どくじゅ》すること有《あ》らん者《もの》は、当《まさ》に知《し》るべし、是《こ》の人《ひと》は仏《ほとけ》の荘厳《しょうごん》を以《もっ》て自《みずか》ら荘厳《しょうごん》するなり。則《すなわ》ち如来《にょらい》の肩《かた》に荷担《かたん》せらるることを為《え》ん」とあります。

これは、――「法華経《ほけきょう》」を心《こころ》から読誦《どくじゅ》する人《ひと》は、仏《ほとけ》とおなじ荘厳《そうごん》さをもってその身《み》を美《うつく》しく輝《かがや》かしているのである。そして、そういう人《ひと》は、いつも如来《にょらい》が肩《かた》にかついでいてくださるのである――というのです。まことに、「法華経《ほけきょう》」を一心《いっしん》に読誦《どくじゅ》している人《ひと》の姿《すがた》は、仏《ほとけ》のごとく厳《おごそ》かで美《うつく》しいのです。まさしく「その身体《しんたい》は金色《こんじき》に輝《かがや》いている」といえるでしょう。

また、そういう人《ひと》は、いつも仏《ほとけ》がしっかりと護《まも》ってくださるというのですが、あとにも「如来《にょらい》の二〇七・六―七滅後に其れ能《よ》く書持《しょじ》し読誦《どくじゅ》し供養《くよう》し、他人《たにん》の為《ため》に説《と》かん者《もの》は、如来則《にょらいすなわ》ち衣《ころも》を以《もっ》て之《これ》を覆《おお》いたもうべし」とあり、また「二〇七・九―一〇是の人は如来《らい》と共《とも》に宿《しゅく》するなり。則《すなわ》ち如来《にょらい》の手《みて》をもって其《そ》の頭《こうべ》を摩《な》でたもうを為《え》ん」とあります。

こんなにまでくりかえしておっしゃっておられるのは、「法華経《ほけきょう》」がどんなに尊《とうと》い教《おし》えであるか、それを行《ぎょう》ずることがどんなに如来《にょらい》のみ心《こころ》にかなうことであるかを、しっかりと胸《むね》に刻《きざ》みこむようにとの意《い》味《み》なのです。そして、どんな困難《こんなん》があろうとも、どんな迫害《はくがい》が加《くわ》えられようとも、そういう人《ひと》を如来《にょらい》はかならず護《まも》っていてやろうとお約束《やくそく》くださっているのです。

この――「法華経《ほけきょう》」を行《ぎょう》ずる人《ひと》は、仏《ほとけ》と同《おな》じように尊《とうと》い人《ひと》であるから、仏《ほとけ》はその人《ひと》を必《かなら》ず護《まも》っていてあげますぞ――という、末世《まっせ》のわれわれにとってはありがたい極《きわ》み心強《こころづよ》い極《きわ》みであるお約束《やくそく》と、そしてまた、なぜそんなに「法華経《ほけきょう》」の行者《ぎょうじゃ》が尊《とうと》いのかといえば――二〇六・一二わたしの説《と》いた経《きょう》はすべて真実《しんじつ》を教《おし》えていることにまちがいはないが、しかもその中《なか》でこの「法華経《ほけきょう》」が第《だい》一であるからである――という宣《せん》言《げん》、これがこの品《ほん》の第《だい》四の要点《ようてん》であるといっていいでしょう。

これまでは、主《しゅ》として「法華経《ほけきょう》」を行《ぎょう》ずる人《ひと》の功徳《くどく》について説《と》かれてありましたが、つぎに「法華《ほけ》経《きよう》」を行《ぎよう》ずるについての心構《こころがま》えが説《と》かれてあります。それには三つの要点《ようてん》があると思《おも》います。

（二〇七・一―五）まず「我が所説《しよせつ》の経典《きようでん》、無量千万億《むりようせんまんのく》にして、已《すで》に説《と》き今《いま》説《と》き当《まさ》に説《と》かん。而《しか》も其《そ》の中《なか》に於《おい》て此《こ》の法華《ほけ》経最《きようもつと》も為《こ》れ難信難解《なんしんなんげ》なり。薬王此《やくおうこ》の経《きよう》は是《こ》れ諸仏《しよぶつ》の秘要《ひよう》の蔵《ぞう》なり。分布《ふんぷ》して妄《みだ》りに人《ひと》に授与《じゆよ》すべからず。諸仏世尊《しよぶつせそん》の守護《しゆご》したもう所《ところ》なり。昔《むかし》より已来未《このかたいま》だ曾《かつ》て顕説《けんぜつ》せず。而《しか》も此《こ》の経《きよう》は如来《によらい》の現在《げんざい》すら猶《な》お怨嫉多《おんしつおお》し、況《いわ》んや滅度《めつど》の後《のち》をや」とあります。

――わたしが説《と》く教《おし》えは無数《むすう》であるが、いままでに説《と》いた教《おし》え、現在説《げんざいと》きつつある教《おし》え、これから先《さき》に説《と》くであろう教《おし》え、そのすべての教《おし》えの中《なか》で、この「法華経《ほけきよう》」がいちばん信《しん》じ難《がた》く、解《わか》りにくい教《おし》えである――とおっしゃっておられますが、なぜ信《しん》じ難《がた》く解《わか》り難《にく》いのかといいますと、せんじつめれば、「だれでも修行《しゆぎよう》を積《つ》んでいけば仏《ほとけ》になれる」という、このお経《きよう》の根本《こんぽん》の教《おし》えが難信難解《なんしんなんげ》なのです。

頭《あたま》のうえでは一応解《いちおうわか》るのですが、頭《あたま》だけでの理解《りかい》では、とかくグラグラと動揺《どうよう》しがちです。ほんとうに心《こころ》の底《そこ》から解《わか》り、信《しん》ずることのできるのは、よほど精神《せいしん》の素直《すなお》な人《ひと》か、前世《ぜんせ》からの因縁《いんねん》が熟《じゆく》している人《ひと》でありましょう。だからこそ、ますますこの教《おし》えにつかまって、心《こころ》の内《うち》にどんな疑《うたが》いが湧《わ》いてこようとも、外《そと》からどんな迫害《はくがい》や悪口《わるぐち》を受《う》けようとも、じっと受持《じゆじ》しつづけねばならないのです。

また、――このお経《きよう》は、諸仏《しよぶつ》が心《こころ》の中《なか》に深《ふか》く信《しん》じていること（諸仏《しよぶつ》の秘要《ひよう》の蔵《ぞう》）であるから、むやみに切《き》り刻《きざ》んで人《ひと》に説《と》いたり、自分勝手《じぶんかつて》な説《と》きかたをしてはいけない（分布《ふんぷ》して妄《みだ》りに人《ひと》に授与《じゆよ》すべからず）――と、教《おし》えられています。ここのところは、「譬諭《ひゆ》品第《ほんだい》三」のところ（一二八頁《ページ》）でも述《の》べましたように、「あまり人《ひと》に説《と》いてはいけない」という意味《いみ》に誤解《ごかい》しないことが肝要《かんよう》です。

つぎに——このお経《きょう》は諸仏《しょぶつ》が大切《たいせつ》にしておられる教《おし》えで、わたしもこの世《よ》においては、いままで大衆《だいしゅ》の前《まえ》ではっきり打《う》ち明《あ》けて説《と》いたことはなかった。そしてわたしが生《い》きている現在《げんざい》ですら、怨《うら》みやねたみを受《う》けるおそれがあるが、まして末世《まっせ》においてはそれはずっとひどくなるだろう——とありますが、なぜこの尊《とうと》い教《おし》えが怨《うら》みやねたみを買《か》うのかと不思議《ふしぎ》に思《おも》う人《ひと》もあるでしょう。それは、なにも不思議《ふしぎ》ではないのであって、いい教《おし》えを説《と》いたり、信《しん》じたりすると、それより低《ひく》い教《おし》えを信《しん》じている人《ひと》にとっては、なんとなくねたましく、またしゃくにさわるように感《かん》じるからなのです。

あるいは、教《おし》えの内容《ないよう》をよく研究《けんきゅう》もしないで嘲《あざけ》り笑《わら》う人《ひと》もあります。そればかりか、邪教呼《じゃきょうよ》ばわりをして迫害《はくがい》を加《くわ》えてくる人《ひと》もあります。釈尊《しゃくそん》にしても、日蓮聖人《にちれんしょうにん》にしても、キリストにしても、いい教《おし》えを初《はじ》めてひろめるときには、かならず法敵《ほうてき》がつきまとい、いわゆる「法難《ほうなん》」があったのです。

こういう怨嫉《おんしつ》があっても、なおそれを忍《しの》んで受持《じゅじ》し、行《ぎょう》じなさい。そういう人《ひと》は、如来《にょらい》が衣《ころも》をかぶせて護《まも》ってあげよう——と約束《やくそく》なさっておられることは、さきほど述《の》べたとおりです。これがこの品《ほん》の第《だい》五の要点《ようてん》といえましょう。

高原穿鑿《こうげんせんしゃく》の譬《たと》え

つぎに、ずっと読《よ》み進《すす》んでいくと、「高原穿鑿《こうげんせんしゃく》の譬《たと》え」によって、「法華経《ほけきょう》」の行者《ぎょうじゃ》は、退転《たいてん》することなく、希望《きぼう》をもって一筋《ひとすじ》にこの法《ほう》を求《もと》めていけ——と教《おし》えられています。

すなわち、――二〇八・一〇―二〇九・一たとえば、水のない高原《こうげん》で渇《かわ》きに悩《なや》まされている人《ひと》が、井戸《いど》を掘《ほ》ったとします。掘《ほ》っても掘《ほ》っても土《つち》が乾《かわ》いているときは、まだ水《みず》は遠《とお》いのです。それでもがっかりせずに、辛抱強《しんぼうづよ》く掘《ほ》りつづけていると、だんだん湿《しめ》った土《つち》が出《で》てき、それが泥《どろ》になってくる。すると、いよいよ水《みず》が近《ちか》いことがわかります。だから、失望《しつぼう》したり、迷《まよ》ったりすることなく、いっしょうけんめい掘《ほ》るようになるのです。菩薩《ぼさつ》の修行《しゅぎょう》というものもこれと同様《どうよう》で、「法華経《ほけきょう》」をまだ知《し》りもせず、あるいは理解《りかい》もせず、またはその教《おし》えを実行《じっこう》もしないうちは、まだほんとうの悟《さと》りには遠《とお》いのです。しかし、「法華経《ほけきょう》」を知《し》り、理解《りかい》し、それを体験《たいけん》に照《て》らし合《あ》わせて深《ふか》く考《かんが》え、そして実行《じっこう》するようになれば、ほんとうの悟《さと》りはもうすぐ近《ちか》いと考《かんが》えてよろしい――というのです。

「法華経《ほけきょう》」を知《し》ったからには、もう迷《まよ》うことはありません。すこしぐらい修行《しゅぎょう》して、水《みず》が出《で》てこないからといって、「法華経《ほけきょう》」はやめてほかの土《つち》を掘《ほ》ってみよう――というようなことをしていたのでは、いつまでたっても、のどの渇《かわ》きをうるおすことはできません。この道一筋《みちひとすじ》に、忍耐《にんたい》づよく掘《ほ》り下《さ》げていけば、必《かなら》ず悟《さと》りの道《みち》に達《たっ》すると、ここに教《おし》えられているのです。これが本品《ほんぽん》の第《だい》六の要点《ようてん》というべきでしょう。

第《だい》七の要点《ようてん》は、有名《ゆうめい》な「衣《え》・座《ざ》・室《しつ》の三軌《さんき》」です。すなわち、

二〇九・一〇―二一〇・四薬王、若《し》し善男子・善女人《ぜんにょにん》あって、如来《にょらい》の滅後《めつご》に四衆《ししゅ》の為《ため》に是《こ》の法華経《ほけきょう》を説《と》かんと欲《ほっ》せば、云何《いかに》し

てか説《と》くべき。是《こ》の善男子《ぜんなんし》・善女人《ぜんにょにん》は、如来《にょらい》の室《しつ》に入《い》り、如来《にょらい》の衣《ころも》を著《き》、如来《にょらい》の座《ざ》に坐《ざ》して、爾《しこう》して乃《いま》し四衆《ししゅ》の為《ため》に広《ひろ》く斯《こ》の経《きょう》を説《と》くべし。如来《にょらい》の室《しつ》とは一切衆生《いっさいしゅじょう》の中《なか》の大慈悲心《だいじひしん》是《こ》れなり。如来《にょらい》の衣《ころも》とは柔和忍辱《にゅうわにんにく》の心《こころ》是《こ》れなり。如来《にょらい》の座《ざ》とは一切法空《いっさいほうくう》是《こ》れなり。是《こ》の中《なか》に安住《あんじゅう》して、然《しこう》して後《のち》に不懈怠《ふけだい》の心《こころ》を以《もっ》て、諸《もろもろ》の菩薩《ぼさつ》及《およ》び四衆《ししゅ》の為《ため》に、広《ひろ》く是《こ》の法華経《ほけきょう》を説《と》くべし。

衣《え》・座《ざ》・室《しつ》の三軌《さんき》

如来《にょらい》の室《しつ》というのは、相手《あいて》が善人《ぜんにん》であろうが、悪人《あくにん》であろうが、自分《じぶん》に突《つ》っかかってくるような人《ひと》であろうが、すべて同《おな》じように救《すく》ってやるという大慈悲心《だいじひしん》、すなわちどんな人《ひと》でも入《い》れてやれる大《おお》きな部屋《へや》のような心《こころ》という意味《いみ》です。

如来《にょらい》の衣《ころも》というのは、どんなひどい目《め》にあっても、あるいはどんなにおだてられても、怒《いか》りもしなければ、増上慢《ぞうじょうまん》にもおちいらない、すなわち外《そと》からの悪影響《あくえいきょう》をすこしも受《う》けつけないような衣《ころも》というわけで、「法華経《ほけきょう》」の行者《ぎょうじゃ》はいつもそんな固《かた》い心《こころ》をもっていなさいという意味《いみ》です。

如来《にょらい》の座《ざ》というのは、一切《いっさい》を平等《びょうどう》に見《み》るということです。それも、前《まえ》に「薬草諭品第五《やくそうゆほんだい》」のところでも説明《せつめい》しましたように、すべてのものの相違《そうい》（差別《さべつ》）は相違《そうい》として、あるがままに認《みと》めながら、その相《そう》違《い》を超越《ちょうえつ》した平等《びょうどう》を見《み》るのです。太郎《たろう》は頭《あたま》はわるいが手《て》は器用《きよう》だ。次郎《じろう》は手《て》は不器用《ぶきよう》だが頭《あたま》がいい。その相違《そうい》はちゃんと認《みと》めながら、しかし二人《ふたり》とも仏《ほとけ》の目《め》から見《み》れば、まったく平等《びょうどう》な人間《にんげん》であると見《み》るのが「一切法空《いっさいほうくう》」です。

この三つのルール（三軌《さんき》）をよく守《まも》り、その上《うえ》に立《た》って、怠《おこた》ることなく「法華経《ほけきょう》」を説《と》きなさいと教《おし》えられているのです。

この品《ほん》は、他《た》の品《ほん》のように物語《ものがたり》とか劇《げき》のような形《かたち》になっていないで、初《はじ》めから終《お》わりまで釈尊《しゃくそん》のお説《せっ》法《ぽう》になっており、その中《なか》に大切《たいせつ》な要点《ようてん》がたくさんありますので、いままでとちがった解説《かいせつ》のしかたをしましたが、以上《いじょう》の七つの要点《ようてん》をよく理解《りかい》したうえで、全文《ぜんぶん》をつづけて読《よ》んでいただけば、スラスラと頭《あたま》にもはいり、また感銘《かんめい》も深《ふか》いことと思《おも》います。

法華経の新しい解釈　ワイド版1

平成24年10月1日　初版第1刷発行
令和5年2月20日　初版第8刷発行

著　者　庭野日敬

発行者　中沢純一
発行所　株式会社佼成出版社
〒166-8535　東京都杉並区和田2-7-1
電話　03-5385-2317（編集）
03-5385-2323（販売）
印刷所　小宮山印刷株式会社
製本所　株式会社若林製本工場

乱丁本・落丁本はお取替えいたします。

ISBN978-4-333-00708-0 C0015